本书出版得到吉林农业科技学院校级工商管理重点学科、

U0671363

经济管理学术文库·经济类

农业供给侧结构性改革及其优化研究
——以吉林省种植业为例

Research on Supply-side Structural Reform and
Optimization of Agriculture
—Taking Planting Industry in Jilin Province as an Example

赵 悦/著

经济管理出版社
ECONOMY & MANAGEMENT PUBLISHING HOUSE

图书在版编目（CIP）数据

农业供给侧结构性改革及其优化研究：以吉林省种植业为例/赵悦著 . —北京：经济管理
出版社，2022.8

ISBN 978-7-5096-8564-8

Ⅰ.①农⋯　Ⅱ.①赵⋯　Ⅲ.①农业改革—研究—吉林　Ⅳ.①F327.34

中国版本图书馆 CIP 数据核字（2022）第 146376 号

组稿编辑：曹　靖
责任编辑：郭　飞
责任印制：黄章平
责任校对：张晓燕

出版发行：经济管理出版社
　　　　　（北京市海淀区北蜂窝 8 号中雅大厦 A 座 11 层　　100038）
网　　址：www. E-mp. com. cn
电　　话：（010）51915602
印　　刷：唐山玺诚印务有限公司
经　　销：新华书店
开　　本：720mm×1000mm/16
印　　张：12. 5
字　　数：217 千字
版　　次：2022 年 10 月第 1 版　　2022 年 10 月第 1 次印刷
书　　号：ISBN 978-7-5096-8564-8
定　　价：88. 00 元

前　言

自 2004 年以来，我国粮食生产出现了前所未有的增势。与此同时，也出现了"三量齐增"、农产品供求结构失衡、生态环境恶化、农民增收乏力等问题。为了缓解粮食生产出现的问题，2016 年中央一号文件提出了农业供给侧结构性改革，迫切需要新一轮农业结构的调整。吉林作为我国的粮食大省，玉米核心产区一直是保障国家粮食安全的核心基地。然而，随着玉米临时收储政策的实施，玉米价格高位运行，吉林省玉米播种面积和产量呈刚性增长，大豆、杂粮等其他作物播种面积日益削减，形成了以玉米为主体的单一种植结构。这种结构带来的效应却是：一方面，玉米的高库存积压，下游加工企业生产成本上升、利益受损；另一方面，大豆、水稻、玉米等农产品大量进口，形成了国内库存积压与国外进口并存的逆向市场困境。造成这种结构困境的根本原因是忽视了市场经济规律的作用，因此，只有运用改革的思路和市场经济的思维，对管理农业的体制、机制和手段进行改革，才能实现种植业供给结构的优化。

本书以我国农业发展阶段特征的变化以及农业供给侧结构的现状与问题为背景进行分析，得出农业供给侧结构性改革的关键在于种植业供给侧结构性改革，进而厘清了我国种植业供给侧结构性改革的内涵与基本内容，得出种植业供给侧结构性改革与以往种植业结构调整呈现出截然不同的特征。种植业供给侧结构性改革是深入到结构层面的制度变革，其要义绝非是一般意义上结构的加减法，而是要通过改革不合理的农业管理体制来实现结构优化。在这一过程中，改革是手段，结构优化是目标。之所以提出种植业供给侧结构性改革就是要用改革的思路来推动种植业结构的优化。吉林省作为我国粮食生产的核心产区，种植业供给侧结构的矛盾表现得更为突出、更加尖锐。梳理自 1978 年改革开放以来吉林省种植业结构演变历程发现，经过 40 多年的发展，吉林省种植业粮经饲三元作物结构中以粮食作物内部结构变化为主，逐渐从 20 世纪 80 年代的以玉米、大豆为主，水稻、高粱多元发展的作物结构，转变为以玉米为主体的"一粮独大"

格局。

然而，这种结构是否合理？本书从经济效益、社会效益和生态效益三个方面对其进行综合性评价。结果显示：虽然这种结构在宏观种植业投入产出上、在微观农民收入上具有一定的优势，但却拉大了作物间的比较收益，不利于种植业结构的多元化发展；虽然吉林省在粮食商品率上为国家粮食安全与社会稳定发展做出了重大贡献，但过高的粮食进口依存度表明当前结构未能满足消费升级的需求，同时这种结构释放出的生态负效应令人担忧。由此，吉林省种植业结构调整势在必行。但是，种植业结构调整却面临着贸易格局复杂、农产品成本持续上涨的市场困境，农业用水资源紧缺、耕地质量与数量下降的生态困境以及农产品育种技术发展缓慢、农业技术推广供需不匹配的技术困境，从不同维度、不同层面制约着种植业结构的优化，以往调整的思路俨然无法破解，唯有用改革的手段才能推动结构的优化。

自2004年以来，我国政府出台了一系列惠农政策，使农业发展进入了一个新的发展时期。然而，惠农政策在实施方式上，政府过度的干预市场，导致了市场的失灵和农业资源配置的扭曲。之所以要用改革的方式实现种植业供给侧结构的优化，首要原因是不合理的农业管理体制造成了种植业结构失调。基于此，本书从资源配置方式、价格形成机制、粮食市场结构以及农村组织制度四个维度构建吉林省种植业供给侧结构性改革的基本框架。

要充分发挥市场经济规律在资源配置中的作用。建立市场价格机制，使粮食价格由市场决定。而粮食价格信息在粮食生产、收购、加工、销售产业链条中通过流通市场进行传递，以指导农民的种植行为。但是，当前国有粮食收储企业"一家独大"的局面扭曲了粮食收储市场。政府提出市场化的改革方向，发挥国有粮食收储企业的政策性收储功能，与其他收储主体在收购市场中具有平等的经营地位，从而推动收储主体的多元化和社会化，实现粮食收储市场的顺畅运行。运行顺畅的粮食收储市场需要健全的农村组织制度做保障。我国目前的农村组织难以有序地将亿万农民的生产经营活动嵌入市场经济，成为我国农业现代化进程中的"软肋"。以整合当前农村经济组织为路径，实现农村基层经济组织制度的创新，使市场的"无形之手"来指挥政府的"有形之手"，进而推动种植业结构的优化。

基于上述制度改革框架，本书确立保障国家粮食安全、农民种粮合理收入、产业协调发展以及生态可持续成为吉林省种植业结构调整的价值取向。之所以提出这四个方面的价值取向，原因如下：首先，在未来很长一段时期内，我国粮食供给压力仍然存在，人地关系趋紧的矛盾仍然存在，粮食主产区生产功能在日益下降。吉林省作为粮食生产的核心产区，其结构调整必须坚持国家粮食安全地位不动摇，必须保证种粮农民和粮食产区两个积极性，以巩固粮食主产区的核心地位。其次，合理的种粮收入是保证农民种粮积极性持续的支撑条件。吉林省以玉米为主体的种植业结构决定了合理种粮收入的主要指向是围绕玉米种植获取收入。而玉米支持政策的不稳定性造成了农民种植玉米收入的起伏与玉米种植积极性的不稳定，呼吁将玉米纳入主粮范围，与稻谷和小麦具有同等地位，使玉米具有主粮生产应有的利润空间，进而实现玉米种植的合理收入。作物间收益水平相当，从而实现相互替代的效应，促进种植业结构的优化。再次，玉米作为产业链条最长的作物，其饲用和加工用途与下游的加工业与畜牧业紧密衔接。因此，玉米三元作物的属性决定了种植业结构调整以产业协调发展为价值取向。最后，种植业结构调整应尊重自然规律与比较优势原则进行布局。去除赤色产能、恢复玉米大豆轮作制度、种地养地有机结合以及科学施用化肥来实现农业可持续发展。

遵从结构调整的价值取向，对种植业结构调整的方向进行选择。吉林省种植业结构不论怎样调整，保证以粮食作物为主体的结构不可改变，保证玉米核心产区优势不可改变。现阶段粮食作物比例偏高是粮食作物内部玉米种植结构不合理造成的。玉米粮经饲三元作物结构属性，片面强调了玉米粮食作物品种的一元结构，忽视了玉米作为经济作物和饲料作物品种的结构。所以降低粮食作物用途的籽粒玉米比例，提高饲料作物青贮玉米比例，是粮食作物的调整方向，也表明吉林省种植业结构调整的重点在于粮食作物与饲料作物之间的调整。

因此，建立玉米三元作物结构，呼吁核心产区推动"粮改饲"，以"种养"结合的微观农户经营结构为行动支点，从而促进粮食作物向饲料作物调整。大豆则在进行合理区划布局基础上，建立非转基因大豆保护区，保护传统大豆纯度，不受转基因大豆的冲击。在中部地区适当进行转基因大豆种植，与玉米合理轮作，从而增加大豆的种植面积。水稻以扩大优质品种稻米的种植为调整方向，杂粮杂豆以建设优质杂粮基地为依托，发展精深加工。经济作物的调整方向以东、中、西区域划分，打造东部特产、中部蔬菜、西部多种作物的发展格局。饲料作物的调整以形成增加玉米核心产区与镰刀弯地区青贮玉米种植以及西部地区牧草种植、协调畜牧业发展的农牧格局。最终实现吉林省种植业结构由单一玉米种植向多元作物发展，由过分强调经济社会效益转向经济效益、社会效益、生态效益协调统一发展的种植业结构。

目　录

第1章 导 论

1.1 选题依据

　　2015 年，《关于加大改革创新力度加快农业现代化建设的若干意见》提出了围绕建设现代农业，加快转变农业发展方式，深入推进农业结构调整。2015 年 12 月，在中央经济工作会议上关于供给侧结构性改革从理论思考到具体实践都做出了全面阐述，从顶层设计、政策措施到重点任务都做出了明确部署。2016 年，《关于落实发展新理念加快农业现代化实现全面小康目标的若干意见》中明确要求加快农业供给侧改革，去库存，提高供给效率和供给水平。至此，"供给侧"作为一个全新的概念指引了我国农业结构调整的方向。

　　自改革开放以来，我国二三产业迅速崛起，第一产业生产总值比重逐渐下降。在农业内部，产业结构不断优化，农作物种植结构也发生了显著变化。经过 40 多年的改革与发展，中国农业取得了巨大成就。特别是自 2004 年以来，我国政府实施了一系列支农惠农政策，提高了农民种粮的积极性，使粮食生产出现了前所未有的增势。与此同时，粮食生产也面临诸多的矛盾与挑战。比如，粮食"三量齐增"、农产品供求结构失衡、农业生态环境约束加重、农民收入增长乏力等问题。农业的主要矛盾已经从数量不足转向了结构性矛盾。因此，面对农业生产的不利形势，迫切需要进行新一轮的供给侧农业结构调整。

　　吉林是粮食大省，重要的粮食产区，一直是我国重要的商品粮输出省，年粮食商品率超过 80%，提供的商品粮占全国的 10%，储备粮占全国的 20%，曾经连续 20 多年粮食调出量雄居全国之首，为国家粮食安全做出了巨大贡献。2008 年，国家对东北三省一区实行临时收储价格政策以来，玉米价格呈现刚性增长。由 2008 年的 1.53 元/千克上涨到 2015 年的 2.16 元/千克，充分调动了农民种植的积极性，玉米播种面积和产量大幅度提高。其中播种面积由 2008 年的 2922.5 千公顷上升到 2015 年的 3800 千公顷，增幅 30.02%；产量也由 2008 年的 2083 万吨增长到 2015 年的 2805.73 万吨，增幅 34.96%。其间吉林省水稻种植面积和产量虽然也有小幅提升，但同玉米相比差距甚远，不论是面积还是产量仅占其的 1/5 左右；而大豆则表现出大幅度下滑趋势。吉林省的种植业结构中已经形成了以玉米为主体的单一格局，这种格局衍生了过多的负面效应。一方面，玉米的高库存积压使玉米加工企业生产成本上升，利益遭受损失；另一方面，国内市场出现了玉米、大豆、稻谷等农产品的高进口。2012 年以后，全国玉米进口总量已经超过 500 万吨，大豆进口总量超过了 8000 万吨，形成了国内库存积压与国外进口并存的逆向市场格局。

2015 年，吉林省新增临储玉米 2655 万吨，入库率达 94.63%，总库存达 9531 万吨，是全省年产量的 3.4 倍。从消费侧来看，当前吉林省玉米年消费量（含外销）仅为 2000 万吨。按照现有消费水平，即使吉林省不生产玉米，消化现有库存也需要 4 年的时间。2016 年吉林省虽然调减了 22.17 万公顷玉米种植面积，但玉米产量仍然高达 2833 万吨，玉米供给依然旺盛。吉林省越发单一且集中的种植结构、玉米居高不下的库存、结构性供给过剩、日益恶化的生态环境等问题亟待解决。

面对全球经济一体化，市场供求关系发生了根本性变化，农产品市场已经由"产品短缺"变成"结构性过剩"。在我国农产品市场上无论是总量还是品种都不再存在短缺的问题，几乎找不到短缺的产品（且不论进出口），市场饱和成为现阶段市场的基本特征（郭庆海，2017a）。农产品成本价格已高于国际市场价格 30%~50%，竞争力优势丧失；生产与消费结构也随着居民收入水平的提高向营养型消费、质量型消费和家外消费转变。在这一系列变化的背景下，推进种植业供给侧结构性改革成为我国农业发展的当务之急。吉林作为我国的玉米生产大省，是玉米"三高"的集中表现区域，种植业供给侧结构性改革面临着更为突出、更加尖锐的矛盾和更为艰巨的任务。而造成这种结构性矛盾的根本原因是忽视市场经济规律，用计划经济思维模式调控农业生产的结果。因此，用以往增加或减少作物品种结构的做法，是无法解决当前的结构性矛盾。只有运用改革的思路和市场经济的思维，对管理农业的体制、机制和手段进行改革，才能实现种植业供给结构的优化。

为此，本书在分析我国农业供给侧结构性改革背景下，综合运用经济学理论，立足国内和国际两个市场、立足吉林省省情和农情，从制度层面来研究吉林省农业供给侧结构性改革，尤其是种植业供给侧结构性改革问题具有重大理论与现实意义。本书将厘清种植业供给侧结构性改革的内涵，梳理吉林省种植业结构调整所面临的困境，构建吉林省种植业供给侧结构性改革的基本框架，从而提出种植业结构优化的方向，为吉林省种植业结构调整提供科学合理的依据。

1.2　文献评述

1.2.1　我国供给侧结构性改革的理论基础研究

关于供给侧结构性改革的理论，国内外学者从不同领域、不同视角进行了深入剖析，并围绕供给侧展开讨论，试图从经济增长理论、制度经济学理论和发展经济学理论等多方面为供给侧改革提供必要的理论支撑和依据。

1803 年，法国经济学家萨伊在《政治经济学概论》一书中写道，每当产物进行生产时，就已经开始为与它价值相一致的产品拓宽了销售渠道，即为与它价值一致的产品创造了一定的需求。由此产生了著名的"供给自动创造需求"的"萨伊定律"。该理论强调重视供给、重视实体经济与就业均衡。以此理论为基础形成的供给学派认为，经济增长的主要动力在供给一侧。而凯恩斯的需求管理理论很难带动经济增长，相反却会导致经济滞胀。政府通过刺激需求不但不会增加供给，反而会引发通货膨胀。政府应该放弃过多的干预市场行为，用放任自由的方式进行管理。即人们的经济行为受报酬递减规律的影响，各类生产要素通过市场进行调节，政府的作用在于消除制约市场自由发挥作用的因素。

我国自改革开放以来，开始借鉴凯恩斯经济学中的宏观需求管理方法，探索实施赤字财政和通货膨胀的政策以促进有效需求，进而促进经济加快发展（李文增，2017）。然而，随着国际经济社会发生的重大变化，针对我国经济社会发展新阶段出现的新情况（王昌林等，2017），仅注重需求侧难以满足人民群众生活水平的不断提高，还需在供给侧，即在产业和产品结构调整方面下功夫。尽管供给学派强调供给侧能够产生相应的需求，必须注意的是要实现供给与需求的相互协调与统一。

马克思指出，一切划时代的体系的真正内容都是由于产生这些体系的那个时期的需要而形成的。供给侧改革一经提出，便引起了国内学者的探讨。部分学者认为供给侧改革是在发展经济学理论基础上形成的系统化与建设性的改革思路（贾康，2015；徐林，2015）。部分学者认为供给侧改革以制度经济学理论为基础，对不合理的管理体制进行改革（滕泰，2015；沈建光，2015；陈宪，2015）。还有学者认为供给侧结构性改革依托经济增长理论，技术创新是提高全要素生产率的原动力，而不再依靠劳动和资本的大幅增加，应通过供给管理来矫正理性预期失灵（王一鸣，2015；贾康和冯俏彬，2015）。

综上所述，供给侧改革在不同时代所表现出的特征不同，约束经济发展的基本条件发生了深刻变化（刘伟，2016），在商品供不应求的时代，经济增长主要由需求一方拉动，其矛盾在于需求方主要解决市场的"供不应求"问题（许经勇，2016）。当商品供求平稳，部分商品供给大于需求时，矛盾主要在于供给一方，应重点解决供给的"质量与效率"问题。而农业供给侧改革是因市场功能被扭曲而导致农业资源要素配置的扭曲，就是要通过完善市场机制，充分发挥市场在资源配置中的作用，矫正行政配置要素而造成的扭曲现象（郭庆海，2017b）。

综合国内外学者的观点，供给侧改革是整合了多种理论而形成的改革路径，最终形成的一致观点就是通过发挥市场机制的作用，矫正行政要素的扭曲，从而达到供给与需求的相互协调与统一。

1.2.2 农业供给侧结构性改革的研究

在供给侧改革中，农业供给侧的矛盾最为突出，也成为讨论的焦点，主要集中在农业供给侧改革的问题与改革的内容的研究。

1.2.2.1 农业供给侧结构性改革的问题

农业供给侧改革是我国农业发展中长期积累的一系列问题的倒逼下的必然结果，是我国现代农业发展过程中的一次深刻变革。关于农业供给侧改革问题的研究，多数学者的讨论集中在粮食的"三量齐增"、国内与国外价格倒挂、农民收入增长乏力、国家负担沉重以及农业资源环境约束加剧等方面，并给予了详细的分析。程国强（2017）、王国敏（2017）、蒋和平（2017）、姜长云和芦千文（2017）指出，农业供给侧结构性改革的关键问题的产生是居民消费结构从追求农产品数量向注重农产品质量的转变，由追求温饱向追求营养多元与均衡的转变。同时，我国农业发展转型与农业发展的根基在转变。我国实施的一系列惠农政策的边际效应正在逐渐下降。因此如何优化政策，形成新的政策红利将成为农业供给侧改革的重点问题。当前我国农产品出现供给过剩与有效供给不足，完全是暂时性的，是问题的表象，其背后真正的原因在于中国农业的综合效益不高，农产品成本过高，缺乏国际竞争力（陈锡文，2017a；姜长云，2017；罗必良，2017）。张晓山（2019）指出，农业供给侧改革的关键问题是调整农产品的种植结构，通过配套措施使农业生产者利益不受损或者少受损，利用价格信号调整农产品种植业结构的市场化导向的价格形成机制改革的方向是正确的。

1.2.2.2　农业供给侧结构性改革的内容

关于农业供给侧改革的内容与具体方案，何军和王越（2016）、和龙等（2016）、江小国和洪功翔（2016）、陈晓华（2016）的研究集中指出，"调结构、去库存、补短板、提效率、改制度"等是农业供给侧结构性改革的主要内容。围绕农业供给侧出现的问题，应该让市场机制在农业资源配置中最大限度地发挥作用，以推进生产者补贴、推进粮食收储制度的改革，把补贴从价格中抽离出来，采用其他方式对农民收入进行补贴（陈锡文，2017b）。部分学者指出，在农业供给侧改革中有三个方面最为迫切，即通过土地制度改革形成适应市场经济发展的新型农业经营主体；通过结构调整实现农业领域去产能、降成本、补短板；通过粮食价格体制和补贴制度改革去库存，从而具有国际竞争力（孔祥智，2016；高强和孔祥智，2014；杨建利和邢娇阳，2016）。

潘盛洲（2016）提出，推进农业供给侧结构性改革，要以市场需求为主导，调整完善农业结构和产品结构；以科技为支撑，提高农业物质装备水平和各种生产技艺融合水平；以健全市场基础为目标，改革完善农业支持保护政策；以家庭农场，包括农户、农业合作社为抓手，来推进农业供给侧结构性改革。柯炳生（2015）指出，推进我国农业供给侧结构性改革，要深刻认识并借鉴吸收欧美发达国家有关政策的经验和教训，充分考虑农产品成本变化等实际因素，找到真正适合我国的政策方向。罗浩轩（2017）指出，就我国农业经济而言，当前政府不应急于制定农业供给侧结构改革的产业政策，而仍应将着力点用于改革束缚要素配置的体制机制，为挖掘新的增长源泉提供配套制度。张晓山（2016）表示，推进农业供给侧结构性改革是一个系统工程，既要注重市场在资源配置中的决定性作用，又要更好地发挥政府作用，需要进行系统全面深入的研究。

1.2.3　关于种植业结构评价的研究

在现有的国内外文献中对种植业结构评价的文献较少，评价多数集中在对农业结构变动的效益与效果方面，评价方法主要有产业结构分析、因子分析、层次分析、偏离份额以及模糊综合评价等。

侯丽微（2005）运用产业结构分析法，从农业结构调整的效益性、农业部门结构调整效应、投入要素的贡献、需求结构变动的结构效应几方面选取了结构调整的协调性、效率性与稳定性、部门弹性系数指标对中国农业结构调整的效应进行了评价，并综合衡量了农业结构变动的效果。刘媛媛（2013）运用因子分析法，选取复种指数、农业科技贡献率、农村就业人员中从事非农产业所占比重、农产品商品率等多项指标对中国 1978～2010 年各省份的农业结构调整效果进行了测度。董凤丽等（2013）运用偏离—份额法，对沈阳经济区农业产业结构效益进行了综合评价，从而反映其农业资源的综合利用效率。采用 DEA 数据包络分析法对农业生产结构调整效果进行评价是国内外学者常用的一种分析方法。Zeeshant 和 Meng Jun（2015）通过 DEA 现代评价方法对农业生产结构调整的比较效率进行了评价。董洪清和李思（2010）基于 DEA 模型选用种植业总产值、化肥施用量、耕地面积等指标对我国 31 个地区的种植业生产效率进行了综合评价，研究结果并具有较好的可操作性与信度。罗萌（2010）运用灰色关联度分析法对延安地区退耕还林（草）的种植业结构调整进行了生态效益评价。岳超慧（2007）引入协整系数指标对农业生态经济效益进行了评价。秦小丽等（2018）采用 AHP 法从经济效益、社会效益和生态效益三个方面对江苏省循环农业生态补偿效益进行了评价，结果表明：当前江苏省循环农业生态补偿中的生态效益最大，而经济效益与社会效益则有限。戴俊（2016）运用前沿分析法，选取广西 14 个地级市 2003～2012 年的粮食作物、经济作物及其他农作物所占比例、广西种植业机械总动力、广西农村施肥量、广西农作物总播种面积及种植业从业人数等指标对广西种植业结构效率进行评价，发现广西种植业结构效率处在较低水平，并且种植业结构严重失衡。杨春等（2018）从经济效益、社会效益、生态效益与资源利用率四个方面，运用层次分析法和多级模糊综合评价模型对西南农区发展饲用作物综合效益进行评价，结果表明：西南农区发展饲用作物具有很好的经济生态效益和资源利用效率，社会效益较好。

部分学者在评价种植业结构效益中选取一系列指标来进行综合评价。刘新生（2003）在论述种植业经济效益的内涵、特征和分类基础上，设计了种植业经济效益评价的指标体系与方法。任昊天（2013）对黑龙江省大豆主产区进行研究，从微观农户视角对大豆成本收益进行分析，并与其他作物之间进行了收益比较，为种植业结构调整提供了依据。汪岑（2016）基于 2000~2014 年安徽农垦的主要经济指标、主要农产品产量、粮食各作物产量及播种面积等相关指标的分析，对其粮食内部结构调整进行评价。乌玮琪（2012）从经济和社会两个方面对喀喇沁旗种植业结构变动效果进行评价，其经济效果评价选用了种植业投入产出指标，社会效果评价中选取粮食供求等指标。

1.2.4　关于种植业结构调整的制约因素

我国农业发展面临着农产品价格封顶、生产成本偏高、粮食库存量增加等问题（陈锡文，2017c；赵霞和韩一军，2017），在此背景下种植业结构调整困难重重。国内外学者关于种植业结构调整的制约因素研究文献比较丰富。

从国内文献来看，制约种植业结构调整的因素主要围绕自然条件、要素禀赋、作物间收益、种植技术等方面展开研究。倪洪兴（2019）指出，当前农产品总量平衡由产、需两元均衡转变为产、需与进口三元均衡，我国农业基础竞争力不足呈显性化，大宗农产品生产成本高于国际水平，农业政策选择受到的外部约束日益增强。陆文聪（2004）、陈明文（2018）从微观农户层面系统分析了种植业结构调整受自然条件、要素禀赋、农业政策与制度、作物间收益、农产品市场的不确定性以及种植技术等方面因素制约。董晓霞（2008）对环北京地区 140 公里圈层以内（北京 10 个区（县），河北 25 个县）的 50 个村 490 个农户进行随机调查，研究了该地区近年来种植业结构调整对农户收入的影响。结果表明：种植业结构的调整对提高农户家庭的种植业收入有显著影响，但是对农户家庭总收入的影响并不显著。陈印军（2001）指出农产品供求关系的变化、小农户与大市场之间的不协调、水资源与土地的短缺均构成了农业结构调整的制约因素。张文忠（2010）认为农业种植结构调整主要受市场需求变化、国家相关政策、机会成本、地理区位、交通条件等因素的综合影响。王为农和孙永朋（2008）通过分析得到种植业结构调整存在资源短缺、生产者组织化程度低、生产成本上升等制约因素，这些制约因素互相渗透、互相牵涉，从多个维度与角度阻碍了结构的优化与升级。柴斌锋等（2007）通过对三省份不同农户收入、不同地区农户和不同土地等级玉米生产的成本和收益情况进行分析，得到劳动用工量和化肥量是玉米生产的主要影响因素。王翌秋和东玉珠（2016）基于江苏和河南两省份农户抽样调查数据分析了劳动力外出务工对农户种植结构的影响，其分析结果表明：由于劳动力外出将务工收入用于机械投入，因此部分替代了外出务工导致的劳动力约束。

王方舟和孙文生（2011）利用灰色关联度计算得出劳动力、化肥投入、农机等是影响种植结构调整的主要因素。杨佳柳（2018）指出吉林省镇赉县种植业结构调整受农作物种植优势选择方式、不良种植习惯、缺乏技术指导、大量劳动力转移等因素制约。

从国外文献来看，学者研究的观点与国内相似，农业结构调整的制约因素主要表现在农产品价格政策、要素配置、科学技术与市场供求关系几个方面。

Christopher L.（2010）运用格兰杰因果分析方法得到受市场等因素冲击使农产品价格上涨，从而进一步影响农业结构的调整。Bruce A.（2012）分析了2006~2009年美国乙醇政策促进了玉米价格的提升，而在市场环境趋紧的情况下，这些政策的市场影响将更大。Tsai-Yu Chang（2011）指出，1980年以后农地非农化制度不完善和政府农业支出增加是影响农业政策调整的主要因素。Wallace E.和Robert E.（2001）通过对1950~1982年美国农业结构分析得到，科学技术与市场在农业结构调整中正在发挥着重要作用。Zhang Xiao-nan 等（2015）通过对不同时期不同区域的城镇化进程对耕地占用情况的分析，进而对粮食生产带来了影响。Zhang（2015）指出，由于化肥和农药使用的高投入和低利用率加剧了水资源的恶化，并导致富营养化，地下水硝酸盐含量过高，有机物和重金属污染，进而制约了种植业结构的调整。

Teresa Serra 等（2005）指出1996年美国农业政策改革促进了劳动力转移。Czyżewski 等（2015）比较了1999~2013年欧盟（波兰、匈牙利、意大利）农业生产要素结构的变化在多大程度上是对农产品市场和生产要素市场价格条件适应的结果，研究表明，各国生产要素结构相对于剪刀差价格指数的弹性较低。

1.2.5　关于种植业结构调整方向的研究

舒尔茨（1991）从三个方面对传统农业进行调整与优化：一是对原有制度进行调整与优化以保证与现状相适应；二是以供给和需求作为切入点提高农业生产的现代化水平；三是提高对人力资本的投入力度。约翰逊（2004）分析自中华人民共和国成立以来的粮食生产情况后认为，中国粮食产业不存在生产和供应的问题，而在于如何通过适当的调整农业政策让农民享受到经济增长的成果。

近年来，随着粮食安全概念的不断延伸，人口增长和人均粮食消费量的增加带来了粮食供给的压力（H. Charles 和 Tara Garnett，2014；Andrew，2013；Christian 和 Fiona，2014；Derek，2010）。同时，粮食主产区与主销区利益分配失衡问题突出，粮食主产区粮食生产能力也接近极限，面临较大的增产压力（蒋和平，2014）。Hyun（2018）提出了中国农业发展方向的重点应积极培育新型农业经营主体、大力推动农业科技创新、构建完善的社会化服务体系、加强一二三产业的融合等。王为农和孙永朋（2008）指出，种植业结构调整要构建一个结构优化、资源整合、产出比大、质量安全、产业延伸、附加值高的种植业产业体系，并进一步促进农业结构战略性调整。王建国等（2002）指出，加入 WTO 之后，东北地区的种植业结构应建立"粮经饲"三元种植结构，调整作物品种结构，优化作物种植比例。王为农和孙永朋（2008）确立了种植业优化升级的重点和方向，即调整作物的构成，保持总量平衡、改善作物品种结构，提高产品质量、突出地域特色，培育主导产业、完善组织结构，转变发展方式。

部分学者对种植业结构调整方向做出了具体判断。"粮改饲"作为推进我国农业供给侧结构性改革的重要战略，同时也是种植业结构调整的重要抓手（胡向东，2017）。江帆和赵伟（2018）通过分析发现目前粮食种植成本逐年升高、价格波动较大，通过"粮改饲"项目将一部分普通籽粒玉米改种苜蓿全株青贮玉米收益可观，具有一定的经济效益。王亚静等（2017）指出，种植业结构调整，推行轮作休耕制度势在必行。实行耕地轮作休耕能够有效减少区域秸秆供应量，并且有助于土壤肥力的提升。舒坤良等（2016）通过回顾自 1978 年以来吉林省种植业结构的演变，评价了 2015 年和 2016 年吉林省玉米供给侧结构性改革实践及其效果，提出采用玉米、大豆、苜蓿轮作实现粮经饲协调发展。郭泽林和赵旭（2017）对山东省 1987~2016 年种植业结构进行分析，得到山东省粮食作物和经济作物品种中，玉米、蔬菜、瓜果播种面积不断上升，大豆、棉花播种面积连年下降。山东省应在遵循粮经饲统筹的"三元"种植结构的政策导向基础上，从种植制度与生产方式安排、农作物品种选择、农作物品质提升三个方面进一步优化种植业结构。

从国内外相关文献来看，对种植业结构的研究已经取得了大量丰硕的研究成果，为本书的研究提供了理论框架与研究方法上的借鉴。但对吉林省种植业供给侧结构性改革的研究文献数量不多，仍存在以下几个方面的不足：

第一，关于供给侧结构性改革的内容，学术界的观点较多，对于供给侧结构性改革的内涵以及农业供给侧结构性改革进行界定的文献也较充分，但是对于种植业供给侧结构性改革的内涵界定比较少见。通过文献的梳理，为本书界定种植业供给侧结构性改革的内涵提供了理论指导。

第二，关于种植业结构改革的问题大多数文献是对农业供给侧结构性的研究，而对于种植业供给侧结构性改革的内容缺乏一定的研究，多数以农业供给侧改革代替种植业供给侧改革，尚未对种植业供给侧结构性改革进行系统研究，尤其是对改革的实质性内容缺少详细的研究。

第三，通过文献梳理发现，以往文献多用种植业结构调整的制约因素、存在问题等字眼为提出种植业结构调整前的铺垫与依据。而当前的种植业结构调整已上升至困境局面。少有学者能够从多个维度深层次挖掘结构调整的困境。因此，为本书的深入研究留下了空间，也是种植业结构改革不同于种植业结构调整的解题关键。

第四，关于种植业结构调整的文献较多，尤其是省域范围种植业结构调整的研究文献较多，研究视角和研究区域均具有丰富的研究成果。但是研究省域范围内种植业供给侧结构性改革的文献比较少见，多数以供给侧结构性改革背景为研究的切入点。

综上所述，本书选择吉林省种植业供给侧结构性改革这一题目进行研究。从供给侧端对吉林省种植业出现的结构性矛盾进行深入剖析，立足国际、国内两个市场，探讨吉林省种植业结构改革的内涵与核心，提出结构性改革的制度框架，确定结构调整的价值取向与优化方向，以确保国家粮食与生态环境的安全，保证种粮农民收入，促进产业协调发展。

1.3 理论基础

1.3.1 供给侧结构性改革理论

正如文献综述中对供给侧结构性改革所做的评述，现阶段中国供给侧结构性改革的理论基础不能照搬西方现代供给学派的理论，因为两者有着本质的区别（陈宗胜，2016）。

首先，两者所包含的理论内容有所不同。现代供给学派所倡导的是恢复对传统古典政治经济学中"萨伊定律"的信仰，强调供给可以自动创造需求，认为发展生产才能消除经济的不均衡，从而实现充分就业及消除通货膨胀，并由此推断出达到经济增长均衡的着力点，从而刺激国民收入。供给学派对凯恩斯需求控制理论进行批判，极力否定需求自动创造供给的假设，主张经济应当由市场自动调节，反对凯恩斯需求的干预政策。

而现阶段我国出现的供给侧结构性改革问题，是由于我国政府长期以来注重"问题导向"即运用计划经济的工作思路，这是针对性和操作性均较强的有效举措，但尚未形成系统的理论内容。从当前供给侧改革的内涵来看，并非一般的否定需求方面的控制与管理，而是在强调以需求为导向的基础上，侧重供给方面进行调整与改革。因此，供给侧结构性改革既不是依据供给学派的理论，也不是强调需求管理的理论。

其次，两者所产生的时代背景不同。供给学派理论产生于发达国家的发达经济体之下，属于成熟经济中的供求总量在周期波动中如何实现均衡的理论；其经济背景是在经济总量一定的前提下，决定经济规模中的经济边界主要变量都已经达到了最大化。而我国现阶段的供给侧结构性改革产生于经济总量增长中，尚未达到经济边界的最大化，处于地位发展的状态。因此，两者具有不同的产生背景，不能简单地用供给学派的理论来指导我国的供给侧结构性改革。

最后，需要解决的问题与对策不同。现代供给学派面对的主要问题是西方世界出现的"滞胀"问题，凯恩斯等需求学派的理论无法应对而催生了供给学派理论。目前我国的供给侧结构性改革问题则是短期内生产质量与效率的问题，及长期内如何解决经济增长的问题。同时，供给学派认为供给是刺激需求的唯一动力，并能够创造需求，只要市场机制充分发挥作用，产品就不会过剩，只要政府不过度干预，通货膨胀也不会发生。与此不同的是，我国当前的供给侧存在的问题，主要应该诉诸体制改革，将构成供给侧的生产要素如土地、劳动、资本、技术等实现最佳的配置，以提供有效供给。

因此，我国供给侧结构性改革不能完全照抄西方现代供给学派的理论（周铁军，2018），应立足我国的实际情况，借鉴西方经济学者对供给问题的已有研究成果，清晰认识现阶段经济运行中的规律，主张在宏观经济调控政策中不仅要重视需求管理，更要重视提高经济效率，促进有效增长的供给管理，对于解决供给侧结构问题具有现实指导意义。

1.3.2 经济增长理论

新古典经济学普遍认为，对于消费者或生产者，其产品和要素市场总是能够处于均衡状态，资源会长期处于帕累托最优状态。因此，不同产业部门的资本和劳动边际效益相同，即产业结构变动不会对产出产生影响。只有在经济扩张时期的资源重新配置中才会产生效益。综上所述，新古典学派认为劳动投入、资本积累及技术进步能促进总产出的增加。新古典学派把劳动力的数量和质量的提高、全要素生产率的增长、资本积累及中间投入的增加认为是影响经济增长的四个方面。

结构主义学派的观点与新古典经济学派完全相反，他们认为经济是非均衡的，资源也不会长期处于帕累托最优状态。原因在于：第一，很多发展中国家劳动市场的二重性，即现代产业和传统部门并存，并且传统产业部门中的大量非熟练劳动力是不被现代产业部门吸纳的；第二，资源得不到有效配置，从而难以增加出口或替代进口而导致国际收支长期逆差。经济的非均衡意味着劳动和资本在不同产业部门的边际效益不同。部门间资本和劳动的再分配会增加总支出，进而促进经济增长。结构主义学派在新古典经济学派影响经济增长的四个方面之外，补充了资源的重新配置。

结构主义增长理论在考察结构变量对经济增长意义的基础上，以新古典增长公式为起点，引入结构因素重新解释经济增长过程，其著名的结构主义经济增长函数是：

$$GY = F \ (I/Y, \ GL, \ X3, \ XA, \ XE, \ XF, \ XD) \qquad (1-1)$$

其中，GY 表示经济增长速度；I/Y 表示投资同 GNP 的比率（资本存量增长的替代变量）；GL 表示劳动力的增长；X3 表示劳动质量的度量；XA 表示劳动或者资本从农业转移的度量；XE 表示出口增长的度量；XF 表示国际收支逆差的度量；XD 表示发展水平的度量。这一增长函数关系式所考察的解释变量除劳动和资本外，还引入了诸如资本和劳动再分配等结构变量。因而该函数表明，结构主义经济增长函数把经济增长过程看作是一个由要素投入和结构转变共同推动的结果。

钱纳里等运用上述方程经过大量回归分析，得出结论：第一，资本和劳动由农业向其他部门的转移约占平均增长的 20%；第二，证明了在 500～1000 美元收入范围内，由于生产率差距，资源流动可以为总增长作最大贡献；第三，结构变动在影响增长率的同时，其重要性随着发展水平的高低而变动，即随着人均收入的提高，结构变化对增长率的作用是先增加后降低。因此，结构因素对发展中国家比对发达国家重要得多。

经济增长理论探讨了结构变动与经济增长之间的关系，其核心在于资源配置方式的改变对要素生产率的影响。这为本书提出资源配置方式的改革方向提供了理论依据。

1.3.3 可持续发展理论

人类历史上的三次工业革命取得了突破性的经济和社会的飞跃，但与此同时也产生了严重的环境、生态问题，还有资源危机等。1972 年，《人类环境宣言》中提出了可持续发展理论的雏形；1987 年，《我们共同的未来》中给可持续发展定义了正式概念：可持续发展是既要满足当代人的需求，又不对后代人满足其需求能力构成危害的发展；1992 年，《里约宣言》和《21 世纪议程》等一系列文件标志着人类对可持续发展的认识提高到了一个新的阶段，赋予了可持续发展理论更丰富广泛的内涵；2002 年，联合国可持续发展问题世界首脑会议上针对人类健康、生物多样性、农业生产、水和能源五方面，明确了世界各国未来 20 年在环境与社会、经济发展方面努力的方向。

农业作为国家经济发展的基础，其发展的好坏直接关系着国民经济发展的健康与否，农业可持续发展被认为是整个人类可持续发展的根本保证和优先领域。自然资源的合理配置是可持续发展理论的核心，要求我们在充分利用自然资源的基础上，使保护资源环境与促进社会经济发展相同步。在粮食生产方面的可持续发展中，一方面，要求处理好人地关系，不过度开垦土地，压榨土地生产能力，在土地承载能力范围内安排粮食生产。人地关系处理的好坏直接影响着整个自然生态系统的可持续性。另一方面，要求保证生态经济平衡。不能单纯追求高产而过度使用农药、化肥，造成土地资源破坏及环境资源的恶化。只有寻求生产、生态、经济三方面的最佳切合点，才能实现粮食生产的可持续发展。本书指出吉林省承担着确保国家粮食安全的重要责任，那么如何在种植业供给侧结构性改革的同时，建立一个合理的种植业结构，实现粮食生产的可持续发展，可持续发展理论给出了重要理论依据。

1.4 基本概念界定

1.4.1 种植业

种植业是指栽培农作物以取得产品的生产部门，是农业的主要组成部分之一，是人类社会赖以生存的最基本的产业部门。其主要特点是以土地为基本生产资料，配合人类劳动，促进农作物的生长发育（杨佳柳，2018），将无机质和太阳能转化为有机物质和化学潜能，以满足人类生活和生产的需要（贾杰杰，2015）。它主要包括粮食作物、经济作物、饲料绿肥作物以及花卉等作物，具体来讲，种植业主要指粮、棉、油、麻、丝、茶、糖、菜、烟、果、药、杂类生产事业。

本书结合吉林省种植业的实际情况与分析问题所需，将种植业分为粮食作物、经济作物和饲料作物三大类。这种分类符合当今国家对种植业发展的要求，并且与《全国种植业结构调整规划（2016—2020年）》中的分类吻合，更与本书中玉米粮经饲三元作物结构用途保持一致，符合玉米内部结构的调整要求。

1.4.2 种植业结构

种植业结构是指农作物在农业生态系统中的时间、空间、季节和环境上的配置。主要包括时间结构和空间结构两方面，其中种植业的时间结构指农作物的农时季节和作物在时间上的配置。优化农作物种植的时间结构，就是要根据当地气候、土质等自然资源和社会资源，合理安排耕作熟制、轮作、套种和前后作物的合理搭配等，以获得最大农业生产力和经济效益。空间结构包括作物种植的水平（平面）和垂直（立体）结构。作物种植的水平（平面）结构是种植业内部各种作物和品种构成面积和布局情况。作物种植的垂直（立体）结构是指作物在地面上、下垂直分布的成层结构，即立体结构，也称立体种植。

本书所界定的种植业结构是指作物种植的水平结构。即粮食作物、经济作物和饲料作物的种植面积比例情况。根据吉林省的自然资源禀赋，粮食作物主要包括玉米、水稻、大豆和其他（除水稻、玉米以外的谷物（高粱、谷子、小麦、大麦、芥麦、燕麦、黍子等）和除大豆以外的豆类（蚕豆、红豆、绿豆、豌豆等）及薯类），经济作物主要指特产园艺作物，而特产是一种地方特有的俗语，之所以这样界定是由吉林省特殊的自然资源决定的。饲料作物主要指包括青贮玉米在内的饲草作物。

1.4.3 种植业结构调整

种植业结构调整是一个动态的过程，不同阶段种植业结构调整的概念有所不同。自改革开放以来，学术界普遍认为我国农业经历了三次结构调整：第一次是改革开放初期，党中央提出废除"以粮为纲"的方针政策，粮食作物、经济作物和其他作物发展趋于协调（高强和孔祥智，2014）。第二次是 20 世纪 80 年代中期，全国大幅度削减粮食和棉花播种面积，进一步扩大经济作物的生产（山衍鹏，2018）。第三次是 20 世纪 90 年代中期，在农产品供给过剩的情况下进行的战略性结构调整（黄祖辉等，2016）。现阶段种植业结构调整的内涵是以市场为导向，结合当地生产条件，改变落后的种植技术和手段，通过全面推广先进生产技术、生产手段，合理安排各种农作物及其品种的种植比例和种植面积，生产出足够数量的优质农产品，提高农副产品的科技含量，更好地满足以农产品为主要原料的工业生产和日益增长的城乡居民日常饮食需要，进一步促进农业生产方式的转变。调整的过程其实是农业从粗放经营向集约经营转变的过程，是实现传统农业向现代农业转变的过程，是适应社会主义市场经济体制发展要求的农业运行机制和经营体制建立的过程。发挥市场在资源配置中的基础性作用，按市场需求调整种植结构，是农业运行机制从计划经济转向市场经济的重要内容。种植业结构调整的一个重要目的就在于优化农业资源要素配置（赵国富，2005）。

1.4.4 供给侧结构性改革

李晓晔（2015）、车海刚（2015）界定了供给侧改革的内涵。供给侧一般包含两个方面：一是生产要素投入，如劳动力投入、资金投入、土地资源投入、企业家才能投入等；二是全要素生产率提高，取决于制度变革、结构优化、要素升级等因素。供给侧改革是强调从供给角度实施结构优化、增加有效供给的中长期视野的宏观调控。李晓晔认为，供给侧改革主要是从供给侧角度进行产业结构优化，通过增加有效供给促进经济增长，供给侧改革意味着"供需相匹配"的新经济结构的到来。车海刚进一步扩展供给侧改革的内涵，认为供给侧包含产业供给、要素供给、制度供给三个层面，实现产业转型、要素创新、制度改革才是供给侧改革的根本；供给侧结构性改革的本质是处理好政府与市场的关系，即发挥市场在资源配置中的决定性作用，同时更好地发挥政府作用，绝不能割裂供给与需求的关系，两者相辅相成、共生发展。而对于供给侧结构调整与改革问题，目前政府部门比较重视供给侧方面的"去库存、去产能、去杠杆、降成本和补短板"这些问题，但相对忽视了供给侧方面的制度性改革问题（黄祖辉等，2016）。供给侧改革就是用改革的办法推进农业结构调整，矫正农业资源要素配置扭曲（张首魁，2016）。

基于以上学者的观点，本书界定的供给侧结构性改革的内涵是从供给、生产端入手，通过不合理的资源配置方式、不合理的管理体制，转变政府的计划思维模式，以市场需求为导向，最大限度地发挥市场在资源配置方式中的作用，从而实现结构的优化。

种植业结构调整与改革之间的区别在于：供给侧结构性改革是面对国内国际农产品市场供求关系的变化、市场空间的变化、农产品成本价格的变化、生产与消费结构的变化以及农民收入支持政策的新变化，并不是简单地解决玉米等农产品供给过剩问题、并不是简单地调整优化结构、并不是简单地转变农业发展方式；而是有利于提高种植业结构调整的微观效益，更大程度地增加农民收入；有利于提高种植业结构调整的宏观效益，促进整个农村经济的更快发展；注重经济效益与生态效益的有机结合，不能只顾经济效益，而忽视生态效益，并要处理好眼前利益与长远利益的关系。在种植业供给侧结构性改革中，改革是手段，调整是过程，优化是目标。通过改革当前与市场经济发展不相适应的各种农业管理制度，调整不合理的农业生产结构、要素投入结构以及产品质量结构等，去除过剩的粮食库存，最终实现种植业农产品市场供需平衡、种植业供给结构优化的目标。

1.5　研究目标与研究内容

1.5.1　研究目标

研究的总体目标：综合运用经济学理论，从供给侧这一层面深入剖析吉林省种植业出现的结构性矛盾，依据市场规律和国情、农情与省情，探讨吉林省种植业结构性改革的内涵与内容；在种植业供给侧结构性改革价值判断的基础上，确定吉林省种植业供给侧结构调整的价值取向与调整方向。

研究具体目标：①厘清吉林省种植业供给侧结构性改革的基本内涵与核心内容。②构建供给侧改革背景下吉林省种植业结构改革的基本框架。③提出吉林省种植业结构调整的价值取向与方向。

1.5.2　研究内容

鉴于以上研究的基本概念、范围与研究目标的阐述，本书的研究内容主要包括以下五部分：

第一部分，种植业供给侧结构性改革的背景分析。本部分内容运用历史分析法，从改革开放以来我国农业发展的历史阶段及其特征入手进行分析，并对我国农业供给侧结构性改革的现状与问题加以描述，从而归纳总结出农业供给侧结构性改革的深刻内涵，进而厘清吉林省种植业供给侧结构性改革的内涵与核心内容。

第二部分，吉林省种植业结构的演变及其困境分析。梳理1978年至今吉林省种植业结构演变的历程，归纳总结各阶段吉林省种植业结构演变的动因及其特点。在此基础上，从经济效益、社会效益和生态效益三个方面对现阶段吉林省种植业结构进行合理性评价。其中，评价经济效益选取了种植业投入产出比、种植业结构变动对农民收入的影响、不同作物间比较收益三个指标；评价社会效益选取了粮食商品率、粮食进口对外依存度两个指标；评价生态效益选取了不同农作制度的使用频率、化肥施用强度以及秸秆还田率三个指标。通过综合评价可以得到吉林省目前的种植业结构的不合理性，进而从市场困境、生态困境、技术困境三个维度阐述吉林省种植业结构调整的重重困境，基本判断出造成该局面的主要原因在于忽视了市场经济规律的作用，计划经济的思维模式不适应农业发展新变化的结果。

第三部分，吉林省种植业结构改革的基本框架。在前文分析基础之上，构建吉林省种植业结构性改革的基本框架。新一轮的结构改革区别于以往结构调整的最根本之处在于制度的变革，因此该部分从制度变革入手，提出农业资源配置方式的改革、农产品价格形成机制的改革、粮食市场结构的改革以及农村经济组织制度的改革。其中，农业资源配置方式的改革提出转变长期以来政府计划性经济思维，充分发挥市场经济规律在资源配置中的作用；通过对农产品价格形成和波动机制的研究，分析政府在价格机制中的角色，提出建立粮食目标价格机制；在分析粮食市场结构改革中主要阐述了粮食流通体制的瓶颈，提出建立以加工企业为核心的收储模式，将粮食收储和市场结合起来，推动收储主体多元化和社会化，提高市场流通效率；在农村经济组织制度改革中提出以整合当前农村经济组织为路径，重视综合性合作社发展的改革方向。

第四部分，吉林省种植业结构调整的价值取向。价值取向涉及种植业结构性改革的成败、国家粮食的安全、农业的可持续发展以及农民利益的保护。因此，要确立国家粮食安全的价值取向、农民种粮食合理收入的价值取向、产业协调发展的价值取向和生态可持续的价值取向，从而为种植业结构调整的方向提供指导依据。

第五部分，吉林省种植业结构调整的方向选择。遵循种植业结构调整的价值取向，从横向作物结构调整与纵向产品结构调整对吉林省粮食作物结构调整方向进行合理的判断，按照作物的品种分方向调整，以达到吉林省种植业结构优化的目标。

1.6 研究方法与技术路线

1.6.1 研究方法

结合研究目标及内容，本书综合运用供给侧结构改革理论、经济增长理论与可持续发展理论构建研究的理论框架。以国内外已有的相关研究成果作为基点，以深入农户实地调研为基础，对吉林省种植业结构进行合理性评价，并对种植业结构调整的困境进行系统分析，构建种植业供给侧结构性改革的制度框架，从而确定结构调整的依据与方向。具体研究方法如下：

1.6.1.1 历史分析法

历史分析法是运用发展、变化的观点分析客观事物和社会现象的方法。本书第 2 章从历史分析的角度对我国农业发展阶段的特征变化加以论述，以揭示种植业供给侧结构性改革的背景。本书第 3 章从历史发展角度全面审视吉林省种植业结构的演变历程，客观反映不同阶段种植业结构的特征及其变化的规律。

1.6.1.2 比较分析法

比较分析法是按照特定的指标体系将客观事物加以比较，以达到认识事物的本质和规律，并做出正确评价的方法。本书多处采用此方法进行比较论证分析。例如，对不同区域种植业的投入产出情况进行对比分析，反映吉林省种植业结构调整的经济效益情况；对国内国际主要粮食作物成本收益进行比较分析，为种植业供给侧结构性改革提供依据。

1.6.1.3 多元回归分析法

在评价吉林省种植业结构变动对农民收入的影响效应中，建立农民种植业收入与主要粮食作物总产值比重之间的变量关系，从而得出吉林省种植业结构中各主要作物的产值变动对农民所获取的种植业收入的影响。

1.6.2 数据来源

1.6.2.1 统计年鉴

在描述性分析中所用到的有关我国及各省份种植业中各种作物的播种面积、单产、产量、产值、价格、比较收益情况等时间序列数据可以通过以下途径获得：

各类统计年鉴：《中国统计年鉴》《中国住户调查年鉴》《中国农村统计年鉴》《全国农产品成本收益资料汇编》《中国粮食年鉴》《吉林统计年鉴》。

官方网站：中华人民共和国统计局网站、吉林省各市政府网站、中国农业部种植业管理司网站，美国农业部、联合国粮农组织等。

相关资料：CNKI 文献资料、会议资料以及政府部门内部资料。

1.6.2.2 专题数据库

通过布瑞克农业数据库来获取国际、国内主要作物的供需情况、成本收益情况等所需数据。

1.6.2.3 实地调研

笔者于 2016 年 12 月至 2018 年 6 月开展调研。选取长春市、四平市、白城市和延边朝鲜族自治州，采用随机抽样和访谈相结合的方法，每个市选取 2 个县（区），每个县选取 2 个镇（乡），每个镇（乡）选取 1 个村，每个村选取 15 户农户，对 240 户农户和 8 个县、乡农业技术推广站发放问卷 340 份，其中农户有效问卷 226 份，县、乡农业技术推广站工作人员的有效问卷 96 份（见表 1-1）。分别对农户的家庭人口数量、受教育程度年限、家庭收入等农户基特征、玉米作物成本收益情况、农户保护性耕作情况以及农业技术推广情况进行调查研究。其中，农业技术推广应月情况调查分别从工作人员的年龄、职称等基本信息以及农户所需农业技术认知等情况进行调查研究（具体问题见附录）。

表 1-1 有效调查样本分布情况

区域	市（州）	县（区）	乡（镇）	农户样本数量	农业技术推广站工作人员样本数量	
					县（区）级	乡（镇）级
东部	延边朝鲜族自治州	敦化市	沙河沿镇	15	3	2
			江南乡	13	4	3
		珲春市	密江乡	15	2	3
			英安镇	14	3	4
	小计			57	12	12
中部	长春市	农安县	前岗乡	13	3	2
			开安镇	15	2	3
		德惠市	布海镇	14	3	2
			惠发街道	14	3	6
	四平市	公主岭市	八屋镇	15	4	5
			杨大城子镇	14	3	4
		梨树县	万发镇	15	4	5
			十家堡镇	13	3	5
	小计			113	25	27
西部	白城市	通榆县	兴隆山镇	13	2	2
			乌兰花镇	14	3	2
		大安市	舍力镇	15	2	4
			月亮泡镇	14	2	3
	小计			56	9	11
总计				226	96	

资料来源：根据调查数据整理所得。

1.6.3 技术路线

本书的技术路线如图 1-1 所示。

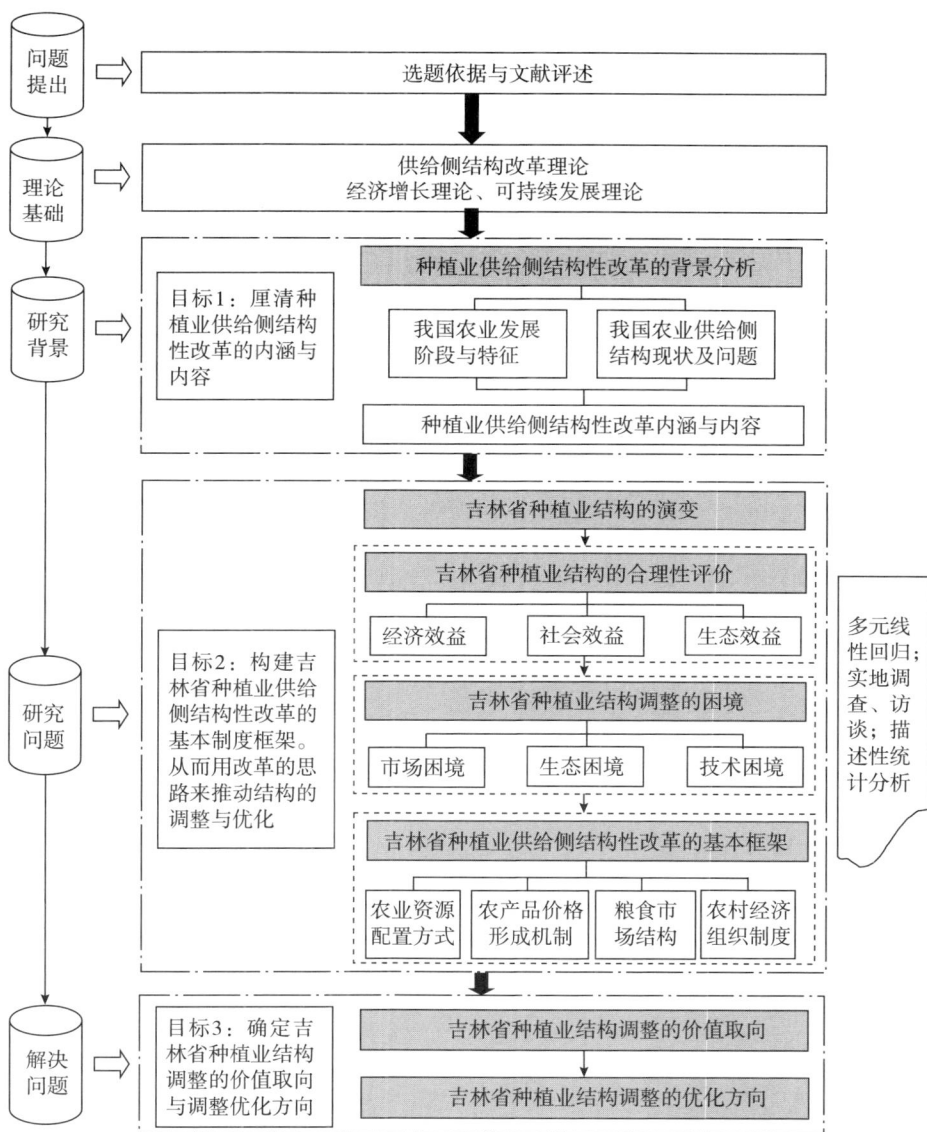

图 1-1 本书的技术路线

1.7 本书的学术贡献

第一，从研究内容来看，"供给侧结构性改革"概念的提出时间尚短，并未真正破题。已有文献多数从国家层面进行宏观阐释，缺少一定的指向性。已有的省级层面文献多数以供给侧结构性改革作为背景研究，回避了对供给侧结构性改革的实质性内容等问题的回答。本书提出了种植业供给侧结构性改革就是改革不合理的农业管理体制，就是用改革来推动结构调整与优化的思路。

第二，本书构建了从市场、生态、技术三维视角审视下吉林省种植业结构调整的困境。从更深层次阐释了当前种植业结构调整并非简单的作物品种调节与作物面积的增减，而是深入到结构变化的制度变革。基于此，本书从农业资源配置方式、农产品价格形成机制、粮食市场结构以及农村经济组织制度四个维度架构了吉林省种植业供给侧结构性改革的制度框架，区分了种植业供给侧结构性改革的相关制度与核心制度。

第三，本书提出了种植业结构调整的"价值取向"这一概念，突破了以往过多强调国家利益与农民利益，而忽视产业发展与生态可持续的计划思维模式。从保障国家粮食安全、农民种粮合理收入、产业协调发展以及生态可持续四个方面确立了吉林省种植业结构调整的价值取向，并梳理出四个价值取向之间层层递进的内在逻辑关系，从更深层面挖掘出每个价值取向背后的政策含义，丰富了该领域的研究。

第 2 章 种植业供给侧结构性改革的背景分析

在不同的社会经济背景和政策目标下，农业供给呈现不同的特征。农业供给侧结构性改革的提出源于农业发展背景的变化，因此，从历史发展的角度剖析自改革开放以来我国农业发展的阶段特征，将有助于分析种植业供给侧结构矛盾产生的内在原因，从更加广阔的角度来审视种植业供给侧结构性改革的内涵。

2.1 改革开放以来我国农业发展的阶段及其特征

关于我国农业发展阶段的问题，国内学者从不同角度进行了分析。从生产关系角度根据土地制度、人民公社、家庭承包等重要历史特征进行划分；从生产力角度根据传统的耕作方式、新技术的运用等进行划分；从经济运行方式角度根据计划经济、市场经济进行划分。简单地从上述角度划分，难以把握当前农业供给侧出现的问题。因此，剖析现阶段农业供给侧深层次矛盾，不仅要运用上述分析方法，而且还要以农业供求为切入点，总结不同阶段农业发展的特征。以农产品供求关系的重大历史变革，来揭示农业供给侧问题形成的背景。

2.1.1 以粮食为主体的农产品供给快速增长（1978～1984 年）

实行家庭联产承包责任制、以粮食为主体的农产品增长速度较快，是这一时期我国农业发展的基本特征，从根本上扭转了我国农业长期粮食供给不足的局面。

1978 年以前，我国农业按照统购统销的计划经济体制和集体统一经营与分配的模式运行，这一制度的安排始终没有解决我国农业供给短缺问题。1978 年，家庭联产承包责任制在安徽小岗村发轫之后，一经中央认同便迅速扩散到全国范围。极大地激发了广大农民的积极性，农业生产呈现爆发式增长。粮食产量从 1978 年的 30476.50 万吨增长至 1984 年的 40730.50 万吨，增加 10254 万吨，增长幅度高达 33.65%，年均增长率为 5.41%（见表 2-1）。稻谷、小麦、玉米、大豆等主要农产品全面增产，人均粮食占有量达到历史最高水平（392.11 千克/人）。扭转了我国长期农业严重供给不足的局面。当然，这一时期的农业供给增加是以粮食为主体，猪、牛、羊等畜产品和水产品产量并没有显著增长的趋势，人均占有量仍处于十分低下的水平。

表 2-1　1978~1984 年全国主要粮食作物产量及人均粮食占有量

单位：万吨，千克/人

年份	粮食	稻谷	小麦	玉米	大豆	人均粮食占有量
1978	30476.50	13693.00	5384.00	5590.00	756.50	316.61
1979	33211.50	14375.00	6273.00	6000.00	746.00	340.48
1980	32055.50	13990.50	5520.50	6260.00	794.00	324.76
1981	32502.00	14395.00	5964.00	5920.00	932.50	324.79
1982	35450.00	16159.50	6847.00	6060.00	903.00	348.95
1983	38727.50	16886.50	8139.00	6820.00	976.00	376.86
1984	40730.50	17825.50	8781.50	7340.00	969.50	392.11

资料来源：根据《中国统计年鉴 1985》数据计算所得。

2.1.2　粮食供给呈多元化发展（1985~1998 年）

这一阶段以粮食为主体的单一供给格局发生改变，其他主要农副产品供给量迅速增加，农业供给呈现多元化。

随着粮食供给能力的持续提高，在长期"以粮为纲"的方针指导下，农产品供给结构过于单一。一方面粮食供给过量，另一方面其他农副产品供给不足。对此，1985 年中央一号文件及时做出了调整，决定全面改革农产品统购统销制度，即按照不同情况分别实行合同定购和市场收购。在这一政策背景下，我国农产品供给格局发生了变化。粮食产量增长速度放缓，1985~1998 年，粮食产量年均增长率为 2.7%，仅为上一阶段增长率的一半。其中，1985~1988 年，粮食出现减产，稻谷、小麦、玉米、大豆均呈现不同程度的下降。1988 年，人均粮食占有量下降到 359.52 千克/人，是 1983 年以来的最低水平。1989 年，《中共中央关于进一步治理整顿和深化改革的决定》中提出，为了促进农业的发展，国家将根据需要和可能，有计划地逐步调整重要农产品的收购价格……鼓励农民增加粮食、棉花和其他主要农副产品的生产。因此，为了保护农民积极性，国家上调了红小麦、杂交稻和粳稻三种作物的价格，每 50 克价格分别比 1985 年上涨了 3 元、6.9 元和 7.8 元。粮食产量出现快速增长（见图 2-1），1989 年粮食产量已恢复至 1984 年的水平，并略有增加，达 40754.9 万吨。在此基础上，1990~1998 年粮食产量大幅度增长，其中 1996 年和 1998 年创下了当时的历史纪录。尤其是 1998 年，小麦、玉米和大豆产量分别比 1990 年增加了 11.7%、37.4% 和 37.8%。同时，其他农副产品价格的逐步放开，大大改变了我国农产品的供给格局，主要农副产品产量和供给量迅速增加。1998 年，猪牛羊肉、奶类产量分别达 4598.2 万吨和 744.5 万吨，分别比 1984 年增长了 1.6 倍和 1.5 倍。但是，农产品质量低下是这一阶段的主要问题。例如，品质较差的早籼稻产量连年增加，造成库存积压量达 1470 万吨，占当时总库存的 70%。

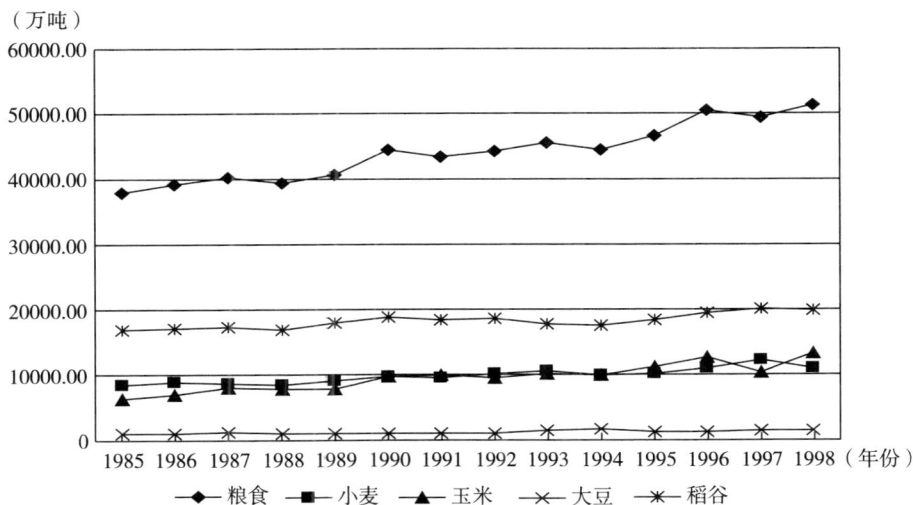

图 2-1　1985~1998 年全国粮食及主要粮食作物产量变化情况

资料来源：《中国统计年鉴》（1986~1999 年）。

2.1.3　推进农业供给战略性调整（1999~2003 年）

这一阶段是以粮食为主体的农产品供给下滑，经济作物发展迅速，提供优质农产品供给为基本特征的阶段。

自 1994 年以来，我国粮食产量连续增加，农民卖粮难、粮食调销难、粮食库存规模迅速扩大，农产品供给相对过剩，农产品质量低下。为此，1998 年中央提出了农业战略性结构调整，要求调整和优化种植结构，发展畜牧业和农产品加工业。

1999~2003 年，粮食播种面积从 11378.74 万公顷下降至 9941.04 万公顷，年均递减 2.67%；粮食产量出现大幅度下滑，2003 年产量降为 43069.50 万吨，回落到 1991 年的水平，年均下滑 4.51%。以稻谷和小麦产量的下滑为主，1999~2003 年下滑幅度分别为 19.06% 和 24.05%（见表 2-2）。蔬菜和棉花呈现增长态势，蔬菜播种面积从 1229.28 万公顷增加到 1795.37 万公顷，年均递增 7.87%；棉花播种面积增加到 511.05 万公顷，年均递增 3.47%。其他农副产品产量快速增长，2003 年猪、牛、羊肉和奶类分别达 4518.60 万吨、630.40 万吨、357.20 万吨和 1848.60 万吨，猪、牛、羊肉产量比 1999 年分别增长了 12.81%、24.73%、58.89%，奶类产量增加了 1.93 倍。农村居民家庭人均纯收入从 2162.00 元增长到 2622.20 元，年均递增 3.94%，增速明显减慢。

表 2-2　1999~2003 年全国主要粮食作物产量　　　　单位：万吨

年份	粮食	稻谷	小麦	玉米	大豆
1999	50838.60	19848.90	11388.00	12810.00	1425.00
2000	46217.50	18790.80	9963.70	10600.00	1541.12
2001	45263.70	17758.00	9387.30	11408.80	1540.70
2002	45705.80	17453.80	9029.00	12130.80	1650.70
2003	43069.50	16065.60	8648.80	11583.00	1539.40

资料来源：《中国统计年鉴》（2000~2004 年）。

2.1.4　农产品供给全面提升与结构性失衡（2004~2015 年）

这一阶段的粮食产量实现了连续"十二年"增长，但是粮食生产内部结构出现严重失衡状态。

1999~2003 年连续 5 年粮食减产，农民增收缓慢，农业生产条件落后等问题突出，所以自 2004 年起，中央针对稳定粮食安全、增加农民收入、提高农业基础设施建设、城乡统筹等问题进行了明确部署与安排。对粮食主产县进行财政转移支付形式奖励和补助，实施"两减免、三补贴、四保障"措施。2006 年全面取消农业税，2008 年实施玉米临时收储政策等，这些措施极大地调动了农民种粮的积极性，实现粮食十二连增。2004 年粮食产量为 46946.90 万吨，比 2003 年增长了 9%。2007 年粮食产量达 50160.30 万吨，基本恢复到 1996 年的粮食水平。2008 年粮食产量再上新台阶，增长率达 5.4%。2013 年的粮食产量突破了 60000 万吨，达 60193.80 万吨。2015 年，全国粮食产量再创新高，为 62143.90 万吨，至此实现了十二年粮食产量的连续增长（见图 2-2）。但值得注意的是，在粮食产量总量不断上涨的同时，粮食内部的生产结构在这一阶段发生了巨大的变化。玉米播种面积从 2004 年的 38169 万亩增加到 2015 年的 57179 万亩，平均年增长率达 4.52%，其中 2007 年玉米的增加幅度最大，为 9.29%，这与国家实施的农业优惠政策密不可分。稻谷、小麦的播种面积也呈现上涨的趋势，只有大豆的播种面积逐年下降。自改革开放以来，2004 年的大豆播种面积最高，为 14386.30 万亩，到 2015 年减少了 4627.15 万亩，不及 2014 年的 1/3（见表 2-3）。大豆的播种面积大幅度下降，玉米播种面积直线上升。一方面，在产量上形成了以玉米为主的粮食产量供给结构性过剩；另一方面，大豆产量低迷，进口量激增。这种供求矛盾，使农业生产结构出现了严重的失衡。

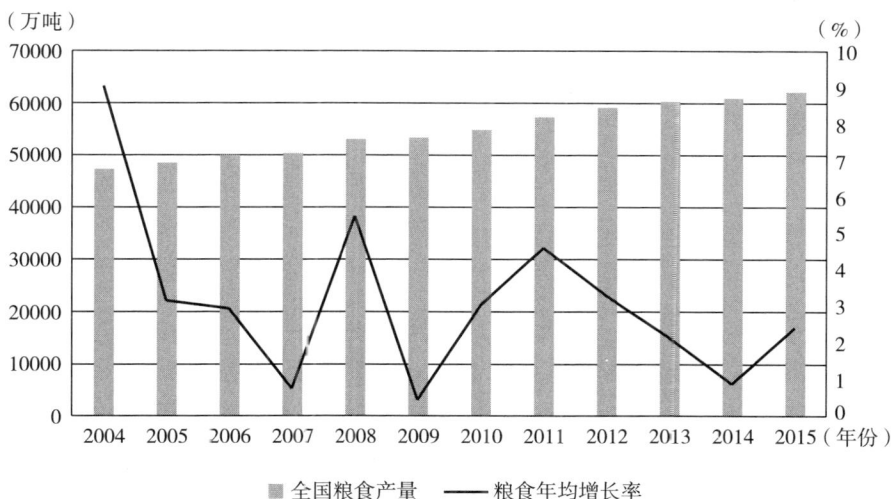

图 2-2　2004~2015 年全国粮食产量和年均增长率

资料来源：根据《中国统计年鉴》（2005~2016 年）数据计算所得。

表 2-3　2004~2015 年全国主要粮食作物播种面积　　　单位：万亩

年份	玉米	小麦	稻谷	大豆
2004	38169.00	32439.00	42568.20	14386.30
2005	39537.20	34188.90	43270.80	14386.10
2006	40456.20	35419.50	43406.80	13956.60
2007	44216.30	35580.90	43378.20	13130.80
2008	44796.00	35425.80	43861.60	13690.70
2009	46774.00	36436.10	44440.40	13784.70
2010	48750.00	36384.80	44810.00	12773.60
2011	50312.50	36405.60	45085.60	11832.80
2012	52544.70	36402.40	45205.70	10757.50
2013	54477.60	36175.90	45467.60	10185.80
2014	55685.10	36104.10	45464.80	10200.00
2015	57179.00	36212.10	45324.00	9759.15

资料来源：《中国统计年鉴》（2005~2016 年）。

2.1.5　农业供给侧结构改革阶段（2016 年至今）

这一阶段的特征是：粮食产量仍保持较高水平，但是低端供给过剩。农业供给结构失衡，我国农业战略性结构调整进入供给侧结构改革新阶段。

2004~2015 年，粮食产量的十二连增使粮食供给相对过剩，生产结构失衡。2015 年，《关于加大改革创新力度加快农业现代化建设的若干意见》，提出了围绕建设现代农业，加快转变农业发展方式，深入推进农业结构调整。同年的中央经济工作会议特别强调了重点改革农业供给侧结构调整。至此，从 2016 年开始，我国农业进入了供给侧结构性改革阶段。

2.2　我国农业供给侧结构的现状及问题

当前我国农业供给侧面临的主要矛盾是供给与需求不匹配、不平衡、不协调，而矛盾的主要方面在供给侧，主要表现为供给不能适应需求的重大变化而作出及时的调整，即总量供给不足转变为粮食阶段性供给过剩与供给不足共存的结构性矛盾。

2.2.1　供求结构性矛盾凸显

随着农产品总量和结构的变化，中国农产品市场上已经不存在短缺的问题，但供求关系的变化使结构性矛盾日益凸显：有效供给不足和结构性过剩并存、现有供给结构不适应国内消费需求对品种质量的要求。

2.2.1.1　粮食生产"三量齐增"

自 2004 年以来，我国政府实施了一系列惠农政策，以刺激农民种粮积极性，保证粮食增产。但是，当 2007 年粮食产量恢复到历史最高水平的时候，政府并没有对粮食增产结构做出应有的考虑，在此后的 8 年中粮食总产量一路攀升，由2003 年的 43069.53 万吨增加到 2015 年的 62143.92 万吨，共计增加 19074.39 万吨，平均每年以 3.7% 的速度递增。其中稻谷、小麦和玉米产量分别由 2003 年的16065.60 万吨、8648.80 万吨和 11583.00 万吨增加到 2015 年的 20822.50 万吨、13081.50 万吨和 22463.20 万吨，而大豆的产量则由 2003 年 1539.27 万吨下降到2015 年的 900.00 万吨（见图 2-3）。

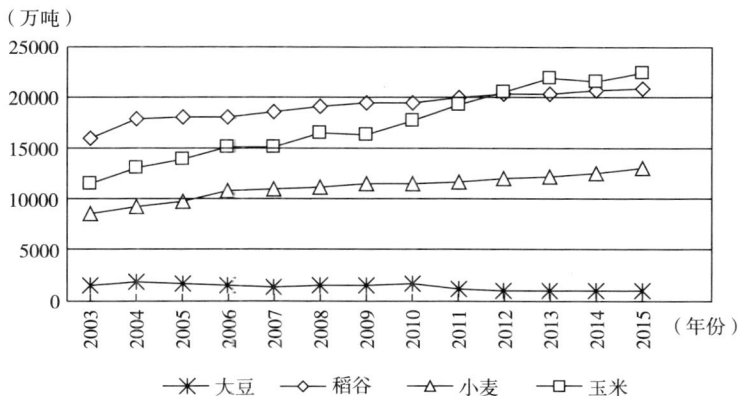

图 2-3　2003~2015 年主要粮食品种产量变化情况

资料来源：《中国统计年鉴》（2004~2016 年）。

在总量不断增加的同时，粮食库存量也呈现出上升态势。以玉米为例，2003年库存量仅为 4082.00 万吨，2008~2010 年期末库存量也维持在相对较低的水平，2010 年仅为 3472.60 万吨。随后玉米库存量持续攀升，2011 年突破 5000 万吨，与上年相比涨幅高达 52.19%。2013 年突破 10000 万吨，2014 年玉米库存量迅速增加到 17431.90 万吨，库存消费比为 98.1%。2016 年玉米库存量创历史最高水平，达到 25767.50 万吨，是当年我国玉米产量的 1.17 倍（见图 2-4）。

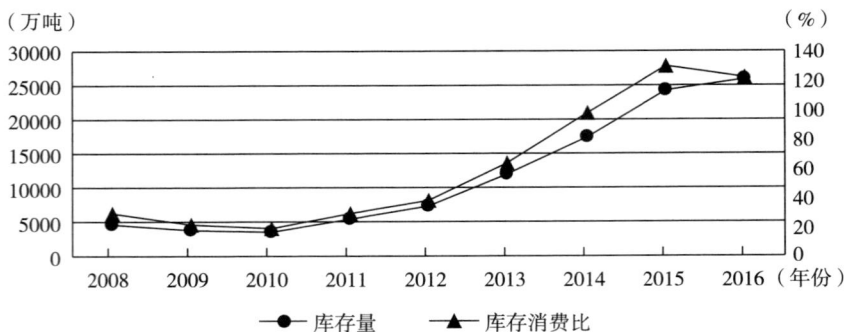

图 2-4　2008~2016 年我国玉米库存量及库存消费比变化情况

资料来源：布瑞克农业数据库。

　　然而，在粮食库存高企的状态下，我国各类粮食进口量不断增加。稻谷、小麦、玉米和大豆进口量分别由 2003 年的 125.00 万吨、175.20 万吨、1.00 万吨和 1693.90 万吨增加至 2016 年的 400.00 万吨、425.20 万吨、246.30 万吨和 9349.00 万吨，增长幅度均超过 100%，其中以大豆进口增长速度最快，增长了 4.52 倍（见图 2-5）。至此，我国粮食从产量、库存量到进口量呈现出"三量齐增"的现象。一方面大量的进口，另一方面又大量的过剩与库存，其根本原因在于我国粮食品种结构不合理所形成的资源错配。而更加值得深思的问题是，粮库里储存着大量即将过期或者不断贬值的、质量较差的粮食，这些库存的出路面临着明显的市场约束。

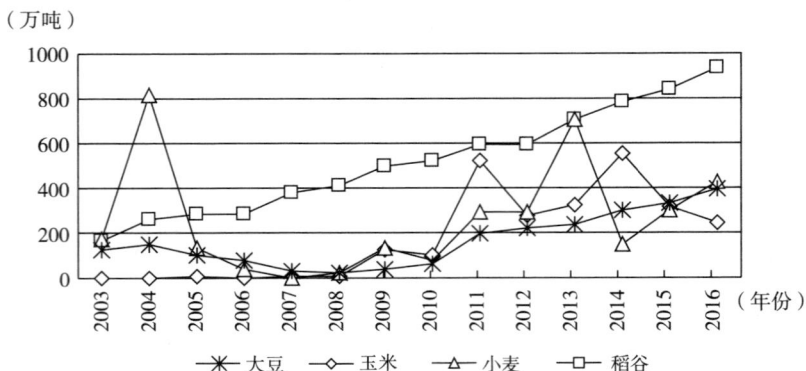

图 2-5　2003~2016 年主要粮食品种进口量变化情况

资料来源：布瑞克农业数据库。

2.2.1.2 消费结构不断升级

随着居民食品消费结构升级对粮食质量安全要求的迅速提高，追求"营养健康、卫生合格、品质优秀"成为人们消费的主要价值取向，消费食物结构向多维生素、高蛋白、低脂肪、低胆固醇方向发展。2013~2016 年，我国城镇居民家庭人均消费的薯类、豆类等杂粮有增加趋势，鲜瓜果、蔬菜及食用菌等特色经济作物的消费量明显上升，分别从 2013 年的 47.6 千克和 103.8 千克增加到 2016 年的52.6 千克和 107.5 千克。一个国家由中等收入阶段向高收入阶段迈进过程中，居民消费质量会向着优质营养和高级化方向发展。在肉类消费中，牛羊肉、水产品高档蛋白消费数量逐渐增加，2016 年我国城镇居民牛羊肉和水产品消费数量分别达 4.3 千克和 14.8 千克，比 2013 年增加 27.27% 和 6.43%（见表 2-4）。表明当前的消费结构不局限于单纯地满足温饱，而是转变为对谷物、薯类、豆类等具体粮食细类的品种以及果蔬、瓜果、肉类等各类营养食物以满足消费结构升级。在消费品质上更加注重产品的安全优质，对无污染、无公害的绿色食品需求不断增长。

表 2-4　2013~2016 年我国城镇居民家庭人均食物消费情况　　单位：千克

年份	2013	2014	2015	2016
薯类	1.9	2.0	2.1	2.3
豆类	8.8	8.6	8.9	9.1
猪肉	20.4	20.8	20.7	20.4
牛羊肉	3.3	3.4	3.9	4.3
水产品	14.0	14.4	14.7	14.8
鲜瓜果	47.6	48.1	49.9	52.6
蔬菜及食用菌	103.8	104.0	104.4	107.5

资料来源：《中国统计年鉴》（2014~2017 年）。

然而，我国农产品供给对于市场需求的变化具有明显的不适应性。一方面，表现为优质农产品的缺乏，例如优质稻米、绿色蔬菜等品质优良的农产品较为短缺。另一方面，表现为专用品种农产品缺乏，例如用作披萨、汉堡等速食产品的强筋小麦和用于制作饼干的弱筋小麦所占比重较低。

2.2.2 粮食市场竞争力丧失

近年来，我国粮食生产在国家免除农业税、全面实施"四大补贴"、水稻和小麦保护价收购、玉米临时收储政策的大力扶持下，农民生产积极性得以充分调动，但也导致了价格的高位运行，进而降低了市场竞争力。小麦、玉米、大豆等主要农产品最近几年国内的价格比国际价格高出 30%~50%，个别品种达 60%。2008 年中国启动玉米临储价格之后，正是美国玉米连年丰收，价格持续下行的时期，我国逐年增高的玉米价格在客观上产生了为进口玉米让开市场的效应。如此高位运行的价格，势必引起对国内农产品的需求抑制，形成市场扭曲。究其根本原因在于农产品成本的上升，自 2003 年以来，农药、化肥、种子、农膜等农用物资价格不断上升，而劳动力和土地流转价格的上涨幅度更加明显，使粮食种植成本提高。如图 2-6 所示，2003~2016 年，稻谷、小麦、玉米、大豆的平均物质与服务费用均出现了增长态势，其中水稻的平均物质与服务费用最高，从 2003 年的 258.03 元/亩增加到 2016 年 530.69 元/亩，增长 105.7%；玉米的平均物质与服务费用从 2003 年的 167.43 元/亩增加到 2016 年的 369.55 元/亩，增长 1.2 倍；小麦的平均物质与服务费用由 2003 年的 185.16 元/亩增加到 2016 年的 434.60 元/亩；大豆的平均物质与服务成本费用也在逐年增加。而人工费用也在日益增长，以大豆为例，大豆的人工成本从 2003 年的 86.56 元/亩增加到 2016 年的 218.11 元/亩，平均年增速达 11.7%，可见，我国粮食的生产成本在不断上涨。

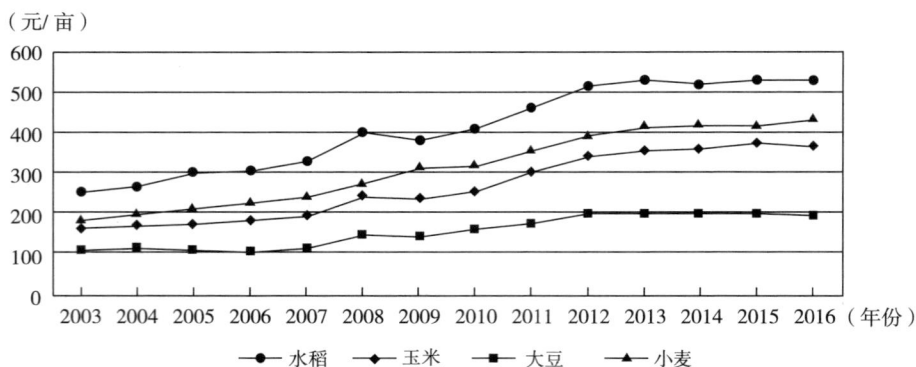

图 2-6　2003~2016 年主要粮食品种平均物质与服务费用

资料来源：《全国农产品成本收益资料汇编》（2004~2017 年）。

2.2.3　农业资源环境约束加重

"十二连增"使我国粮食产量达到了历史上的最高时期，也是连续增产持续时间最长的时期。但是，片面地以追求产量为目标、不计代价的粗放式的增长方式使我国付出了沉重的资源与环境代价。一方面，农业资源约束日益趋紧。耕地资源是保障国家粮食安全不可或缺的重要的基本资源。对于人均耕地资源极端贫乏的中国来说，耕地的数量保护已经引起国家高度关注，确定了 18 亿亩的红线。事实上，在维持 18 亿亩红线的前提下，随着城镇化进程的加速推进，我国大量优质耕地资源被挤占，使我国的有效耕地生产力已经低于 18 亿亩。据北京师范大学环境学院教授赵烨核查，1997 ~ 2010 年非农建设占用耕地 2746.5 万亩，而且大都是优质耕地[①]。从水资源来看，我国现有有效灌溉面积 8.1 亿亩中，95%以上仍采用传统漫灌技术。采用大水漫灌的方式虽然简单、易操作，但是在渠道输水过程中及田间深层渗漏损失的水资源高达灌溉用水量的 70%。可见，这种低效率的资源利用方式对我国水资源造成了严重浪费。另一方面，农业生态环境压力不断加剧。据初步调查，东北松辽平原玉米带黑土层逐渐变薄，由初期的 80厘米下降至目前的 25 厘米，有些地方黑土层甚至消失，底部黄土已经裸露。耕地的有机质含量降幅与开垦初期相比甚至达 31%。为增加粮食产量，我国农业生产以大量施用化肥、农药等农业投入品为主，但这种生产方式的效率十分低下。以化肥为例，我国化肥利用率仅为 30%，意味着 70%的化肥都是无效投入，而发达国家的化肥利用率高达 70%，是我国的 2.33 倍。高投入低效率的化肥施用方式虽然带来了粮食增产的成效，但是却对我国农业生态环境造成严重污染，环境承载力接近甚至超过极限。据第一次全国污染普查，农业污染源总磷和总氮分别为 270 多万吨和 28 万吨，约占总量的 67%和 57%。

2.2.4　农民收入增长乏力

进入 21 世纪以来，国家出台了一系列强农惠农富农政策，促进了我国农民收入的持续快速增长。2004 年以前，我国对农民收入支持的基本手段是提高农产品价格；2004 年以后，从粮食直补政策实施开始，对农民收入的支持政策内

---

①　占补平衡难挡优质耕地减少势头［EB/OL］．［2015-06-25］．http：//news.163.com/15/0625/06/ASUE9G6S00014AED.html.

容和形式大大丰富，主要有免除农业税、农业生产资料综合补贴、水稻和小麦保护价收购、玉米实施临时收储价格等，这些措施在一定程度上激发了农民种粮的热情。随着农业生产成本的不断上涨，利益空间越来越小，使农民增收环境发生了重大变化，农民家庭经营性收入增长速度放缓。同时，我国经济增长速度由高速增长转为中高速增长，提供的就业岗位需求相对减少，对农民工的需求下降，农民的工资性收入增长速度也随之下降。不论是我国农民纯收入，还是农民收入主要来源的农民家庭经营性收入和工资性收入增长速度均呈现下降趋势。据统计，农民纯收入、农民家庭经营性收入和工资性收入分别由2011年的17.88%、13.74%和21.90%下降到2016年的8.24%、5.28%和9.16%（见图2-7）。

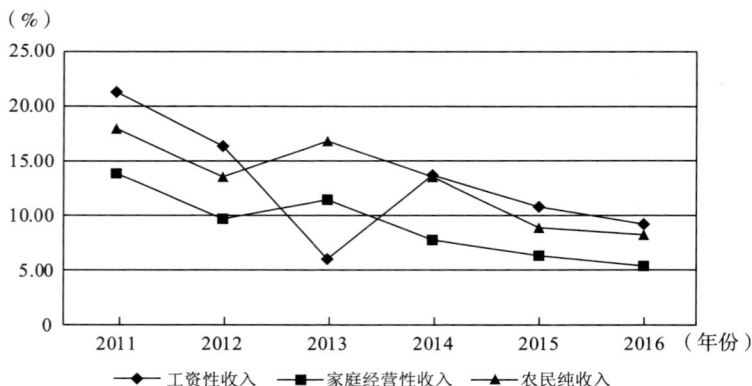

图2-7　2011~2016年农民收入增长速度变化情况

资料来源：根据《中国统计年鉴》（2012~2017年）数据计算所得。

2.3　种植业供给侧结构性改革的基本内涵与内容

通过前文对我国农业发展历程的梳理与我国农业供给侧结构改革现状、问题的描述，明确了我国农业供给结构自改革开放以来，随着农产品供求关系与国家政策导向的变动而产生的变动轨迹与发展特征，总结出现阶段我国农业供给侧存在的供求结构性矛盾凸显、粮食市场竞争力丧失、农业资源环境约束加重以及农民收入持续增长乏力的结构性矛盾。从而可以清晰地得到：现阶段农业供给侧的矛盾焦点在种植业供给侧结构。因此，基于上述背景分析，提出种植业供给侧结构调整的内涵和基本内容，为下文内容的阐述提供指导依据。

2.3.1　种植业供给侧结构改革的内涵

当前，种植业发展的主要矛盾为结构性矛盾，而供给侧的体制机制障碍形成是这种结构性矛盾的根本原因。要破解种植业发展的结构性矛盾，必须明确本次供给侧结构改革的深刻内涵。

要明确种植业供给侧结构性改革的内涵就要区别供给侧结构改革的两种类型：一种是注重数量或者产量的增长。我国 20 世纪 80 年代中期与 90 年代中期的供给侧结构改革即是以满足农产品供给数量上的充足为目的的改革。另一种是注重结构优化与质量提升。我国自进入 21 世纪以来的供给侧结构改革则是解决农产品过剩下结构调整与质量提升问题。后者的改革不同于以往的种植业结构调整，不仅是某些农作物多种还是少种的问题，或是寻求数量满足、总量平衡的问题，而且是涵盖范围广、触及层次深的制度变革。

国内学者对于农业供给侧结构改革的内涵表述，其侧重点各有不同。程国强（2016）认为农业供给侧改革是要达到农业供给和需求的相互匹配。姜长云（2016）指出解决农业供给侧结构改革矛盾发力点在于供给侧，改革的体制与机制保障是关键。郭庆海（2017a）认为农业供给侧结构性改革的内涵应注意合理利用国内国际两个市场、两种资源，同时结构改革就是要建立起一个有利于国家粮食安全、有利于农民增收、有利于产业协调发展、有利于可持续发展的农业供给结构。

基于上述学者的观点，梳理种植业供给侧结构性改革或许应具备如下特征：一是制度性。本次种植业供给侧结构性改革的关键在于改变不适应市场经济发展的农业管理体制，充分发挥市场机制在农业资源配置中的作用，以使配置效率达到最优状态。二是层次性。改革不仅是横向作物的加减，还要在此基础上调整作物内部的纵深结构以及提高农产品的品质。三是开放性。在开放的市场条件下，要着眼于国内、国际两个市场，统筹考虑两种资源，建立起大市场的供求平衡关系，以提高农产品的竞争力。四是多元性。改变以往单变量的思维模式，在价格与收入支持政策中应考虑可能出现的多重效应，兼顾多元目标的发展。

因此，综合以上观点，本书将种植业供给侧改革的内涵做如下表述：以市场经济规律为基础，以科技进步为动力，充分发挥市场机制配置资源的作用，合理利用国内国际两个市场、两种资源，建立一个与人民群众日益增长、不断升级、优质高效的农产品及农业多功能需求相适应的有利于国家粮食安全、有利于农民增收、有利于产业协调、有利于可持续发展的种植业结构，并为此提供体制机制保障。

2.3.2 种植业供给侧结构性改革的内容

在上述种植业结构供给侧改革的内涵表述中，总体改革的目标是建立一个与人民群众日益增长、不断升级、优质高效的农产品及农业多功能需求相适应的有利于国家粮食安全、有利于农民增收、有利产业协调、有利于可持续发展的种植业结构。实现这一目标的关键在于改革不合理的资源配置方式、改革不合理的农业管理体制，以市场为导向，最大限度地发挥市场在农业资源配置方式中的作用，实现种植业结构的优化。之所以提出种植业供给侧结构性改革就是要用改革的思路来推动种植业结构的调整优化。基于此，种植业供给侧结构改革的基本内容可以概括如下：

2.3.2.1 农业资源配置方式的改革

自 2004 年以来，以粮食直补政策为转折点，政府出台了一系列惠农强农政策，使农业发展进入了一个新的历史时期。然而，政府在惠农政策的实施方式上进行了过度干预，已经逐渐偏离了市场需求导向、市场机制的轨道，并由此导致了市场失灵和农业资源配置的扭曲。种植业供给侧改革就是要改革这种不合理的资源配置方式，改革制约市场发挥作用的机制，矫正行政配置要素造成的扭曲现象，建立起一个高效率的农业资源配置方式，以实现种植业供给侧改革的最终目标。

2.3.2.2 农产品价格形成机制的改革

在我国农产品价格的形成机制中，政府对农产品市场供求进行干预，试图调动农民粮食生产的积极性，保障粮食安全。但是，往往由于政府对粮食市场调控的方向、目标、时机、范围以及力度等把握不够准确，造成了粮食市场价格形成的扭曲，并进一步造成作物间收益差距的加大，从而使资源要素过分集中，降低农业资源配置效率。因此，改革农产品价格形成机制就是要建立起市场形成价格的机制，改变政府直接补贴方式带来的价格扭曲。使农业生产者能够根据市场价格的变化，科学判断农业资源要素的投入，实现种植结构的优化。

2.3.2.3　粮食市场结构的改革

在流通市场运行良好的状态下，粮食价格信息在粮食生产、收购、加工、销售产业链条中应呈现良性传递。近年来，随着政策的持续推进，市场化为取向的粮食流通体制改革在实际执行过程中却出现了价格形成机制的逆市场化现象，原粮与农产品加工成品粮之间价格无法顺价传递、粮食主产区与粮食主销区价格无法顺价传递，致使粮食生产、流通、进口、库存、加工、消费整个产业链的全面扭曲（程国强，2013）。因此，建立以市场为导向的粮食价格机制，就要有市场化的粮食流通体制与之相适应。

2.3.2.4　农村经济组织制度的改革

在市场经济条件下，农村经济组织是国家若干支农政策得以顺利实施的载体。然而，现阶段我国农村经济组织大多名存实亡，农村基本处于一种超小农户、高度分散的组织结构之中。这种分散的家庭经营形式无法利用现代科技与服务等要素来应对市场风险，阻碍了农业现代化的进程。因此，提高农村的组织化程度，建立起符合农民意愿、符合市场经济规律、符合农业组织规律要求的农村经济组织势在必行，这也是当前吉林省种植业供给侧结构性改革的迫切要求。

2.4　本章小结

本章分析了自改革开放以来中国农业发展的历程，概括总结了不同阶段的农业供给情况及其特征，详细描述了我国农业供给侧改革的现状与问题，归纳出种植业供给侧结构性改革的内涵与基本内容。得到结论如下：

第一，自改革开放以来，在不同阶段的社会经济发展与国家政策目标背景下，我国农业供给结构呈现出不同的特征。从总体来看，20 世纪 80 年代中期，在实行家庭联产承包责任制背景下的以粮食为主体的农产品迅速增加，出现短暂的相对过剩，之后进入废除"以粮为纲"的供给结构，发展多种经营阶段。20 世纪 90 年代中后期，在深化农产品流通体制改革背景下的农产品供给改变了我国农产品供给单一的格局；进入 21 世纪以后，在政府提出进一步优化种植业生产结构、提供优质农产品、城乡统筹发展、提高现代农业可持续发展能力政策背景下，我国的农产品供给出现相对过剩，这种过剩不同于之前的过剩，而是涉及农业的纵向结构、组织结构、空间结构以及与农产品的品质结构相关联的深层次的矛盾。

第二，现阶段，我国农业供给侧出现了不可调和的结构性矛盾：供求结构性矛盾凸显、粮食市场竞争力丧失、农业资源环境约束加重以及农民收入持续增长乏力。通过描述性统计分析得到，出现上述矛盾的主要原因在于忽视了市场经济规律，宏观调控方式不适应农业发展新变化。在此分析基础上，总结归纳出种植业供给侧改革的内涵为以市场经济规律为基础，以科技进步为动力，充分发挥市场机制配置资源的作用，合理利用国内国际两个市场、两种资源，建立一个与人民群众日益增长、不断升级、优质高效的农产品及农业多功能需求相适应的有利于国家粮食安全、有利于农民增收、有利于产业协调、有利于可持续发展的种植业结构，并为此提供体制机制保障。厘清了种植业供给侧结构性改革的基本内容，即改革不合理的农业资源配置方式、不完善的农产品价格形成机制与粮食市场结构以及涣散的农村经济组织制度。

第3章 吉林省种植业结构的演变

我国农业供给侧结构的主要矛盾在于种植业供给侧的结构性矛盾，这种矛盾在作为粮食主产区的吉林省表现得更为突出、更加强烈。本章回顾吉林省种植业结构的演变历程，从而揭示吉林省种植业供给侧结构形成的内在机理。1978 年是我国农村改革的元年，因此，本章以 1978 年为起点，分析改革开放 40 多年来的吉林省种植业结构的演变历程。以种植业结构中粮食作物、经济作物以及饲料作物播种面积占总播种面积比例关系的变化和变化的速度将种植业结构进行划分，其划分的拐点分别出现在 1985 年、1988 年、1998 年和 2015 年。因此，吉林省种植业结构的演变历程可以划分为五个阶段。

3.1 吉林省种植业结构快速调整阶段（1978~1984 年）

吉林省位于我国东北中部，农耕条件优越，土壤结构较好，有机质丰富，适合农作物生长。因其良好的粮食生产条件，在"六五"期间我国启动的第一批 60 个商品粮基地县中，吉林省就占 6 个。在此后的"七五""八五""九五"中国家陆续投资建设商品粮基地县，先后有 28 个县成为国家商品粮基地县，占吉林省县级行政区划的 70%，吉林省成为全国重要的商品粮核心产区。然而，与粮食生产的高速增长相比，吉林省种植业结构却未能适应市场的变化而完成优化过程。

吉林省的种植业早在 20 世纪 20 年代就是以粮食作物为主，1949~1978 年（见表3-1），吉林省的种植业结构中一直是以粮食作物为主，平均占比高达 90%以上。经济作物以油料、烟叶、园参、蔬菜、水果为主，占比不足 3%。饲料作物主要是苜蓿等，占比也仅有 5%左右。这既同吉林省农业生产条件和市场条件有关，也同社会对粮食的需求状况有关。

表3-1　1949~1978年吉林省农作物播种面积比重（以农作物为100）　　单位：%

年份	农作物	粮食作物	经济作物	饲料作物
1949	100.0	95.7	1.2	3.1
1959	100.0	89.7	5.1	5.2
1969	100.0	93.2	2.4	4.4
1978	100.0	88.9	2.6	8.5

资料来源：根据《吉林统计年鉴》（1950~1979年）数据计算所得。

　　玉米原产地是美洲，哥伦布发现美洲后陆续将玉米传入欧洲和亚洲。玉米最初是热带作物，由于其广泛的适应性而逐渐向其他气候带转移。于16世纪传入中国，玉米最早从海路传入福建，经陆路传入云南，到18世纪相继在20个省份开始种植，但种植数量有限，在清代乾隆年间，玉米仍为珍稀作物。与南方省份相比，东北种植玉米的时间相对较晚。因此，从吉林省粮食作物内部结构来看，在20世纪20年代，玉米只是房前屋后的零星作物，播种面积只占当时粮食作物播种面积的6.95%。当时大豆的种植面积占有相对较大比例，达30.89%，是粮食作物中占比最高的作物①，主要是当时的大豆效益高于其他作物。1949年以后，种植业结构逐渐发生演化，大豆的种植比例开始下降，形成了玉米、大豆、高粱、谷子并重的多元种植结构。1959年，玉米和大豆所占比重达到了同等水平。1969年，玉米成为粮食作物中播种面积最大的作物，谷子次之，然后是大豆和高粱。到1978年，玉米的播种面积达到粮食作物总播种面积的42%，初步形成了东北松辽平原玉米带的格局（见表3-2）。

表3-2　1949~1978年吉林省粮食作物播种面积比重

（以粮食作物为100）　　单位：%

年份	粮食作物	玉米	水稻	大豆	高粱	小麦	谷子	其他
1949	100	23	2	16	23	1	19	16
1959	100	23	5	23	12	5	20	12
1969	100	27	6	18	17	3	20	9
1978	100	42	8	16	8	5	13	8

资料来源：根据《吉林统计年鉴》（1950~1979年）数据计算所得。

---

　　①　在中国历年的统计中都将大豆统计在粮食作物之内，这与国际上的统计口径不同。

1978~1984 年，吉林省粮食作物播种面积呈现下降趋势，而经济作物播种面积表现出增长势头。

1978 年 12 月，党的十一届三中全会提出了按劳分配、提高农产品收购价格、实行家庭联产承包责任制的重大决策，从此结束了人民公社体制下的"平均主义""大锅饭"，农民的生产积极性提高。1979 年，《中共中央关于加快农业发展若干问题的决定》中明确指出，要有计划地逐渐改变我国农业结构和人们的食物构成，把只重视粮食种植，忽视经济作物种植和林业、牧业、副业、渔业的情况转变过来，并强调要认真抓好棉、麻、糖等经济作物的种植，抓好林、牧、副、渔业的发展，实现粮食作物与经济作物的多元结构发展，实现农林牧副渔业并举。这一政策目标的调整，诱发了第一次结构调整。吉林省的种植业结构在这一时期得到了快速调整与发展。

1978~1984 年，吉林省经济作物播种面积占农作物总播种面积比重增加比较明显，平均占比达 9.84%，年增长率为 6.2%。1984 年，吉林省经济作物总播种面积为 480.2 万亩，比 1978 年增加 145.53 万亩，增幅为 43.48%。油料、麻类、烟叶等发展较快，其中以油料作物的播种面积增速最大。1984 年达 287.9 万亩，比 1978 年增加 169 万亩，增长 1.42 倍。饲料作物的播种面积在此阶段的平均占比为 2.98%。随着吉林省畜牧业的发展，饲料作物在这一阶段得到快速发展，选育高产优质饲料作物品种 10 余项，为家禽、畜提供丰富的饲料。

粮食作物播种面积的比重与改革开放以前相比呈现下降趋势，年均增长率为 -1.52%，但是粮食产量有了较大突破。1982 年，粮食产量登上千吨台阶。1983 年，吉林省全面实行家庭联产承包责任制，并且这一年商品粮基地政策开始实施，所以带来了粮食增产的显著效果，产量一跃达到 1478 万吨。当年的粮食增长率为 47.8%，高出全国平均水平 38.55%。1984 年，粮食产量再创历史新高，粮食增长率为 10.59%，是全国粮食增长率的 2 倍（见表 3-3）。

表 3-3　1978~1984 年吉林省粮食产量及增长率情况　　单位：万吨,%

年份	1978	1979	1980	1981	1982	1983	1984
吉林省粮食产量	914.70	903.00	859.50	922.00	1000.00	1478.00	1634.50
吉林省粮食增长率	25.58	-14.49	-4.82	7.27	8.46	47.80	10.59
全国粮食增长率	7.80	8.97	-3.48	1.39	9.07	9.25	5.17

资料来源：根据《中国统计年鉴》（1979~1985 年）和《吉林统计年鉴》（1979~1985 年）数据计算所得。

在以增加粮食总产为目标的前提下，高产作物进一步受到青睐，由此使吉林省粮食作物种植继续向玉米集中。在此期间，吉林省玉米播种面积增长趋势显著，水稻和高粱播种面积呈现小幅增长，大豆和其他作物的播种面积不断下滑，其中以大豆下滑幅度最为明显（见表3-4）。1978年，玉米、水稻、高粱、大豆和其他作物的播种面积之比为42.15：7.18：8.05：16.32：26.30，玉米的播种面积比重比上一年提高了2.32%，其他作物变化不大。1984年玉米播种面积增加，与其他作物播种面积比例变为52.97：8.13：7.89：11.34：19.67。玉米在粮食作物中的主体地位进一步提升，水稻播种面积比重也在不断增加，而大豆的播种面积比例此时已下降到11.34%，为历史最低水平。

表3-4　1978~1984年吉林省粮食作物播种面积比重
（以粮食作物为100）　　　　　　　　　　　　单位：%

年份	玉米	水稻	高粱	大豆	其他
1978	42.15	7.18	8.05	16.32	26.30
1979	44.32	7.24	7.83	16.01	24.60
1980	47.72	7.16	6.64	15.79	22.68
1981	44.21	7.23	7.85	17.25	23.46
1982	45.16	7.32	8.81	16.51	22.20
1983	47.82	7.43	8.44	13.93	22.38
1984	52.97	8.13	7.89	11.34	19.67

资料来源：根据《吉林统计年鉴》（1979~1985年）数据计算所得。

这种结构变化的原因主要在于数据当时种植业生产首要任务为提高粮食产量，解决了广大人民群众的温饱问题。因此，高产作物成为了首选。在玉米、水稻、高粱和大豆四种作物中，水稻的单位面积产量一直领先于其他作物，其次为玉米，再次为高粱，大豆最低（见表3-5）。水稻的单位面积产量虽然很高，1984年达447.25千克/亩，但是由于种植技术和水资源条件的限制，无法大面积推广。玉米则不同，种植技术和条件相对简单，而玉米的适生性较强，加之20世纪70年代玉米良种的推广使用，使玉米单位面积产量迅速增长。1978年为205.79千克/亩，1984年增加到396.81千克/亩。所以，扩大玉米种植面积是提高粮食总产量的主要路径。这一阶段的吉林省种植业结构在家庭联产承包责任制的推动下得到快速发展，同时粮食作物表现出以玉米种植为主体的趋势进一步展现，除了水稻有增长趋势外，其他作物的种植面积呈现下降趋势。

表 3-5　1978~1984 年吉林省粮食作物
单位播种面积产量　　　　　　　单位：千克/亩

年份	玉米	水稻	高粱	大豆
1978	205.79	248.15	159.62	73.53
1979	223.11	261.04	170.27	69.27
1980	200.96	282.51	190.88	72.72
1981	226.91	294.31	169.39	87.01
1982	244.99	369.94	132.01	81.20
1983	365.81	379.13	231.25	117.40
1984	396.81	447.25	238.96	135.96

资料来源：根据《吉林统计年鉴》（1978~1985 年）数据计算所得。

3.2　种植业结构缓慢调整阶段（1985~1988 年）

这一阶段的吉林省种植业结构中除 1985 年以外，粮食作物播种面积所占比重下调、经济作物播种面积所占比重有所上升，饲料作物比重略有下降，总体表现为缓慢增长态势。

此阶段粮食作物播种面积的减少是在增加多种经营生产、增加蔬菜、水果及其他经济作物生产号召下进行的结构调整，是结构优化调整的表现，也是 1984 年粮食增长提供的良好基础。其结构调整的速度与上一阶段比较相对缓慢。1985 年，粮食作物比重下调，经济作物比重上涨，调整力度较大，但是 1986 年以后便逐渐恢复，并表现出缓慢的变化趋势（见表 3-6）。经济作物播种面积有所增加，但幅度不大，年均增长率为 0.25%。油料、麻类、烟叶等作物产量呈现下降趋势，蔬菜产量则增长迅速，1988 年蔬菜产量为 468.43 万吨，比 1984 年增长 42.25%。在此期间，饲料作物的播种面积逐年下降。1985 年播种面积为 140.2 万亩，是 1978 年以来播种面积最大的年份，之后便开始大幅度下降，到 1988 年播种面积缩减为 115.14 万亩，下降了 17.87%。

表3-6　1985~1988年吉林省农作物播种面积比重　　　　单位:%

年份	农作物	粮食作物	经济作物	饲料作物
1985	100.00	80.79	15.75	3.45
1986	100.00	85.95	11.66	2.39
1987	100.00	86.35	11.16	2.49
1988	100.00	84.82	12.02	3.17

资料来源:根据《吉林统计年鉴》(1986~1989年)数据计算所得。

1985~1988年吉林省粮食作物的播种面积和产量下调。1984年粮食产量的快速增长,造成了粮食的相对过剩。主要是由于当时吉林省的粮食存库能力无法应对快速的粮食增长,加之铁路运输能力较低,无法调往南方销区,从而出现"卖粮难"问题。因此,政府在1985年对粮食生产进行调整。与1984年相比,吉林省粮食产量下降了25.04%,其下降幅度远远大于全国6.92%的平均水平。在粮食作物内部,玉米产量下滑幅度最大为28.20%,水稻为3.61%(见表3-7)。国家为稳定粮食生产,1985年取消了"双轨制"粮食购销体制,减少合同定购,增加市场议购,使农民有了一定自主经营权。农民可以将手中更多余粮按照市场价格进行出售,调动了农民的积极性。1986年开始,吉林省粮食产量迅速恢复,1987年粮食产量为1675.5万吨,恢复至1984年的水平,这期间的粮食增长速度均高于全国平均水平。尤其是玉米的产量增长率最高,而同期的水稻和大豆也呈现增长态势。

表3-7　1985~1988年吉林省粮食作物增长率　　　　单位:%

年份	全国粮食	吉林省粮食	玉米	水稻	大豆
1985	-6.92	-25.04	-28.20	-3.61	11.60
1986	3.27	14.07	28.16	-4.89	-7.41
1987	2.93	19.88	21.17	27.36	15.65
1988	-2.21	1.06	0.64	-3.27	1.86

资料来源:根据《中国统计年鉴》(1986~1989年)和《吉林统计年鉴》(1986~1989年)数据计算所得。

粮食产量增加的一个致因是玉米播种面积的增加。如表3-8所示,1986年,玉米、水稻、高粱、大豆和其他作物播种面积之比为57.35∶10.04∶4.72∶

14.11∶13.78，玉米播种面积与 1985 年相比增加 6.20%，水稻增加 0.22%，高粱下降了 1.36%，大豆下降了 0.45%，其他作物下降了 0.78%。到 1987 年，玉米播种面积所占比重突破 60.00%。在其他几种作物中，除水稻的播种面积比例有所增长以外，其余均表现出下滑的趋势。

表 3-8　1985~1988 年吉林省粮食作物播种面积比重
（以粮食作物为 100）

单位:%

年份	玉米	水稻	高粱	大豆	其他
1985	51.15	9.82	6.08	14.56	14.56
1986	57.35	10.04	4.72	14.11	13.78
1987	60.88	10.54	3.88	13.95	10.74
1988	58.07	11.09	4.46	15.92	10.47

资料来源：根据《吉林统计年鉴》（1986~1989 年）数据计算所得。

如果说 1985 年以前粮食作物中玉米种植比例的增加是家庭联产承包责任制对高产作物选择的驱动，那么，1985 年以后的玉米种植面积的增加则是价值规律发挥作用的必然结果。从三米与其他作物的比较收益中可以看出（见表 3-9），1985~1988 年，吉林省六种作物的每亩减税纯收益、投入产出比排名中，玉米排位列第二，除水稻以外，高于其他作物。

表 3-9　玉米等六大品种生产成本收益排序（1985~1988 年平均值）

品种	每亩减税纯收益平均值（元/亩）	产投比平均值	按每亩减税纯收益大小排序位次	按产投比值大小排序位次	综合排序位次
玉米	81.63	2.08	2	2	2
水稻	174.76	2.51	1	1	1
大豆	49.73	1.97	4	3	3
高粱	46.47	1.80	5	5	5
谷子	50.01	1.94	3	4	4
小麦	34.70	1.47	6	6	6

资料来源：根据《全国农产品成本收益资料汇编》（1986~1989 年）数据计算所得。

3.3 种植业结构调整徘徊阶段（1989~1998年）

这一阶段的吉林省种植业结构调整出现徘徊。粮食作物播种面积所占比重表现为"减—增—减"；经济作物播种面积所占比重表现为"减—增"；而饲料作物播种面积所占比重则表现为"增—减—增"的过程。

1989~1998年，粮食作物播种面积年均增长率为0.24%，经济作物和饲料作物播种面积年均增长率分别为-0.52%和-1.44%，以粮食作物为增长主体特征明显。由于此阶段种植业结构调整幅度具有一定波动性，因此，按照农作物波动的时段将其细分为两个阶段来解析该阶段种植业结构构成。

3.3.1 第一阶段：1989~1993年为全面增长时期

党的十三大报告指出，我们必须重视粮食生产，争取在今后十多年内粮食产量有较大增长……我们又必须继续合理调整城乡经济布局和农村产业结构，积极发展多种经营。在这一目标下，从1989年开始，吉林省粮、经、饲作物得到全面发展。经济作物中油料、烟叶、园参和水果产量均达到较高水平，油料年均总产量稳定在37.9万吨。烟叶、园参和水果产量年均增长率分别为1.10%、7.40%和9.13%，保持了较高的增长速度。饲料作物在这一时期的播种面积不断上升，1993年为137.25万亩，比1989年增长19.27%，4年平均增长速度为4.49%。粮食作物受上一阶段卖粮难的影响，1989年产量下降到1351.29万吨，比1988年减少20.20%。因此，1989年以后，国家在吉林省实施了专项储备粮制度，吉林省提出加快畜牧业发展政策与措施提高粮食就地转化能力，使粮食的相对过剩压力得到缓解。1990年粮食产量迅速增加到2046.5万吨，跃居全国第四位。此后的1991年、1992年与1993年的吉林省粮食产量虽未出现全国粮食产量的增产趋势，但是均保持了较高的产量水平。

而这一时期粮食增长的主要贡献仍是玉米，如表3-10所示，1990~1992年，吉林省玉米播种面积占粮食作物播种面积比重分别达到62.94%、64.37%和63.16%。再度凸显了玉米在粮食作物中的主导地位。同期的水稻播种面积连续上升，其他作物播种面积则出现不同程度的下滑。玉米的迅速发展，除价格因素外，还有如下因素：一是种植玉米可以解决农民的烧柴问题，特别是吉林省中部粮食集中产区的农民烧柴基本靠玉米秸秆，大量种植玉米可以为农民提供更多的附加价值；二是玉米的抗病能力强，玉米具有抗病、抗倒伏、耐密植等优点，被农民称为"铁杆庄稼"；三是玉米育种技术提高、复合肥与规范化种植技术推广。玉米良种不断创新，增产效果显著，同时化肥的使用方法的改进与种植技术在全省范围内成功推广，更加提高了玉米增产效果。因此，1989～1993 年的吉林省种植业结构中玉米的主导地位，进一步加剧了种植结构单一的局面。

表 3-10　　1989～1993 年吉林省粮食作物播种面积比重　　　　　单位：%

年份	玉米	水稻	高粱	大豆	其他
1989	57.80	11.36	4.38	15.66	10.80
1990	62.94	11.87	3.53	13.15	8.52
1991	64.37	12.24	3.04	12.17	8.18
1992	63.16	12.51	3.34	12.37	8.61
1993	57.82	12.13	3.99	15.41	10.66

资料来源：根据《吉林统计年鉴》（1990～1994 年）数据计算所得。

3.3.2　第二阶段：1994～1998 年为波动发展时期

这一阶段的粮食生产出现较大波动，但是依然保持上涨趋势。经济作物与饲料作物则在波动中下降。

1994 年 6 月，国家大幅度提高粮食定购价格；1995 年，国家实行了"米袋子"省长负责制，要求各省自求平衡。在国家政策导向下，吉林省此阶段的粮食生产在波动中再攀高峰。而经济作物总体上呈现下降趋势，1998 年经济作物播种面积为 381.18 万亩，该水平与 1993 年持平。这与国有企业的衰败密切相关，吉林省以甜菜为原料的糖厂相继倒闭，以麻为原料的纺织厂也是同样的命运。国企的衰败与民营经济的不发达，导致经济作物失去了市场。由此出现了油料、麻类、园参产量的下降，而蔬菜和水果则快速增长。1998 年蔬菜产量为 736.9 万吨，水果产量为 45.5 万吨，分别比 1989 年增长 58.06% 和 3.57 倍，均达到了这一时期的历史最高点。饲料作物播种面积不断下降，所占农作物播种面积比重无明显变化。

粮食增长在这一阶段中体现得尤为明显。1996 年和 1998 年分别以 2326.6 万

吨和 2506.0 万吨创下了吉林省 20 世纪 90 年代粮食产量的最高纪录。与全国的
粮食增长情况相比，吉林省粮食增长呈现较大的波动情况。1994 年，全国粮食
产量受生产资料价格上涨影响，产量下降了 2.49%，而吉林省的粮食产量在粮食
价格上涨的拉动下增加了 6.04%。1995 年，受粮食滞销的影响，产量下降了
1.16%。1996 年受 "米袋子" 省长负责制政策影响，粮食产量以 16.77% 的增长
速度达到了 2326.6 万吨。然而粮食购销市场十分冷落，吉林省粮食卖难问题再
次出现。加之 1997 年粮食价格全面下跌，吉林省粮食产量骤然下降，减产幅度
达 22.28%，是全国粮食减产幅度的 10 倍。1998 年，政府开始加强对粮食保护
价收购政策，致使当年的粮食再获丰收，达 2506 万吨，与上一年相比增长幅度
高达 38.58%，是全国增长幅度的近 13 倍（见表 3-11）。

表 3-11   1994~1998 年吉林省与全国粮食产量、

增长率对比情况   单位：万吨,%

年份	1994	1995	1996	1997	1998
吉林省粮食产量	2015.70	1992.40	2326.60	1808.30	2506.00
全国粮食产量	44510.10	46661.80	50453.50	49417.10	51229.50
吉林省增长率	6.04	-1.16	16.77	-22.28	38.58
全国增长率	-2.49	4.83	8.13	-2.05	3.67

资料来源：根据《中国统计年鉴》（1995~1999 年）和《吉林统计年鉴》（1995~1999 年）数据计算
所得。

粮食的大幅波动增长，在粮食作物内部结构中体现为玉米播种面积的加速增
长。与 1993 年相比，1994 年玉米播种面积增加了 1.06%，1995 年增加到 65.53%，
而且这种增长趋势越发明显，1997 年增长到 68.32%。种植区域逐步由中部核心产
区扩大到白城、通化等非核心产区。水稻的播种面积比重也在小幅稳步上升，从
1994 年的 11.68% 增加到 1998 年的 12.87%。高粱、大豆及其他作物的播种面积比
重则逐年下降，1998 年分别降到 2.80%、8.53% 和 7.92%（见表 3-12）。

表 3-12   1994~1998 年吉林省粮食作物播种面积比重   单位:%

年份	玉米	水稻	高粱	大豆	其他
1994	58.88	11.68	4.48	14.16	10.80
1995	65.53	11.86	3.59	10.58	8.43
1996	68.46	11.98	4.15	8.17	7.25

年份	玉米	水稻	高粱	大豆	其他
1997	68.32	12.61	3.10	8.62	7.34
1998	67.88	12.87	2.80	8.53	7.92

资料来源：根据《吉林统计年鉴》（1995~1999 年）数据计算所得。

这种种植结构的形成主要受玉米价格的拉动，作物间的生产成本收益进一步加大。如表 3-13 所示，1994~1998 年，吉林省玉米、大豆和水稻的成本收益除1997 年吉林省玉米收益低于全国平均水平外，其余各年均高于全国平均水平。水稻的收益情况在吉林省一直处于领先地位，但是受生产条件的影响，扩种的幅度比较平稳。而玉米的成本收益与大豆相比，则从 20 世纪 80 年代的 1.8：1.0扩大到 20 世纪 90 年代的 2.2：1.0。这种利益的驱动，是加速玉米播种面积迅速上升的重要致因。

表 3-13　1994~1998 年吉林省主要粮食成本收益情况　　单位：元/亩

年份	玉米		大豆		水稻	
	全国	吉林省	全国	吉林省	全国	吉林省
1994	173.32	289.63	98.00	135.57	396.64	620.30
1995	230.09	231.16	130.38	181.17	480.06	651.99
1996	123.77	166.31	130.55	200.42	348.84	457.20
1997	69.75	-33.06	87.05	148.13	241.65	300.16
1998	131.53	165.06	62.91	120.34	251.18	332.25

资料来源：根据《全国农产品成本收益资料汇编》（1995~1999 年）数据计算所得。

3.4　种植业结构高速调整阶段（1999~2015 年）

这一阶段的"高速发展"具有两层含义：一是指粮食作物、经济作物与饲料作物的播种面积、产量高速发展；二是指粮食作物内部玉米的高速甚至是超速发展。

随着 1998 年农业战略性结构调整与优化种植结构意见的实施，吉林省粮、经、饲作物结构调整速度较快。粮食播种面积从 1999 年的 3513.4 千公顷，接连突破 4000 千公顷、5000 千公顷大关，2015 年达 5679.2 千公顷。粮食产量高速增长，从 1999 年的 2305.6 万吨增加到 2015 年的 3647.04 万吨，年均增长率达 3.91%。经济作物播种面积在 2003 年达到最大，为 598.1 万亩，并且在该时期内一直保持高水平发展。作物中除麻类以外，油料、烟叶、蔬菜和水果产量不断上涨，分别从 1999 年的 31.4 万吨、4.9 万吨、1.5 万吨、822.6 万吨和 49.6 万吨，增加到 2014 年的 85.7 万吨、5.4 万吨、2.89 万吨、875.95 万吨和 170.85 万吨，是经济作物发展最好的时期。饲料作物的播种面积也在快速增长，2007 年达到最大，为 232.56 万亩，至 2013 年以后受粮食作物播种面积增长的排挤而下降。一直以来，饲料作物占农作物播种面积的比重稳定在 2%~3%，为畜牧业发展提供优质青饲料。

在此时期，农作物中以粮食作物增长占据主体地位，而粮食作物的高速发展得益于其内部玉米的高速发展。因此，种植业结构的变化主要反映在粮食内部生产结构的变化。现以农业政策调整为主线，农产品供给为依据对吉林省粮食内部结构划分具体阶段进行研究。

3.4.1 第一阶段：1999~2003 年为粮食生产下滑时期

1999~2003 年粮食生产在政策变动背景下出现下滑。玉米播种面积小幅下降，其他各种作物播种面积上涨趋势明显。

1998 年，国家新一轮粮改政策的实施，恢复了粮食的"统购"制度。致使粮食价格下跌，从而造成粮食产量大幅下滑。与全国相比，吉林省这一阶段的粮食下滑幅度更大。2000 年，粮食产量下降幅度达 28.96%，高出全国平均水平 19.87%（见表 3-14）。2001 年、2002 年和 2003 年，由于吉林省新粮退出保护价收购范围，粮食收购渠道适当拓宽，刺激农民生产粮食的积极性，粮食产量有所回升，但仍低于 1998 年。

表 3-14　1999~2003 年吉林省与全国粮食产量、

增长率情况　　　　　　　　　　　单位：万吨,%

年份	1999	2000	2001	2002	2003
吉林省粮食产量	2305.60	1638.00	1953.40	2214.80	2259.60
全国粮食产量	50838.60	46217.50	45263.70	45705.80	43069.50

续表

年份	1999	2000	2001	2002	2003
吉林省增长率	−7.99	−28.96	19.26	13.38	2.02
全国增长率	−0.76	−9.09	−2.06	0.98	−5.77

资料来源：《中国统计年鉴》（2000~2004年）和《吉林统计年鉴》（2000~2004年）数据计算所得。

尽管这一阶段的粮食产量出现下滑，但是吉林省卖粮食难、库存难以消化问题仍然突出。2000年，中央工作会议明确提出"实行战略性结构调整"，并且控制东北的越区玉米种植。1999年，吉林省玉米播种面积比重开始下降，2000年播种面积比重最低，为54.25%，2003年又迅速恢复至65.45%。这期间水稻的播种面积出现波动，高粱的变化不大，大豆和其他作物的播种面积比重与玉米呈现相反的变动趋势（见表3-15）。

表3-15　1999~2003年吉林省粮食作物播种面积比重　　　　单位：%

年份	玉米	水稻	高粱	大豆	其他
1999	67.61	13.24	3.23	7.92	7.99
2000	54.25	14.41	3.63	16.05	11.66
2001	57.40	13.86	2.95	14.20	11.58
2002	63.89	16.50	2.23	10.28	7.12
2003	65.45	13.48	2.37	10.71	7.98

资料来源：根据《吉林统计年鉴》（2001~2004年）数据计算所得。

除受比较收益影响之外，由于政府对非产区玉米种植的控制，使玉米播种面积下降。在吉林省各县市内部表现如表3-16所示。吉林省玉米核心产区在中部的长春、吉林、四平和辽源一代。然而，位于东、西部的通化、白山、松原、白城和延边的玉米播种面积在2000年之前均呈现大幅上涨趋势。东部山区和西部干旱、半干旱地区的非玉米种植优势产区受玉米比较收益增加的影响，播种面积不断扩大。2000年以后在政府控制下播种面积有所削减。

表 3-16　1996~2003 年吉林省各县市玉米播种面积　　单位：千公顷

年份	1996	1997	1998	1999	2000	2001	2002	2003
长春	724.9	741.1	739.3	710.6	536.9	581.8	555.1	579.9
吉林	168.7	166.3	172.3	181.5	149.5	159.2	168.4	198.4
四平	471.9	426.8	418.8	432.6	359.3	373.7	329.9	357.0
辽源	99.9	99.9	101.3	100.5	78.43	85.53	79.36	86.2
通化	88.1	87.4	93.6	94.7	75.4	79.1	71.2	74.3
白山	25.6	25.9	26.1	26.0	23.3	21.9	20.4	19.0
松原	531.6	550.4	526.3	511.7	361.0	392.3	341.4	348.6
白城	318.8	309.8	292.7	262.7	168.8	187.1	142.5	170.2
延边	51.6	46.7	50.9	54.9	41.5	46.7	49.7	44.3

资料来源：根据《吉林统计年鉴》（1997~2004 年）数据计算所得。

3.4.2　第二阶段：2004~2008 年为粮食生产持续增长时期

这一阶段的粮食生产呈现出持续上涨趋势，玉米的播种面积所占比重持续增加，种植结构单一格局凸显。

2004~2008 年，吉林省粮食产量不断增加，增长速度明显高于全国平均水平（见表 3-17）。2008 年产量最高，达 2840 万吨，增长率为 15.74%，是全国粮食增长率的 2.91 倍（见表 3-18）。由于 2004 年，国家在安徽省和吉林省实施粮食补贴改革试点工作，减少粮食流通的补贴方式，增加农民粮食生产的直接补贴。使耕地占有量相对较多且以种粮为主的农户成为最大受益者。

表 3-17　2004~2008 年吉林省与全国粮食产量、增长率情况

单位：万吨,%

年份	玉米		水稻		大豆	
	全国	吉林省	全国	吉林省	全国	吉林省
2004	6.70	26.54	21.06	27.30	7.67	27.93
2005	8.36	30.23	21.18	33.15	8.64	29.99
2006	13.78	38.95	33.45	50.45	15.68	43.35
2007	21.60	56.54	39.67	62.66	23.11	61.24
2008	43.01	98.12	69.66	83.20	46.12	100.71

资料来源：根据《中国统计年鉴》（2005~2009 年）和《吉林统计年鉴》（2005~2009 年）数据计算所得。

表 3-18　2004~2008 年全国和吉林省粮食作物亩均补贴收入

单位：元/亩,%

年份	2004	2005	2006	2007	2008
吉林省粮食产量	2510.00	2581.21	2725.80	2453.78	2840.00
全国粮食产量	46946.90	48402.20	49804.20	50160.30	52870.90
吉林省粮食增长率	11.08	2.84	5.60	-9.98	15.74
全国粮食增长率	9.00	3.09	2.89	0.72	5.40

资料来源：根据《全国农产品成本收益资料汇编》（2005~2009 年）数据计算所得。

　　从补贴情况来看，吉林省主要粮食作物均高于全国平均水平，并且呈现逐年上涨的趋势。2008 年，全国和吉林省农户户均粮食播种面积分别为 8.1 亩和 20.1 亩。如果全部用来种植玉米，那么按照表 3-18 的标准计算，全国和吉林省农户户均可以得到 349 元和 1981 元的政策性收入，后者是前者的 5.7 倍，如此高昂的补贴额度极大地刺激了吉林省农户种粮的积极性。2006 年，国家农业税的取消，再次激发了农户种粮的热情，特别是种植玉米的热情高涨。2008 年玉米播种面积比重增加为 66.55%，比 2003 年提高 1.1%。而这一时期水稻的播种面积比重有所增加，突破了 15%，高粱、大豆和其他作物则进一步下滑。以玉米为主导的单一种植结构日益凸显，越区种植玉米现象也越发严重。

　　如表 3-19 所示。从 2004~2008 年的吉林省各县市玉米播种面积情况来看，受补贴政策与玉米价格的影响，通化、白山和延边地区的玉米播种面积持续快速增长。松原和白城玉米播种面积在吉林省玉米播种面积中占比可分别达 20% 和 11%。这种非玉米产区的玉米播种面积的增长，无疑挤占了其他作物的播种，加剧了种植结构的单一。

表 3-19　2004~2008 年吉林省各县市玉米播种面积　　　　单位：千公顷

年份	2004	2005	2006	2007	2008
长春	695.7	689.3	692.1	720.3	843.8
吉林	210.7	276.7	278.6	349.1	345.9
四平	462.4	457.7	501.7	529.3	535.2
辽源	105.9	114.4	115.5	117.9	121.2
通化	99.9	116.9	119.7	132.4	138.7

续表

年份	2004	2005	2006	2007	2008
白山	20.6	21.5	21.6	24.2	23.4
松原	484.9	425.9	458.8	468.1	471.6
白城	278.7	241.6	231.8	241.8	232.4
延边	49.4	54.5	59.9	78.4	71.7

资料来源：根据《吉林统计年鉴》（2005～2009 年）数据计算所得。

3.4.3 第三阶段：2009～2015 年为粮食生产超常增长时期

这一时期的吉林省粮食生产呈现超常增长的态势，玉米播种面积加速扩大，"一粮独大"格局显现。

2008～2013 年 5 次提价，仅 2009 年未提价。如以 2007 年的 1.40 元/千克为基准，到 2013 年，玉米临储价格均值已跃升至 2.24 元/千克，价格涨幅达 60%。

粮食补贴政策的实施，农业税的减免，吉林省粮食产量超速增长，然而国家并未对政策进行调整。2008 年，对东北地区实施玉米临时收储政策，又进一步促进粮食产量的快速增长。除 2009 年和 2013 年产量略有下降之外，其他年份均表现了强劲的增长趋势，增长率高于全国平均水平。2011 年吉林省粮食产量超过了 3000 万吨，到 2015 年粮食产量达 3647 万吨，比 2009 年增长了 48.25%。其中的玉米增产贡献为 81.37%（见表 3-20）。

表 3-20 2009～2015 年吉林省与全国粮食产量、增长率情况

单位：万吨，%

年份	2009	2010	2011	2012	2013	2014	2015
吉林省粮食产量	2460.00	2842.50	3171.01	3343.00	3551.02	3532.84	3647.00
全国粮食产量	53082.10	54647.70	57120.90	58958.00	60193.80	60702.60	62143.90
吉林省粮食增长率	−13.38	15.55	11.56	5.42	6.22	−0.51	3.23
全国增长率	0.39	2.95	4.53	3.22	2.09	0.85	2.37

资料来源：根据《中国统计年鉴》（2010～2016 年）和《吉林统计年鉴》（2010～2016 年）数据计算所得。

其增长的主要原因在于玉米临时收储价格的持续提高，仅 2009～2013 年就 4

次提价。以 2008 年的 1.50 元/千克为基准，到 2013 年增加到 2.24 元/千克。持续增长的玉米价格强烈刺激了农户种植玉米的积极性，玉米播种面积不断扩大。2015 年，播种面积占粮食作物的比重高达 74.83%，进一步挤占了其他作物的播种面积。除水稻播种面积有小幅上升外，高粱、大豆和其他作物的播种面积之和不及玉米播种面积的 1/7（见表 3-21），玉米"一粮独大"格局显现。

表 3-21　2009～2015 年吉林省粮食作物播种面积比重　　　单位：%

年份	玉米	水稻	高粱	大豆	其他
2009	66.79	14.92	2.02	9.88	6.40
2010	67.82	14.99	2.13	8.39	6.67
2011	68.96	15.21	2.22	6.71	6.91
2012	71.24	15.21	2.75	4.99	5.81
2013	73.05	15.17	2.40	4.48	4.90
2014	73.92	14.94	2.32	4.27	4.55
2015	74.83	15.00	2.25	3.18	4.73

资料来源：根据《吉林统计年鉴》（2010～2016 年）数据计算所得。

3.5　种植业供给侧结构性改革阶段（2016 年至今）

这一阶段的特征是粮食产量持续增长，玉米供给结构性过剩，种植业进入新一轮结构性改革。

2015 年，在全国农业供给侧出现结构性过剩的背景下，吉林省问题更加突出。整个种植业结构层次中以粮食作物为主，粮食作物中以玉米为主，玉米中又以普通玉米为主。反映出的问题则表现为居高不下的玉米产量、玉米库存量与玉米进口量。2015 年国家取消了东北地区的玉米临储价格，2016 年提出了"价补分离"的总体思路，以期减少玉米的播种面积。但是，这种政策的实施效果并不显著。2016 年，吉林省玉米播种面积仍然高达 72.82%，产量为 3717.21 万吨，比 2015 年玉米产量增长了 1.92%。库存总量也达 2.6 亿吨。吉林省种植业进入供给侧结构性改革新阶段。

综上所述，自 1978 年以来，历经 40 多年的发展，吉林省粮食内部的种植结构已经从 20 世纪 80 年代的以玉米和大豆为主、水稻和高粱多元发展的作物格局，逐渐演变成 20 世纪 90 年代的玉米为主、大豆、水稻、高粱等作物占比减少的结构，最终形成现在的以玉米为绝对占比优势的"一粮独大"格局（见图 3-1）。

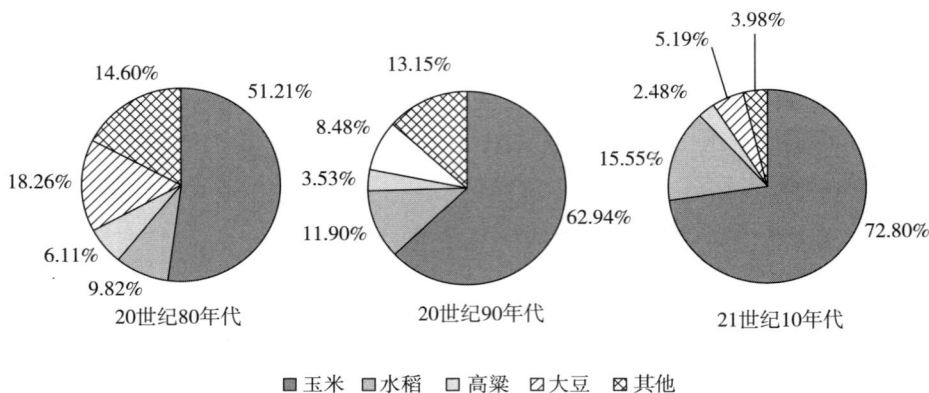

图 3-1　粮食作物内部播种面积比例

资料来源：《吉林统计年鉴》。

这种玉米主导格局形成的空间变化，也从 20 世纪 80 年代的中部玉米核心产区种植，发展到 20 世纪 90 年代向西北扩展到白城地区，再逐渐演变为 21 世纪 10 年代向东南方向扩展到通化地区。

3.6　本章小结

本章以 1978 年开始的农村经济体制改革为分界点，以种植业结构中粮食作物、经济作物以及饲料作物播种面积的变化为依据，对吉林省种植业结构，尤其是改革开放以后的种植业结构进行了阶段研究。得到如下结论：

第一，1949 年至 20 世纪 80 年代初，粮食作物在吉林省种植业结构中一直占有主体地位，经济作物与饲料作物占比较小，粮食作物内部结构中形成了玉米、大豆、高粱、谷子并重的多元种植结构。

第二，在改革开放至今 40 多年的发展历程中，粮食作物的主体地位更加凸显。尤其在 2008~2015 年粮食作物播种面积平均占比高达 87.7%，主体地位越发明显。经济作物与饲料作物比重在小幅下降，平均占比分别为 9.6% 和 2.5%。

第三，吉林省种植业结构的变化主要表现在粮食作物的内部结构随着国家农业政策的调整而发生的变革。粮食作物结构由以 20 世纪 80 年代的玉米、大豆为主，水稻、高粱多元发展的作物格局，逐渐演变成 20 世纪 90 年代的以玉米为主，大豆、水稻、高粱等作物占比减少的结构，最终形成现在的以玉米占比高达 74.83% 的"一粮独大"格局。

第四，粮食作物中玉米越区种植现象严重。已经由中部的玉米核心产区逐步向西北和东南方向非玉米产区扩张，其他作物受到严重排斥。

第4章 吉林省种植业结构的合理性评价

基于前文的分析，吉林省种植业结构已经逐步演变成现阶段以粮食作物为主，粮食作物中以玉米为主，玉米中以籽粒玉米为主的种植结构，这种结构的形成是多种社会经济与自然经济条件共同作用的结果。然而这种结构是否具有合理性，本章将从该结构产生的经济效益、社会效益和生态效益三个方面对其合理性进行综合评价与分析。

4.1 种植业结构合理性评价客观依据

合理的种植业结构是适应现代农业发展的客观要求。第一，从生态平衡的意义来看，合理的种植业结构能够建立起生态系统内部的能量循环，使土壤有机质丰富，减少病虫害的发生，从而有利于保护农田生态环境。第二，合理的种植业结构是社会发展的需要。要保证粮食作物的供给，还要保证其他作物的供给。随着居民生活水平的提高与膳食结构的改变，不仅要满足居民的口粮需求，还要满足居民对多种畜产品的需求。畜牧业的发展不仅要有玉米饲料，还要有大豆蛋白饲料以及其他优质牧草的供给。基于此，合理的种植结构应同时满足社会需求、产业协调发展，并且要保障国家粮食安全。第三，合理的种植业结构是提高农业效益、增加农民收入的有力保障，同时应保证作物间具有合理的比较收益。对于吉林省而言，种植业收入是农民收入的主体，合理的种植业结构应保障农业的增效和农民合理的收益。因此，对种植业结构进行合理性评价是多个维度的发展要求。

可持续发展理论对如何评价种植业结构提供了理论依据。该理论指出，自然资源的合理配置，是在充分利用自然资源基础上，协调经济、社会与生态资源的统一发展（乌玮琪，2012）。新一轮种植业供给侧结构性改革对种植业结构提出了现实要求。如前文所述，建立一个与人民群众日益增长、不断升级、优质高效的农产品及农业多功能需求相适应的有利于国家粮食安全、有利于农民增收、有利于产业协调、有利于生态可持续发展的种植供给业结构。为此，从经济效益、社会效益以及生态效益三方面评价种植业结构的合理性是理论与现实的必然要求。

首先，从经济效益来看，种植业结构的变动是农业资源要素不断向生产更具比较效益的作物和品种流动的动态过程。宏观层面表现为种植业整体经济效益水平提升，微观层面表现为农民种植业收入的增加，同时还表现为作物之间的收益差距适宜。选用生产过程中产出量与投入量的比值来反映种植业结构变动的经济效益水平，其比值越大则经济效益越高，比值越小经济效益越低。选取种植业投入产出比、结构变动对农民收入增长的效应以及不同作物的比较收益三个指标来评价当前吉林省种植业结构的经济效益。

其次，从社会效益来看，种植业结构的变动关乎整个社会对农产品需求的满足程度。种植业中粮食作为最基本的生存资料是一个特殊商品，对一个国家来说，粮食的多寡、粮食生产能力的强弱，远远超过经济本身的含义，它不仅制约着国民经济的发展，同时也影响着政治环境的安定（郭庆海，2017b）。因此选取粮食商品率、农产品外依存度来分析吉林省种植业结构所产生的社会效益。

最后，从生态效益来看，种植业结构的变动应以合理利用农业自然资源、促进生态平衡为前提。粮食生产是一个投入产出的过程。自然法则要求人类生产活动中必须坚持"种地、养地"相结合的原则，保证农业生态系统内部的能量循环，不以牺牲后代人的利益为代价从而实现农业生产与生态环境的协调共进，在本书中选取不同农作方式的使用频率、化肥施用强度和秸秆还田率三个指标反映结构变动所带来的生态效益。

综上所述，经济效益、社会效益与生态效益三者均有各自的衡量指标与判断价值，但是一个合理的种植结构是需要建立在三者协调统一基础之上的。离开经济效益，只顾生态效益，社会效益无从谈起；离开生态效益，只顾经济与社会效益的发展，即是违背了可持续发展的原则。因此，三者均不可偏废与割裂，任意一方面的独立发展，都不能称之为合理的结构。只有实现三方面的共赢才是合理的种植业结构。

4.2 种植业结构经济效益评价

4.2.1 种植业投入产出比分析

用家庭经营性收入中种植业的家庭经营性收入作为产出，用家庭经营性支出中用于种植业支出的费用作为投入分析种植业投入产出水平，以反映种植业结构的经济效益。选取位于我国中部的湖南、东部沿海的山东、江苏和东北的黑龙江、辽宁五个粮食大省作为比较对象，分析吉林省种植业投入产出水平。2004～2016 年，吉林省种植业投入产出水平除个别年份外，其余均高于同期的全国平均水平。与中部的湖南和东部的山东、江苏相比，吉林省种植业投入产出比具有明显的优势。与相邻的辽宁和黑龙江相比，高于辽宁，略低于同为全国粮食核心产区的黑龙江。统计数据表明，吉林种植业每 1 个单位生产要素的投入都创造了较高的经济价值，其中，以 2008 年、2009 年水平最高，优于除黑龙江以外的其他省份及全国平均水平（见表 4-1）。这与 2004 年以来国家推行的一系列惠农政策相关，农户对种植业投入的热情高涨。因此，表明现阶段吉林省种植业结构的单位投资具有可观的经济效益，在全国粮食大省中处于优势地位。这也是吉林省种植业结构中粮食作物播种面积不断增加的一个重要原因。

表 4-1 2004～2016 年主要粮食省份种植业投入产出比

年份	全国平均	湖南	山东	江苏	黑龙江	辽宁	吉林
2004	2.21	2.22	1.88	2.24	2.14	2.59	2.21
2005	1.75	1.81	1.61	1.90	2.46	2.12	2.48
2006	1.75	1.93	1.64	1.99	2.31	2.12	2.18
2007	1.70	1.95	1.51	2.10	2.23	2.07	2.19
2008	1.57	1.80	1.42	2.07	2.86	1.93	2.89
2009	1.63	1.91	1.48	2.17	3.01	1.92	2.99
2010	1.61	1.91	1.43	2.06	1.71	2.04	1.49
2011	1.42	1.49	1.24	1.42	1.76	1.99	1.26

年份	全国平均	湖南	山东	江苏	黑龙江	辽宁	吉林
2012	1.42	1.56	1.20	1.50	1.82	2.03	1.71
2013	1.79	1.76	1.18	1.52	1.96	1.89	2.15
2014	1.69	1.71	1.19	1.49	2.18	1.74	2.19
2015	1.66	1.68	1.18	1.46	2.10	1.72	2.05
2016	1.63	1.65	1.15	1.42	2.07	1.65	2.08

资料来源：根据《中国农村统计年鉴》（2005~2017 年）数据计算所得。

4.2.2　种植业结构变动对农民收入增长效应

种植业结构调整的最终目的是使农业资源在不同产业部门或不同产品和品种之间获得最佳分配，从而实现收益最大化。因此，提高农民收入是结构调整的直接动因之一。用农民收入增长情况来反映种植业结构变动所带来的农业经济活动的效益含量具有重要意义。由于农民收入不仅来源于农业，还有非农收入部分，因此用农民家庭经营性收入中种植业收入这一指标衡量种植业结构变动更具科学性。

通过第 3 章的分析表明吉林省种植业中以粮食作物为主，粮食作物中以玉米为主的结构。因此，考察种植业结构的变动对农民收入增长速度的影响，选取玉米、水稻、大豆三种作物的产值变化来讨论农民收入增长的结构效应，该指标涵盖了三种作物价格、播种面积、单产等多重指标含义，能够综合反映种植业结构变动对农民收入增长的效应。模型中数据来源于《吉林统计年鉴》和《全国农产品成本收益资料汇编》。时间选取范围为 1998~2016 年。

建立多元回归模型，具体公式如下：

$$LnY_t = A + \partial_1 LnX_{1t} + \partial_2 LnX_{2t} + \partial_3 LnX_{3t} + \mu \tag{4-1}$$

其中，Y_t 表示 t 时期农民家庭平均每人种植业经营性收入；X_{1t} 表示 t 时期玉米的产值，X_{2t} 表示 t 时期水稻的产值，X_{3t} 表示 t 时期大豆的产值；∂_1、∂_2、∂_3 分别表示第 i 个自变量系数、A 为模型的截距项、μ 为模型的随机误差项。运用 Eviews 软件进行回归，结果如表 4-2 所示。

表4-2　吉林省主要粮食作物种植结构变动对吉林省农民收入影响模型估计结果

Variable	Coefficient	Std. Error	t-Statistic	Prob.
C	1.385630	0.856811	1.617195	0.1281
LOG（X_1）	1.199428***	0.408369	2.937117	0.0108
LOG（X_2）	0.496807***	0.272326	1.824310	0.0895
LOG（X_3）	-0.746342***	0.326428	-2.286388	0.0383

注：***表示在10%的水平上显著。

该回归结果的拟合优度 $R^2 = 0.925869$，调整后的拟合优度 $\overline{R^2} = 0.909984$，F统计量的伴随概率 P 值显著小于 0.01，说明模型存在线性关系。

上述结果表明，在吉林省种植业结构中，对农民种植业家庭经营性收入增长弹性系数最大的是玉米，弹性系数为 1.199428，表明玉米产值比重的变化对农民种植业家庭经营性收入的影响为正向。在其他因素不变的情况下，玉米产值比重每变动 1 个单位，农民种植业家庭经营性收入同向变动 1.199428 个单位。从产业产值角度分析，玉米产值比重变化对农民收入增长影响显著，表明在玉米产业中，农户分得的利益较大。其结果与事实相符，农业税减免与惠农政策的实施，加之玉米临时收储政策引起玉米价格的不断攀升，使农户从玉米种植中获得的收入增加。所以，玉米产值的变化是引起农民种植业家庭经营性收入变化的主要原因。水稻的弹性系数为 0.496807，表明在其他因素不变的情况下，水稻产值每变动 1 个单位，农民种植业家庭经营性收入正向变动 0.496807 个单位。水稻产值变化引起农民收入变化的弹性系数小于玉米，说明玉米产值变化所引起农民收入变化的幅度要大于水稻。其原因在于统计时间范围内玉米产值的增长速度大于水稻。水稻虽然产值高于玉米，但是其受水资源限制无法大面积扩种，从而限制了其产值的增长速度。大豆的弹性系数为-0.746342，表明大豆产值变化对农民种植业家庭经营性收入的影响为负向。即在其他因素不变的情况下，大豆产值每变动 1 个单位，农民种植业家庭经营性收入反向变动 1.101459 个单位。因此，吉林省当前以玉米为主的种植结构，从微观农民收入角度来看，具有正向作用。

4.2.3　不同作物间比较收益分析

不同作物间比较收益分析主要通过作物的亩均收益进行比较，以反映不同作物种植收入的差异，其差异越大说明要素投入流向越集中，种植结构表现为趋向单一化；差异越小则说明要素投入流向越分散，种植结构表现为趋向多样化。2004~2016 年，吉林省玉米、大豆和水稻三种作物的亩均收益比较中，除 2016 年由于政策变动，玉米收益出现极端值以外，其他年份均表现为水稻的收益最高，其次为玉米，大豆的收益水平最低，并且三种作物的比较收益差距表现为逐年增加的趋势。其原因除了与玉米、水稻单位面积产量不断提高，大豆单产技术发展受限之外，最主要的原因在于粮食收储政策的变化。2008 年，国家在东北三省一区实行了玉米临时收储政策，并五次提高玉米收储价格，拉大了玉米与其他作物之间的比较收益，尤其是与大豆之间的收益差距。2008 年玉米亩均收益为 297.32 元，是大豆的 1.21 倍，到 2014 年，玉米亩均收益增加到 377.76 元，是大豆的 2.14 倍。各作物间比较收益差距拉大（见表 4-3）。从而造成要素投入集中流向了收益较高的作物，大豆则在比较收益中逐渐走向了衰败。种植结构上则表现为玉米种植面积的快速增加，与此并行的是大豆种植面积的持续下降。

表 4-3　2004~2016 年以来吉林省主要粮食
作物比较收益情况　　　　　　单位：元/亩

年份	玉米	大豆	水稻	时间	玉米	大豆	水稻
2004	258.79	218.45	563.37	2011	481.87	250.97	686.21
2005	286.73	262.70	623.25	2012	489.97	232.21	621.34
2006	289.28	248.20	645.20	2013	413.91	193.42	564.03
2007	312.80	247.65	473.32	2014	377.76	176.45	489.56
2008	297.32	245.72	556.12	2015	276.70	133.67	452.04
2009	208.71	163.91	644.17	2016	50.04	125.66	426.87
2010	284.59	123.45	530.01				

资料来源：根据《吉林统计年鉴》（2005~2016 年）和《全国农产品成本收益资料汇编》（2005~2016 年）数据计算所得。2016 年数据为调研数据，不包括补贴收入。

通过上述分析，表明吉林省种植业投入与产出比、种植业结构变动对农民收入增长的效应在种植业结构经济效应评价中具有正面效应。其中种植业投入产出比要高于其他粮食主产省及全国平均水平，说明以粮食为主的种植业结构从经济角度分析是合理的，粮食种植越多对于经济发展越能起到积极作用。通过种植业结构对农民收入增长的效应来分析，玉米产值越高，对农民收入增加效果越显著，所以目前在种植业中以粮食为主，在粮食生产上以玉米为主的种植业结构从经济角度来看是合理的。通过不同作物比较收益分析发现，水稻比较收益最高，但是由于受水资源的限制，扩大种植面积的可能性较小。而玉米和大豆之间比较收益逐渐拉大，导致资源配置扭曲而集中流向一种作物，加速了种植业结构的单一，不利于作物均衡发展。而且从吉林省的实际出发，从经济长期的发展趋势来看，以玉米为主的单一的种植结构不利于满足人民多元化的需求，不利于下游产业的发展，属于负向指标。所以从经济效益角度来看，目前吉林省以玉米为主的种植业结构既有合理的一面，又存在一定的不合理性。

4.3 种植业结构社会效益评价

4.3.1 粮食商品率

粮食商品率是指商品化粮食数量与粮食总产量的比值。其值的高低一方面反映农产品市场需求的大小，另一方面反映粮食生产发展水平和商品化程度的高低。为了更加真实科学地反映该指标，笔者认为商品化粮食数量应指农户刨除自身用粮（包括主食用量、种子用粮和饲料用粮）都可计算在内，因此根据公式：粮食商品率=（粮食总产量−人均自身用粮×农村人口）/粮食总产量（成颖和杨朝丹，2015）。2004～2012 年，吉林省粮食商品量不断增高，从 2004 年的 2023 万吨，上升到 2012 年的 2710 万吨。粮食商品率一直保持在 80.60%～81.06%，2010 年最高达 82.46%（见表 4-4）。而 2012 年以后粮食商品率高达 90%以上，位居全国榜首。2004～2012 年，吉林省粮食作物内部玉米的商品率则显著高于粮食商品率的总体水平。2004 年玉米商品率为 92.50%，而且持续上升，到 2011 年玉米商品率达 100.00%（见表 4-5），完全商品化。由此可知，吉林省粮食商品率高的重要贡献来自吉林省玉米的产量高，输出量大，商品率高。较高的粮食商品率为粮食主销区提供了原料、资金等支持，为我国工业发展做出了巨大贡献。

表 4-4 2004～2012 年吉林省粮食商品率 单位：万吨,%

年份	粮食商品量	粮食总产量	商品率
2004	2023	2510	80.60
2005	2029	2581	78.62

续表

年份	粮食商品量	粮食总产量	商品率
2006	2145	2720	78.86
2007	1921	2454	78.28
2008	2237	2840	78.76
2009	1922	2460	78.14
2010	2344	2843	82.46
2011	2518	3171	79.42
2012	2710	3343	81.06

注：由于2013年开始《中国住户统计年鉴》中取消了粮食支出的统计指标，所以此表中的数据统计到2012年。

资料来源：根据《吉林统计年鉴》《中国住户统计年鉴》数据计算所得。

表4-5 2004~2012年吉林省玉米商品率 单位：%

年份	玉米商品率	年份	玉米商品率
2004	92.50	2009	98.69
2005	84.50	2010	99.89
2006	93.00	2011	100.00
2007	92.80	2012	100.00
2008	94.20		

资料来源：根据《全国农产品成本收益材料汇编》（2005~2012年）数据计算所得。

首先，吉林省通过粮食的大量调出满足了主销区对粮食的需求。2004~2012年，粮食商品量共计达19849万吨，为国家做出了突出贡献。比北京、天津、上海、海南、西藏、青海、宁夏和福建的粮食总产量还要高。如果按照国家标准人均年粮食占有量400千克来算，2012年吉林省粮食商品量可解决5386.75万人的粮食需求，也就是可以解决海南、西藏、青海、宁夏以及新疆对粮食的需求。

其次，通过地区差价及政策因素为粮食主销区发展提供资金支持。吉林省对主销区的贡献不止体现在工农剪刀差，还体现在地区差价。1985年国家改革粮食购销体制，主要品种实行"倒三七"比例计价。吉林作为产粮大省，明显低于"倒三七"的水平，平均低3.87%。1985~1989年，农民由此少得加价款8000多万元。1989年，国家定购粮收购价格上调18%，由于按品种调价，吉林省提价水平只有 9.5%。1994 年粮食收购价格进一步调整后，吉林与河南、山东、河北等北方省份相比，玉米每千克低 0.08 元，为粮食主销区提供了廉价的玉米原料。而且国家指定的粮食风险基金政策，要求国家和地方进行资金配套。然而，在这种配套政策在实际操作中，粮食生产区随着粮食的调出，相应地使地方配套的那部分资金发生流失，粮食输出越多，地方财政配套资金流失越多。吉林省每年向外调出的商品粮在 75 亿千克以上，这些粮食大多为平价调出。仅从农民卖粮这一环节算，如果因工农产品价格剪刀差、地区差价以及风险基金使农民每卖 1 千克粮食损失 0.1 元的话，那么调往省外的 75 亿千克以上粮食就至少使吉林省间接向粮食主销区提供 7.5 亿元以上的资金支持。

最后，对工业发展的贡献。吉林的粮食资源比较丰富，为下游产业发展提供有力支持。粮食产业的下游产业主要包括农产品加工业、畜牧业以及畜产品加工业。近几年，吉林省依托粮食和畜产品的农产品加工业每年以 15% 以上的速度递增。同时涌现出一批带头能力强的农产品加工龙头企业，2016 年国家级龙头企业 47 户，省级龙头企业 521 户，销售收入亿元以上的企业达 229 户，10 亿元以上的有 18 户，100 亿元以上的有 4 户。围绕优势农特产品基地，全省已经形成了粮食加工业、畜禽产品加工业、特产品加工业三大主导产业。通过龙头企业加工转化，源源不断地将加工的农畜产品销往全国乃至世界。以长春大成实业集团有限公司为例，它已经成为世界最大的玉米深加工企业之一，加工能力位居世界第二，赖氨酸销售占据世界市场的 70%；皓月集团成为亚洲最大的肉牛加工企业，牛肉出口量占全国的 50%。2015 年吉林省大米加工量 1235 万吨，饲料加工量 766 万吨，食用植物油 55 万吨。在促进本省工业发展的同时，随着商品粮的大量调出，为东南沿海等主销区提供了工业发展所需的优质、廉价的原材料，为主销区的经济发展做出贡献。

4.3.2 粮食进口对外依存度

粮食进口对外依存度是反映某个国家或者地区的粮食对国际市场的依赖程度，是衡量国家或地区农业对外开放程度的重要指标。其计算公式为：粮食进口度外依存度=粮食进口额/农业总产值×100%。该指标的高低不仅从质和量的角度反映农产品的生产水平和农产品的优质化、多样性的特点，而且也从国内需求方面反映了种植业结构调整的优化状况（刘媛媛，2013）。

自 2004 年以来，我国粮食进口量在波动中增长，尤其是 2008 年以后呈现大幅攀升，2016 年粮食进口量达 11467.6 万吨，比 2004 年增长 3.5 倍，年平均增长率达 11.41%。通过对 2004~2016 年我国粮食分品种进口依存度的测算表明，我国粮食对外依存趋势明显上升（见图 4-1）。其中大豆由于单产水平和比较收益低下，播种面积不断下降，从而导致进口依存度一路飙升，不断创下历史纪录。2016 年对外依存度已达 84.49%，净进口量为 8378.3 万吨，是国内大豆产量的 7.1 倍。根据国务院发展研究中心（DRC）课题组的预测，这种依赖进口的趋势将继续扩大。2016 年，吉林省仅城镇居民豆制品与豆油两项消费量就高达 160 万吨，就吉林省本地大豆市场的供需而言，其缺口达 120 万吨，是吉林省大豆供给量的 3 倍。

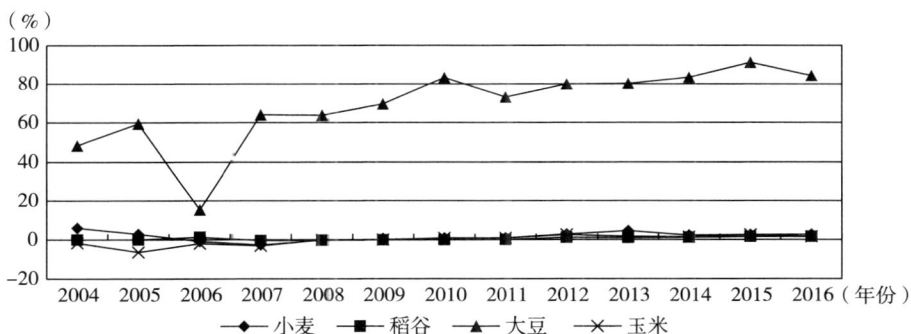

图 4-1　2004~2016 年我国粮食分品种进口依存度变化情况

资料来源：根据《中国粮食年鉴》（2004~2016 年）数据计算所得。

玉米的进口依存度呈现较大波动。从 2004 年的 -1.78% 增加到 2016 年的 1.49%，其原因在于玉米饲料和工业用量的增加以及国际玉米价格的低廉，使进口玉米大量涌入国内市场。1986~1995 年，每年玉米出口量在 200 万~300 万吨。自 2000 年以来，宏观调控下的玉米价格水平明显高于玉米主要出口国美国。2005 年以后，吉林省玉米出口量几乎为零。2008 年受玉米临储政策的影响，玉米价格"倒挂"，玉米年供给能力高于年消费能力。2015 年，吉林省新增临储玉米 2655 万吨，入库率达 94.63%，总库存高达 9531 万吨，为全省年产量的 3.4 倍。从消费侧来看，当前吉林省玉米的年消费量（含外销量）仅为 2000 万吨。按照现有消费水平，吉林省即使不生产玉米，消化库存也需 4 年时间（舒坤良等，2017）。

小麦和稻谷的进口依存度虽然小幅增长，但均由净出口国变成净进口国，2016 年分别达 2.73% 和 1.59%，其进口增加源于居民饮食水平提高，对优质小麦、稻谷需求量的增加。其中水稻的消费需求则更注重品质，2013～2017年，我国进口泰国、越南高品质稻米数量大幅增加，2017年进口数量最大，分别达111.7万吨和226.5万吨。其中进口泰国稻米的主要品种为茉莉香米、糯米、优质白米，越南为优质籼米，以满足国内消费者需求。

上述分析表明，吉林省粮食的商品率高，特别是玉米。一方面，通过粮食的大量调出首先满足了主销区对粮食的需求；另一方面，通过地区差价及政策因素为粮食主销区发展提供资金支持，同时，充足的粮食资源又为下游产业的发展提供支持，因此对吉林省以及其他主销区的工业发展做出突出贡献，充分实现其社会效益。然而吉林省通过粮食的大量调出虽然为主销区的发展带去了资金支持，却使吉林省的利益大量流失，从全国利益角度来看，粮食的大量调出是合理的，为确保国家粮食安全做出了贡献，但是由于粮食调出导致的资金外流，对吉林省经济社会发展却是不利的。而且从粮食的对外依存度指标来看，大豆、水稻与小麦的进口依存度不断增加，特别是大豆的依存度高达84.49%，表明大豆严重短缺，已经给我国粮食安全带来隐患。反观吉林省的种植业结构中大豆播种面积呈逐年下降趋势，而玉米却出现"产量高、库存高、进口高"三量齐增的扭曲现象。从社会效益来看，吉林省以玉米为主体的单一种植结构又体现出其不合理的一面。

4.4 种植业结构生态效益评价

4.4.1 不同农作制度的使用频率

农作制度，又称耕作制度，包括作物布局与结构，轮作、间作、套作、连作等种植方式与养地方式。通过分析农作制度使用频率的高低，反映吉林省作物种植布局与结构的生态适应性、反映生态系统内部的能量循环。随着现代技术与生产要素的介入，吉林省历史上曾经广泛使用的轮作、倒茬、间作等传统农作制度逐渐消失。在20世纪30年代，吉林省玉米的种植比例占粮食作物的1/3，与大豆种植面积大体相等，是国内重要的大豆产区，而非玉米产区。在此后的发展中，特别是自20世纪70年代以来，玉米种植面积大幅度增加，与此同步的是大豆种植面积的逐年减少。到2008年，吉林省的大豆种植面积已经降到粮食作物种植面积的 10.41%，2016 年，大豆的播种面积下降到 3.98%。此时，玉米与大豆播种面积比例从 1980 年的 3.02∶1.00，逐渐扩大到 2016 年的 18.28∶1.00（见表 4-6）。这种单一的种植结构使得历史上广为使用的以"玉米—大豆"轮作制度为基础的用地养地制度不复存在。作为传统的轮作制度，大豆因其根瘤菌的功能，一直是土壤中有机氮肥的补充来源。而同为处在世界三大黄金玉米带的美国，数十年来全部采用玉米—大豆的轮作制度，其玉米与大豆的播种面积之比一直保持在 1.04∶1.00~1.32∶1.00（见表 4-7）。

表 4-6　1978~2016 年吉林省玉米与大豆播种面积比例

年份	玉米	大豆	比例	年份	玉米	大豆	比例
1978	42.19	16.22	2.6∶1.00	2008	66.55	8.50	7.83∶1.00
1980	47.72	15.79	3.02∶1.00	2009	66.79	9.88	6.76∶1.00
1985	51.15	14.56	3.51∶1.00	2010	67.82	8.39	8.09∶1.00
1990	62.94	13.15	4.78∶1.00	2011	68.96	6.71	10.28∶1.00
1995	65.53	10.58	6.19∶1.00	2012	71.24	4.99	14.28∶1.00
2000	54.25	16.05	3.38∶1.00	2013	73.05	4.48	16.31∶1.00
2005	64.62	11.75	5.50∶1.00	2014	73.92	4.27	17.31∶1.00
2006	64.87	10.37	6.26∶1.00	2015	74.83	3.18	23.54∶1.00
2007	65.83	8.21	8.02∶1.00	2016	72.82	3.98	18.28∶1.00

资料来源：根据《吉林统计年鉴》（1978~2016 年）数据计算所得。

表 4-7　1978~2016 年美国玉米与大豆播种面积比例

年份	玉米与大豆播种面积比例	年份	玉米与大豆播种面积比例
1978	1.26∶1.00	2008	1.14∶1.00
1980	1.20∶1.00	2009	1.12∶1.00
1985	1.32∶1.00	2010	1.14∶1.00
1990	1.28∶1.00	2011	1.23∶1.00
1995	1.14∶1.00	2012	1.25∶1.00
2000	1.07∶1.00	2013	1.25∶1.00
2005	1.14∶1.00	2014	1.09∶1.00
2006	1.04∶1.00	2015	1.07∶1.00
2007	1.42∶1.00	2016	1.12∶1.00

资料来源：美国农业部网站。

为全面了解吉林省农户耕作方式的选择，依据吉林省传统的东部、中部、西部地区分布特征，选取了延边州、长春市、四平市、白城市四市开展调查，结果显示：东部地区采取轮作方式的户数为31户，占比54.39%，不采取轮作方式户数为26户，占比45.61%。中部地区采取轮作方式户数仅为10户，占比8.85%，而91.15%的农户仍然采取连作的方式。西部地区采取轮作方式农户占比为19.64%，而不采取轮作方式的占80.36%（见表4-8）。东部地区的轮作行为明显高于中部和西部地区。其主要原因在于，延边州于2016年开始实行大豆目标价格政策（后来转变为大豆生产者补贴政策），且要求农户在不同地块间实行"大豆—玉米"轮作才可获得补贴，所以推动了东部地区农户推行轮作的耕作方式。西部地区采取轮作方式的农户中多为玉米和绿豆等小杂粮作物轮作。中部地区则除由于具有适宜种植玉米的良好水热气候条件之外，以临时收储制度和"价补分离"制度为代表的玉米收储制度，人为地提高了农户层面的玉米实际出售价格，也助推了农户连续多年种植玉米，而不愿意推行玉米和其他作物的轮作。总体而言，吉林省农户在农作方式选择上，中西部地区玉米连作占主导地位，东部地区玉米连作占比45%左右，而其他耕作方式使用频率低下。

表4-8　吉林省东部、中部、西部地区农户耕作方式选择　　单位：户，%

	采用轮作方式		不采用轮作方式	
	户数	比重	户数	比重
东部地区	31	54.39	26	45.61
中部地区	10	8.85	103	91.15
西部地区	11	19.64	63	80.36

资料来源：根据实地调研数据整理所得。

吉林省玉米的常年连作，导致黑土地表层土壤有机质含量下降、腐殖质层厚度变薄以及病虫害的发生。这种状况的形成，除了受不同作物之间技术差异的影响外，更大程度的影响来自市场价格及政府政策的导向。大豆是最早退出政策保护的粮食作物，失去政策支持，使大豆与玉米之间的比较收益拉大。2008年开始实施的玉米临时收储政策，连年上涨的玉米价格使玉米收益不断增加，大豆与玉米之间的收益差距进一步拉大，从而强化了以玉米为主的单一种植结构地位。玉米扩种面积已蔓延至吉林省东部地区和西部地区，使西部地区具有优势的杂粮作物和饲料作物面积减少。吉林省西部为半干旱地区，玉米的大量扩种也加剧了农业用水资源的紧张。另外，玉米品种内部以普通型籽粒玉米为主的单一结构，制约了畜牧业的发展。奶牛和肉牛是以青贮饲料形式进行消费，全株青贮玉米既可以增加饲料蛋白又可以减少秸秆焚烧带来的环境污染，然而青贮玉米种植面积比例低下。可见，单一的玉米种植结构不利于土壤肥力的培育，破坏了生态环境。

4.4.2　化肥施用强度

用亩均化肥施用量来反映粮食生产中化肥施用强度。通过分析化肥施用数量的安全性与科学性来揭示当前吉林省种植业结构的生态效益。化肥作为粮食增产的核心要素之一而发挥作用，吉林省一直以来以化肥的高投入而换取粮食的高产出。1978～2016 年，吉林省粮食产量由 1978 年的 914.7 万吨增加至 2016 年的 3717.21 万吨，年均增长 3.76%。粮食作物中以玉米产量增长最为明显，年均增长 4.73%，稻谷年均增长速度为 4.54%，除了良种的使用和技术的更新，其中最主要的因素是化肥的大量使用。在 20 世纪 80 年代，化肥施用量的增长处于一个合理增长的阶段，有力地促进了粮食的增产。所以，一直以来为了保证高产化肥的施用量持续攀升，吉林省粮食作物亩均化肥施用量达 27.51 千克/亩（折纯后数量），远高于世界 8 千克/亩的平均水平，是美国的 2.6 倍，是欧盟的 2.5 倍。其中玉米的亩均化肥施用量最大，2016 年可达 29.38 千克/亩，比 2004 年增加了 13.95 千克/亩，年平均增长 5.51%。与相邻的辽宁省和黑龙江省相比，2004～2005 年玉米化肥亩均施用量低于辽宁省，但是从 2006 年开始至今均高于辽宁省和黑龙江省。2016 年高于辽宁省 4.05 千克/亩，高于黑龙江省 7.73 千克/亩（见图 4-2）。2016 年吉林省大豆亩均化肥施用量 14.22 千克/亩，比 2004 年增加 7.6 千克/亩，年平均增长速度为 6.58%，增长速度最快。2004～2005 年吉林省大豆亩均化肥施用量要低于辽宁省和黑龙江省，2006 年至今高于其他两省，2016 年比辽宁省高 2.19 千克/亩，比黑龙江省高 4 千克/亩（见图 4-3）。而水稻的化肥施用量只有在 2005 年低于黑龙江省，其他年份一直高于黑龙江省，虽然低于辽宁省的平均水平，但是增长速度却明显偏高（见图 4-4）。

（千克/亩）

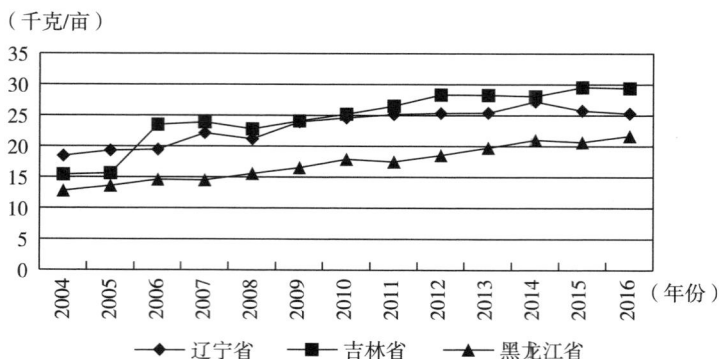

图 4-2　2004~2016 年辽宁省、吉林省、黑龙江省玉米亩均化肥施用量

资料来源：根据《全国农产品成本收益资料汇编》（2005~2017 年）数据计算所得。

（千克/亩）

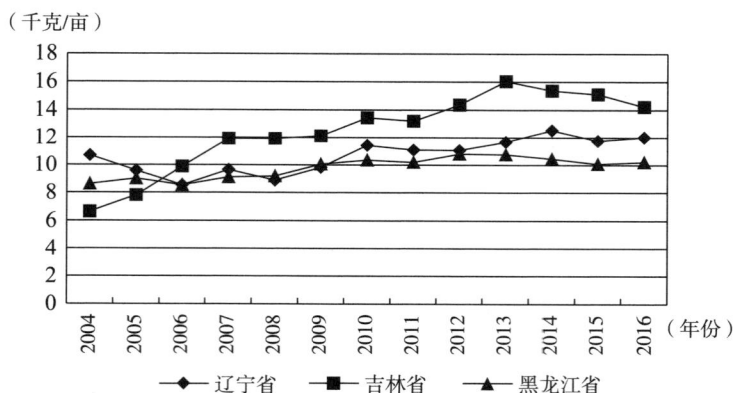

图 4-3　2004~2016 年辽宁省、吉林省、黑龙江省大豆亩均化肥施用量

资料来源：根据《全国农产品成本收益资料汇编》（2005~2017 年）数据计算所得。

（千克/亩）

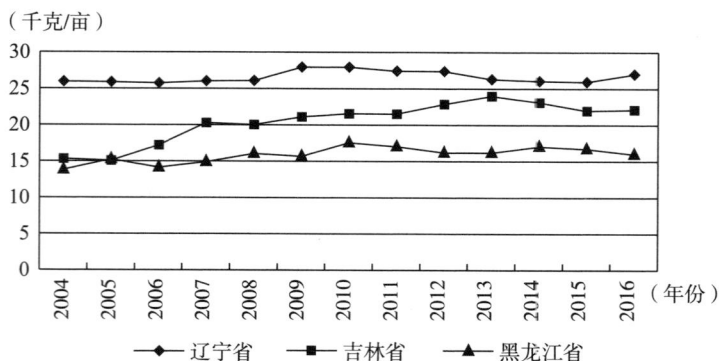

图 4-4　2004~2016 年辽宁省、吉林省、黑龙江省水稻亩均化肥施用量

资料来源：根据《全国农产品成本收益资料汇编》（2005~2017 年）数据计算所得。

　　吉林省化肥施用量较高，且结构单一。2004~2016 年，吉林省氮肥施用量一直位居第一，年平均在 160 万吨；磷肥的施用量第二，年平均 43 万吨；钾肥的施用量最少，但是处于逐年上升趋势，由 2004 年的 19.5 万吨，上升到 2016 年的 30.4 万吨（见图 4-5）。导致氮肥施用量高的最关键因素是吉林省玉米种植面积高，据测算玉米整个生育期内对养分的需求量以氮素最多，钾次之，磷位居第三。一般每生产 100 千克籽粒需从土壤中吸收纯氮 2.5 千克、五氧化二磷 1.2 千克、氧化钾 2.0 千克。氮磷钾比例为：1.00∶0.48∶0.80。玉米"一粮独大"的种植结构，也导致了化肥施用结构的不合理。

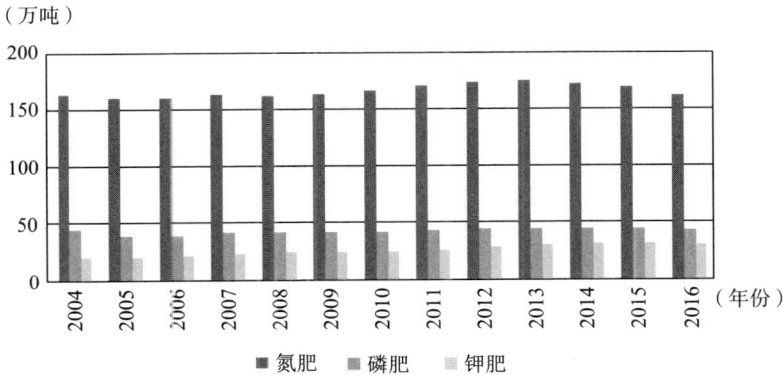

图 4-5　2004~2016 年吉林省农作物化肥施用结构

资料来源：《吉林统计年鉴》（2004~2016 年）。

　　不科学的施用方式是造成吉林省化肥施用量过高的主要原因。农户种植过程中未采用按需施肥技术，单一玉米种植结构带来的高化肥投入量同时引起肥料品种结构的单一。粪肥、绿肥等有机肥使用较少，氮磷肥施用过量，造成施肥结构不合理，而且有效利用率低。化肥的有效利用率仅为 35% 左右，其中氮肥、磷肥和钾肥的有效利用率分别为 33%、24% 和 42%。化肥的大量使用增加生产成本，同时由于效率低下，造成巨大浪费，对生态环境造成了严重的污染，致使土壤板结、有机质含量减少、盐渍化严重，威胁吉林省现代农业的持续发展。

4.4.3　秸秆还田率

　　秸秆还田率是指秸秆还田面积占农作物播种面积的比例。该指标为正向指标，还田率越高，表明秸秆生态化利用率越高。秸秆还田是把适合用作饲料和其他综合利用之外的秸秆还到土地中的一种技术。被还到土地的秸秆中所含营养物质被土壤吸收，以提高土壤的有机物质含量，从而改善土壤结构，对提高土壤肥力有明显作用（耿迪，2016）。随着各类农作物产量的不断提高，吉林省农作物秸秆的总产量也呈不断增长之势，据吉林省农业部门测算，每年秸秆可收集量达4000万吨。其中又以玉米秸秆为主，2016年吉林省玉米播种面积占粮食作物播种面积的72.82%，产量达2833万吨，秸秆产量达3403万吨，比2012年增加305万吨。然而吉林省用于秸秆还田的比例较低，2004~2008年以前，秸秆还田率不足1%；到2016年秸秆还田率也仅为4.42%（见图4-6）。世界上各大玉米带国家秸秆还田率均可达60%~70%，吉林省与之相比差距甚远。科学表明，秸秆还田是增加土壤生物有机质的有效途径。据有关实验测定表明①，每还田玉米秸秆500千克，相当于施用2500千克杂肥、11.7千克碳铵、6.2千克过磷酸钙、4.75千克硫酸钾，采用秸秆还田的土地，增产幅度平均可在10%以上。但是在实际调研中发现，农户选择秸秆就地焚烧的比例最高可达36.11%，选择做薪柴的比例为30.56%，选择粉碎还田的比例仅有22.22%，而选择用作畜禽饲料和出售的比例分别为8.33%和2.78%，农户选择根茬还田与生产沼气等处理方式所占比例为0%（见图4-7）。以直接焚烧和留作薪柴为主的秸秆处理方式，不仅造成大量秸秆浪费，而且严重污染了环境，还丧失了秸秆还田保护土质营养的功能。

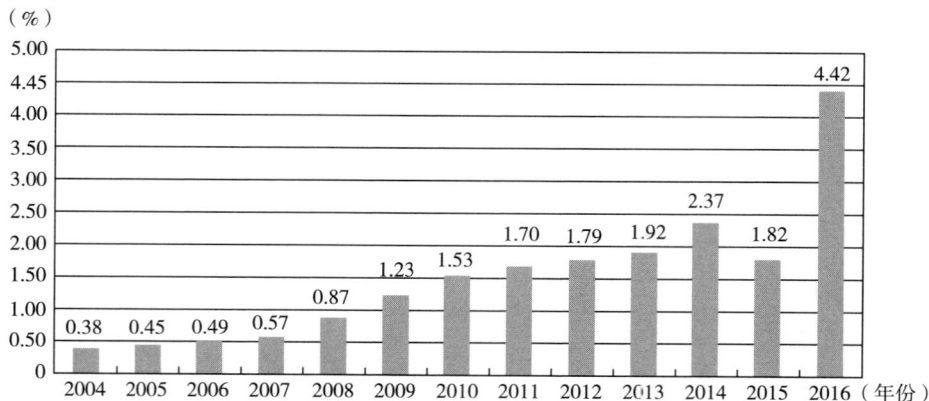

图4-6 2004~2016年吉林省秸秆还田率变化情况

注：2004~2015年数据为吉林省农委统计数据计算所得，2016年为调研数据整理所得。

---

① 资料来源：《充分利用秸秆资源，培育秸秆产业经济增长点——农村秸秆利用调研材料》。

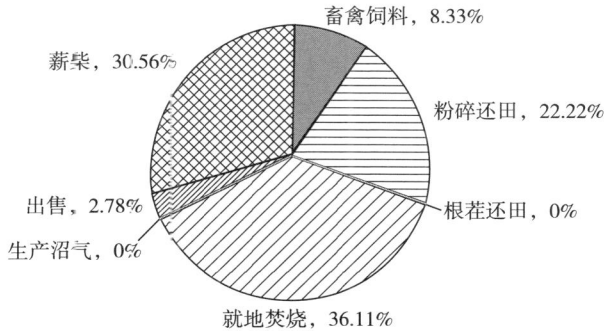

畜禽饲料, 8.33%

薪柴, 30.56%

粉碎还田, 22.22%

出售, 2.78%

根茬还田, 0%

生产沼气, 0%

就地焚烧, 36.11%

图 4-7 2018 年吉林省秸秆处理调研情况

资料来源：根据实地调查数据整理所得。

通过上述指标分析，在不同耕作制度的使用频率上，中西部地区农户仍以玉米连作方式为主，在东部地区虽然国家鼓励"玉米—大豆"轮作，并给予补贴，调动了农户轮作的积极性，但是仍然有将近一半的农户选择玉米连作方式。从化肥的施用强度来看，为了保证粮食高产，化肥的施用量不断增加，远高于世界平均水平，并高于相邻的辽宁、黑龙江和内蒙古施用水平，同时由于玉米的种植面积大，导致化肥施用结构单一且利用率低下。进而导致土壤板结，有机质含量下降，对生态环境造成严重污染。保护耕地最好的方式是秸秆还田，吉林省秸秆产量不断上升，但是由于技术、成本、机械等众多因素导致秸秆还田率低，更多的秸秆被用作薪柴或者就地焚烧，不仅造成资源的浪费，而且对生态环境造成了破坏。因此，上述三个指标的分析结果显示，吉林省以玉米为主的单一种植结构对生态环境破坏严重，不利于农业的健康可持续发展。

综上所述，根据种植业结构合理性评价客观依据以及可持续发展理论来看，合理的种植业结构要适应现代农业发展的客观要求，要实现其经济效益、社会效益和生态效益的统一。但是通过对目前吉林省农业结构经济效益、社会效益和生态效益的综合评价来看，当前吉林省种植业结构在种植业的投入产出比上，要比其他粮食大省具有一定优势，玉米产值对农民增收的促进作用最大，吉林省粮食的商品率高，特别是玉米，对满足其他省粮食需求、在给粮食主销区提供原料和资金支持都发挥着积极作用，所以在经济效益和社会效益方面都取得了较好的成果。但是这些效益的发挥，从经济的长期发展来看是不利的。由于作物间比较收益的差距不断拉大，要素集中流向玉米，加剧玉米"一粮独大"的局面。而这种局面的出现,不利于种植业结构的均衡发展,增加了大豆等其他作物的进口依存度,进而威胁到国家的粮食安全,也不利于玉米大豆轮作方式的推行,损害了经济、社会效益和生态效益。而玉米常年连作的耕作方式、化肥的过量施用以及秸秆还田面积比例的低下,都将进一步破坏土壤肥力与农田生态环境,生态效益急剧下降。因此,吉林省目前的种植业结构虽然在经济效益和社会效益上具有一定的合理性,但是也存在不合理的一面,并且其经济效益、社会效益的实现是建立在牺牲生态效益基础上的。无法实现经济效益、社会效益、生态效益的协调统一发展。因此,当前吉林省以玉米为主的单一种植结构是不合理的,调整种植业结构势在必行。

4.5 本章小结

本章从经济效益、社会效益和生态效益三个方面来综合评价吉林省种植业结构。

第一,用种植业投入产出比、种植业结构变动对农民收入效应以及不同作物间的比较收益三个指标评价吉林省种植业结构经济效益。结果显示,宏观层面上吉林省种植业投入产出比高于全国平均水平和除黑龙江省以外其他经济发达粮食生产省份。微观层面上种植业结构中玉米产值的变动则正向影响农民收入,即以玉米为主体的单一种植结构对农民收入的变动具有正向效应。但是在不同作物之间的比较收益中,玉米与大豆的比较收益差距呈现逐年增大的趋势,使要素集中流向玉米,不利于种植业结构的多元化发展。

第二,用粮食商品率以及粮食进口对外依存度两个指标评价吉林省种植业结构的社会效益。经分析得到吉林省商品率均居全国前列,充分满足了人们生活所需粮食数量,并且为国家粮食安全做出重要贡献。然而充足的粮食供给未能与社会需求相匹配,粮食进口对外依存度逐年增高,其中大豆进口依存度已高达80%以上,大豆供给明显不足。吉林省省内市场大豆供给尚处于紧缺状态,而与此背离的是大豆种植面积的日渐衰落,表明吉林省种植业结构与市场需求的不适应,即社会效益仍有缺失。

第三,用耕作方式使用频率、化肥施用强度和秸秆还田率三个指标来评价吉林省种植业结构的生态效益。数据分析结果表明:吉林省以玉米为主的单一种植结构无法实现作物的轮作，不利于土壤肥力的培育。化肥施用量逐年加大，超过国际标准施用量上限，而且化肥施用结构不合理，化肥利用率低，不仅造成浪费，同时污染了环境。吉林省玉米种植面积的增加产生了大量秸秆，而目前吉林省秸秆还田率低下，秸秆未能通过还田的方式培肥地力，绝大部分秸秆以焚烧方式处理，对生态环境造成严重的破坏。

综合三方面的指标评价，吉林省以粮食作物为主，粮食作物中以玉米为主，玉米中以普通籽粒玉米为主的种植结构，无论是经济效益还是社会效益与生态效益均表现出不合理的方面，未能实现协调、统一的发展。

第5章 吉林省种植业结构调整的困境

当前吉林省以玉米为主体的单一种植结构,尽管在经济效益和社会效益上具有合理的一面,但其供需不匹配、玉米"三高"、生态环境破坏严重等问题突出,因此,调整当前不合理的结构是必然趋势。然而结构调整将面临诸多难以突破的困境,这种困境既包括当前结构面临的困境,也包括由此而衍生出的结构调整的困境。

5.1 吉林省种植业结构调整的市场困境

受国际贸易格局的影响,国际环境变得错综复杂;玉米临储价格逆向而上的走势使粮食总量供给呈现阶段性结构性失衡;农产品生产成本过高,导致了国外粮食进口量居高不下;作物间收益差距拉大,使要素配置流向集中。在如此市场困境下,当前的吉林省种植业结构发展举步维艰。

5.1.1 国际贸易环境错综复杂

在对外贸易中,美国一直是我国主要的贸易国家,然而中美贸易关系摩擦,使农产品贸易冲突加剧。2018年,美国采取相关措施对中国进口美国的产品加征关税,而征税商品主要集中于农产品方面,特别是对商务部美国进口猪肉、大豆及其加工制品加征25%关税,引起了市场较大的关注。中国大豆进口国主要集中在美国、阿根廷、巴西和加拿大四个国家。自1991年以来,我国从美国进口大豆数量不断增加。海关总署统计数据显示(见表5-1),2010~2012年,美国是我国大豆进口的第一大国,进口比例均在40%以上。2013年以后虽然美国成为仅次于巴西的第二大进口国家,但是进口比重仍然在我国大豆总进口量的1/3以上。其进口数量庞大,关税增加势必影响国内大豆市场。

表 5-1　2010~2017 年中国大豆主要进口国进口分布情况　　单位:%

年份	美国	阿根廷	巴西	加拿大
2010	43.1/第一位	20.4/第三位	33.9/第二位	0.1/第四位
2011	42.5/第一位	14.9/第三位	39.2/第二位	0.7/第四位
2012	43.9/第一位	10.1/第三位	40.9/第二位	1.1/第四位
2013	35.1/第二位	9.7/第三位	50.2/第一位	1.3/第四位
2014	42.1/第二位	8.4/第三位	44.8/第一位	1.2/第四位
2015	34.8/第二位	11.5/第三位	49.1/第一位	1.3/第四位
2016	40.4/第二位	9.6/第三位	45.7/第一位	1.7/第四位
2017	34.4/第二位	6.9/第三位	53.3/第一位	2.1/第四位

资料来源：根据海关总署数据计算所得。

吉林省历史上曾为"大豆之乡"，20 世纪 50 年代后期以来，大豆种植面积持续下降，大豆产量也随之减少。2003 年吉林省大豆产量为 150.3 万吨，到 2015 年已经下降到 29.03 万吨。吉林省内所产大豆主要用于满足国内的豆制品消费，但随着吉林省畜牧业的发展，蛋白饲料用需求量迅速增加（见图 5-1）。2003 年吉林省饲料消费量为 45.9 万吨，2012 年的饲料加工消费量增加至 91.5 万吨，比 2003 年翻了一番。照此速度发展，未来畜牧业发展对蛋白饲料的需求量将进一步增加，进口数量也将不断上涨，饲料加工企业将受到较大冲击。

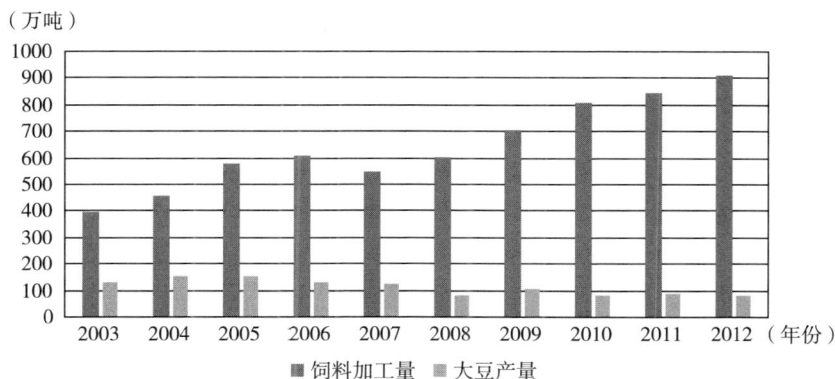

图 5-1　自 2003 年以来吉林省大豆产量与饲料加工量对比情况

资料来源：布瑞克农业数据库。由于饲料加工量数据仅统计到 2012 年，所以本图时间截止到 2012 年。

据中国市场调查网调查数据统计，2018 年 4 月 2 日，豆粕现货已上涨至 3410 元/吨，较 3 月 29 日上涨 170 元/吨。油脂压榨企业将面临生产成本高企的境况，油脂行业也将面临经营的风险。由此看来，大豆生产的萎靡，中美贸易战的升级，将严重制约饲料加工业与畜牧业的发展。

5.1.2 玉米临储价格政策逆向而行

随着经济全球化的发展，国内与国际市场已经实现一体化的格局。因此，一国的市场既要面向国内，更要面向国际；既要考虑国内市场的变化，又要兼顾国际市场变量的影响。近年来，小麦、玉米、大豆等主要农产品国内价格比国际价格高出 30%~50%，已经达到了极限。以玉米为例，在全球农产品生产中，美国占据重要地位，是玉米最大的生产国，也是玉米最大的出口国。第二次工业革命以后，美国农产品市场面临需求不足问题，需要寻找海外市场。作为人口大国的中国自然成为美国市场开发的重要目标。从 19 世纪末的门户开放，到 20 世纪的积极建交，再到 1999 年的中美农业协议等一系列政策的推进（郭庆海，2017b），均是为了打开中国市场的大门。自 2003 年以来，美国玉米产量连年丰收，尤其是 2012 年以后产量增长速度较快。2013 年美国玉米产量，为 35127.2 万吨，比上一年增长 28.6%，2016 年达到 21 世纪以来的最高产量，为 38477.8 万吨。玉米出口压力的加大，致使美国玉米的到岸价格呈现下行趋势，价格跌至 1600~1900 元/吨，最低达 1300 元/吨。相比较而言，我国东北玉米主产区在临储政策推动下，玉米价格则呈现不断上调趋势。吉林省玉米临储价格以 2008 年的 1527.99 元/吨为起点，连续五次提价，到 2014 年已经上调到 2251.40 元/吨，上调幅度几近 50%，高于国际市场玉米价格 80%。2017~2020 年吉林省玉米市场价格略有上涨。在一个开放的市场条件下，国内玉米加工企业自然会选择价格较低的美国玉米，促使玉米进口量的增加，而国产玉米滞销，形成大量库存积压。这种市场格局无疑给国产玉米的市场出口打上死结。无论生产能力多大，产量多高，在国外廉价玉米的压力下，只能转化为库存。最后只能使玉米临储政策走向崩溃。2016 年以后，国家出台了"价补分离"政策，作为临储政策的替代政策（见图 5-2 和图 5-3）。

（万吨）

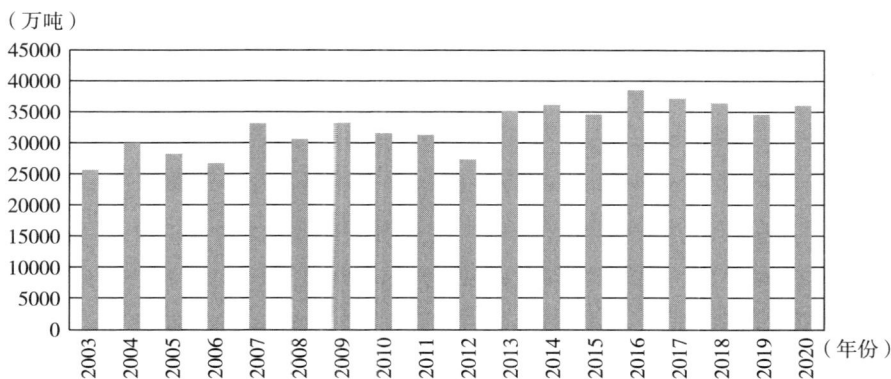

图 5-2　自 2003 年以来美国玉米产量变化趋势

资料来源：布瑞克农业数据库——美国玉米供需平衡表。

（元/吨）

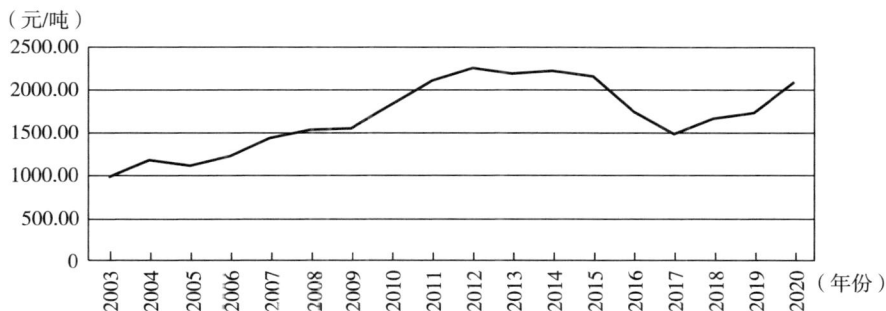

图 5-3　自 2003 年以来吉林省玉米价格变化情况

资料来源：布瑞克农业数据库。

5.1.3　农产品成本持续上涨

5.1.3.1　吉林省农产品成本分析

近年来，农产品价格不断上涨，玉米、大豆等主要农产品最近几年国内的价格明显高于国际价格。引起对国内农产品的需求抑制，形成市场扭曲。究其根本原因在于农产品成本的持续上升。自 2004 年以来，吉林省玉米、大豆和水稻三种作物总成本呈现快速上涨趋势，年均增长率分别达到 7.30%、6.97% 和 8.02%（见图 5-4）。其成本增长的主要推动因素为农药、化肥等农用物资价格以及劳动力和土地流转价格的上涨。

（元/亩）

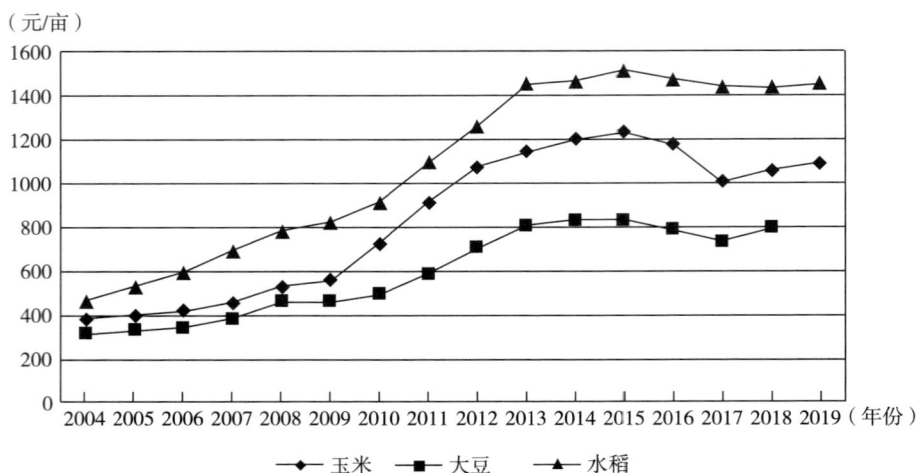

图5-4 吉林省主要粮食作物种植总成本增长趋势

资料来源：根据《全国农产品成本收益材料汇编》（2005~2020年）数据计算所得。

2006~2019年，吉林省玉米、大豆、水稻的物质与服务费用在总成本中均占有较高比重，平均可达35%~45%。物质与服务费用中的机械作业费和租赁作业费不断攀升，以玉米增长速度最快，年均增长率达14.14%和10.02%。说明吉林省玉米种植的机械化水平不断提高，而且吉林省机械作业一般是由农机服务队或者农机合作社进行作业，随着能源价格的上涨，机械与租赁作业的成本也随之上升（见图5-5）。

（元/亩）

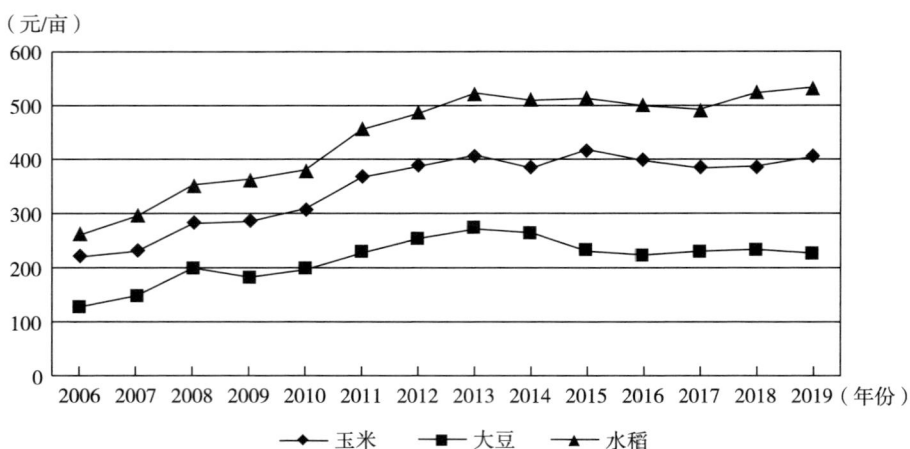

图5-5 吉林省主要粮食作物物质与服务费用增长趋势

资料来源：根据《全国农产品成本收益材料汇编》（2007~2020年）数据计算所得。

吉林省农产品成本中人工成本与土地成本的增长是成本上升的直接动因。随着吉林省城镇化和工业化不断推进，吉林省大量农村剩余劳动力涌入城市从事非农就业，导致农业劳动力不足。农村劳动力要素供给紧缺，造成雇用的劳动力价格上涨。再加上国内农产品价格不断上涨，使土地要素成本非理性上涨。以吉林省玉米种植为例，2006 年玉米土地成本为 123.26 元/亩，2019 年增长到 331.12 元/亩，增长了 168.64%。

5.1.3.2　吉林省农产品成本国际比较

吉林省农产品成本持续上涨，国际市场竞争力丧失殆尽。国内市场国际化格局凸显，国内市场的竞争对手同时也是国际市场上的对手，因此对比分析国际农产品成本是十分必要的。美国作为世界上玉米、大豆、水稻的主要生产国与出口国，在国际农产品市场中具有较强的竞争力。选取美国为主要对象进行玉米、大豆的成本比较，探求成本变动差异。当然，巴西、阿根廷同为我国大豆的主要进口国家，并在国际市场上具有重要的地位，但由于各国成本核算方法与口径不一致，成本构成中具体指标无法获得，为此不做具体指标比较。我国稻米的主要进口国为泰国和越南，但受数据获取限制，将以总生产成本进行分析。

美国的农产品成本核算指标主要包括运营成本和间接成本。运营成本包括种子费、肥料费、农药费、作业费、燃料动力费、修理费、排灌费利息；间接成本包括雇工费用、家庭劳动机会成本、固定资产折旧、土地机会成本、税金与保险、管理费。现将其整合为直接费用（即运营成本）、人工成本（雇工费用+家庭劳动机会成本）、土地机会成本、间接费用（固定资产折旧、税金与保险、管理费）四项，与我国保持一致。

（1）玉米成本国际比较。

2019 年，吉林省玉米生产总成本为 1088.37 元/亩，美国为 850.18 美元/英亩，低于吉林省 28.02%（见表 5-2）。分析两者成本构成不难发现，吉林省玉米的直接费用与美国的直接费用在总成本中均占有较高比重。不同的是，美国直接费用占总成本比重的 45.11%，是玉米成本构成的绝对主体。表明美国玉米总成本增加的主要动力在于直接费用的增加。在直接费用构成中，吉林省和美国玉米的肥料费用占比最大，2019 年吉林省肥料投入费用占比 43.51%，高出美国9.17%。在美国直接费用构成中，种子费用的占比仅次于肥料，平均可达27.71%。一般认为，提高粮食单产的途径为增加投入和技术进步。吉林省和美国的肥料投入都在增加，在保持技术水平不变的前提下，要素投入的边际生产力呈下降趋势，因此，在增加要素投入的同时，更要依赖技术进步，种子费用的增加是科技投入的直接表现。吉林省直接费用中种子费用投入仅占12.91%。

吉林省玉米人工成本远高于美国。2019年，吉林省玉米人工成本为352.53元/亩，占总成本的32.39%，而美国仅为39.71元/亩，占其总成本的4.67%，形成强烈反差（见表5-2）。主要原因在于美国玉米经营规模大、机械化程度高，大大降低了劳动力的投入。因此，控制人工成本的增长是降低总成本的重要途径。事实上，按照中国的人工成本核算方法，人工成本是被低估的。即劳动日工价=上年农村居民人均纯收入×每个劳动力负担人口/全年劳动天数（365天），这种核算方法中将全年劳动天数定为365天忽略了农业生产的季节性，而农民只是根据生产需要投入劳动，并非全年作业（范少玲和史建民，2014）。由此看来，劳动力生产的实际价值要高出统计价值。正是因为农业生产的自身特点，导致农民的非充分就业，劳动力大量剩余，降低资源配置效率。

表5-2 2019年吉林省与美国玉米成本构成比较情况 单位：元/亩

	中国吉林省	美国	差幅（%）
总成本	1088.37	850.18	28.02
直接费用	393.97（36.19%）	383.51（45.11%）	2.73
人工成本	352.53（32.39%）	39.71（4.67%）	787.76
土地成本	331.12（30.42%）	181.20（21.31%）	82.7
间接费用	10.75（0.99%）	180.33（21.21%）	-94.04

资料来源：根据《全国农产品成本收益资料汇编》（2017年）数据计算所得。

土地成本核算在中国和美国有一定的差异。国内土地成本核算是流转地租金和自营地折租，而美国的土地实行私有制，核算的是土地机会成本。吉林省虽然具有相对较多的土地资源，但是随着玉米价格的提高，土地的稀缺性越来越显著，土地成本价格迅速上涨。2006年玉米土地成本为123.26元/亩，2019年增长到331.12元/亩，占总成本的比重也由2006年的29.93%增加到2019年的30.42%。成为吉林省玉米总成本增加的主要推动力。反观美国土地成本在总成本中所占比重一直保持在20%~25%，变化不大。美国玉米成本间接费用占比高达22.29%，其投入金额是吉林省的9.84倍。该项费用主要用于固定资产折旧、税金与保险费以及综合管理费等。其中固定资产折旧支出比例较高，在30%以上，说明美国家庭农场式经营机械化程度高，吉林省的机械作业以租赁形式体现，故不存在固定资产的折旧分摊费用，机械化水平远低于美国。

（2）大豆成本国际比较。

吉林省大豆与玉米的成本构成相似，直接费用在总成本中占比较高，其中化肥、机械作业和租赁作业三项投入占直接费用比重分别为 37.20%、39.83% 和 38.37%，种子费用占比较低，不足美国的 1/2。在直接费用投入上，吉林省高出美国 52.21%。2019 年，吉林省大豆人工成本与土地成本在总成本中所占比重分别为 36.61% 和 34.82%，远高于美国，间接费用为 16.11 元/亩，比美国低 95.07%（见表 5-3）。从成本构成角度来看，吉林省主要依赖化肥、农药、人工和土地要素投入的增加来提高产量，属于典型的劳动密集型产品。美国农场主的生产规模大、大豆基本实现了全过程的机械化操作，农场主几乎购买全套农业机械设备，导致其购买成本、使用费用以及折旧费用很高，随着产量增长而被逐渐分摊。因此，美国大豆成本优势会随着产量的增加表现得更加明显，同时对价格波动的承受能力要强于吉林省。

表 5-3　2019 年吉林省与美国大豆成本构成比较情况　单位：元/亩,%

	中国吉林省	美国	差幅
总成本	779.98	512.43	52.21
直接费用	222.18	185.98	11.15
人工成本	285.56	24.19	1080.49
土地成本	271.59	173.59	56.45
间接费用	16.11	128.66	−95.07

资料来源：根据《全国农产品成本收益资料汇编》（2017 年）数据计算所得。

（3）水稻成本国际比较。

一直以来，吉林省水稻在成本与价格方面具有一定的市场竞争力。然而随着国际市场水稻价格的下降以及国内原粮价格的持续攀升，吉林省水稻市场竞争力逐渐弱化。泰国和越南以其低成本与高质量优势进入我国稻米市场。越南拥有丰富的劳动力且成功将复种技术引入稻米生产，2 年可种植 7 次，因此越南凭借较低的人工成本和土地成本使其总成本具有绝对优势。以 2012 年为例，越南水稻生产成本为 945.9 元/亩，低于吉林省 313.87 元/亩，形成了巨大的成本优势。泰国水稻的生产成本虽然高于越南，但仍低于吉林省，2012 年泰国水稻生产成本为 1102 元/亩，低于吉林省 157.77 元/亩。由于泰国水稻机械化程度较高，所以在总成本中农业机械费用占比较高，但却节省了人工成本。吉林省水稻成本中直接费用和人工成本为构成主体，两项占比均在30%以上。不难发现，劳动力价格上涨和机械化水平偏低是吉林省水稻丧失成本优势的重要原因。

5.1.4 农产品收益增长乏力

农产品收益的高低决定资源要素的流向，从而决定种植业结构的变动。前文从国际角度对农产品成本进行了比较，此处仍从国际角度分析农产品收益情况。

5.1.4.1 玉米种植收益比较分析

吉林省与美国玉米种植净利润增长呈现螺旋上升趋势，主要源于总产值的增加幅度大于总成本的增加幅度。2006年以前，美国净利润一直处于亏损状态，2006年以后，美国玉米净利润增长迅猛，到2011年实现净利润254.98元/亩，超出吉林省25.01元/亩（见图5-6）。吉林省的玉米净利润在2013年以前一直高于美国，但这种差距逐渐缩小。受国际玉米的低价运行和土地成本快速增长影响，2014年吉林省开始出现亏损，2015~2016年连续两年大幅度下跌，亏损额分别为181.99元/亩和398.22元/亩。此时美国玉米的净利润虽处于亏损状态，但已超越吉林省。

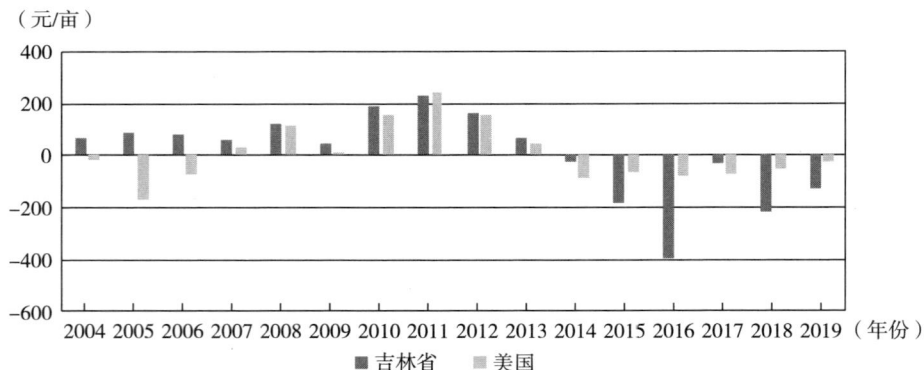

图5-6 2004~2019年吉林省与美国玉米净利润变化情况

资料来源：根据《全国农产品成本收益资料汇编》（2004~2017年）数据计算所得。

从成本利润率变化情况来看，2004~2016年，吉林省相对于美国的成本利润率优势差距逐渐削弱，利润空间日益狭小（见图5-7）。如果说2010年以前吉林省玉米成本利润率高于美国，是源于吉林省土地与人工成本价格低廉而带来总成本的优势，那么2010年以后成本利润率被美国赶超，且差距越来越大，则是源于吉林省玉米临储价格制度的实施，使玉米价格不断提高。土地成本与人工成本的加速上涨而推动总成本的大幅提升（见图 5-8），玉米临储制度边际效应的递减，导致吉林省成本利润率的急速下降。2016 年，玉米临储政策取消，加剧了利润下滑的局势。

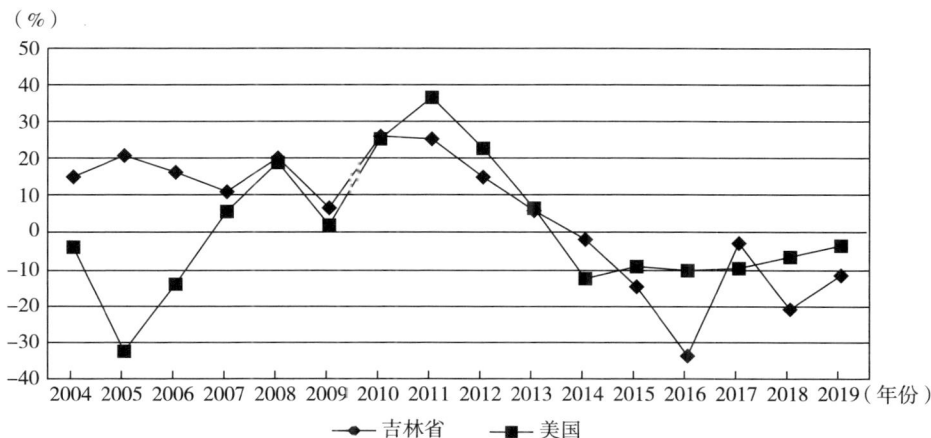

图 5-7　2004～2019 年吉林省与美国玉米成本利润率变化情况

资料来源：根据《全国农产品成本收益资料汇编》（2004～2017 年）数据计算所得。

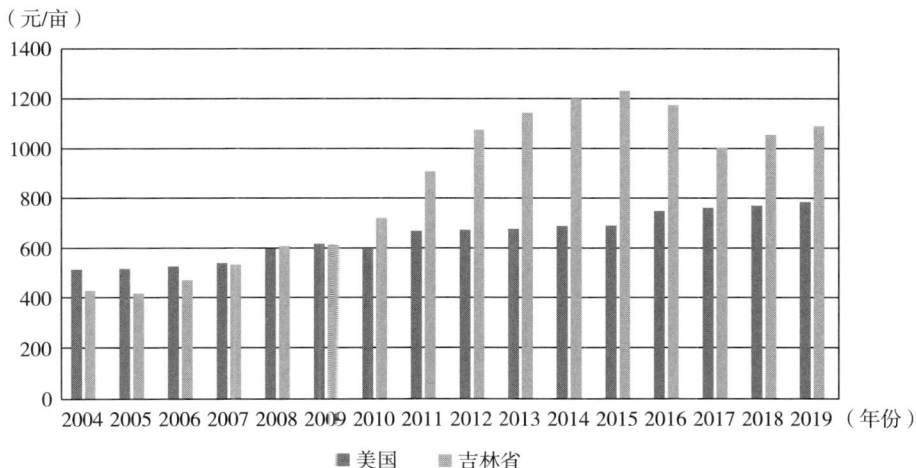

图 5-8　2004～2019 年吉林省与美国玉米总成本变化情况

资料来源：根据《全国农产品成本收益资料汇编》（2004～2017 年）数据计算所得。

美国玉米能在长期亏损的状态下经营与美国政府对农业实施的巨额补贴及玉米目标价格制度相关，将大部分人力、物力、财力投入到农业补贴中，使农民在补贴中直接获得利益。而中国的农业补贴政策仍然存在运行机制不完善、缺乏应有的法律保障等缺陷，导致本来数量就不足的农业补贴难以释放其应有的社会效益与经济效益，"输血"式的支农政策难以有效提高农民收入。

5.1.4.2 大豆种植收益比较分析

除成本构成外，吉林省与美国大豆在利润、单位产量成本和价格方面也有很大差别，如表5-4所示。2006~2019年，吉林省大豆高价格、高成本，美国大豆则是低价格、低成本，由于单产水平的差异而造成利润的不同。吉林省大豆单产总体呈下降趋势，2006年吉林省大豆单产为210.3吨/公顷，到2016年大豆单产降至132.75吨/公顷，降幅达37.23%。而美国大豆单产水平稳步上升，2016年单产为233.38吨/公顷，是吉林省的1.76倍。巨大的单产水平差异造成中国大豆单位产量上的高成本和收购价格。中国大豆单位产量成本年平均达4.63元/千克，而美国为2.16元/千克，中国比美国高出1.14倍；中国大豆的收获价格年平均高达3.95元/千克，而美国仅维持在1.87元/千克的较低水平，中国比美国高出近111.23%，单位产量的低成本和低价格造就了美国大豆较强的市场竞争力。

表5-4 吉林省与美国大豆成本收益对比情况

单位：千克/亩，元/千克，元/亩

年份	中国吉林省					美国				
	单产	价格	总产值	总成本	净利润	单产	价格	总产值	总成本	净利润
2006	210.30	2.42	411.03	337.49	73.54	192.12	1.40	289.69	316.12	-26.43
2007	117.30	4.39	621.60	374.61	246.99	187.11	2.02	406.67	337.66	69.01
2008	132.14	3.59	681.40	455.44	225.96	178.12	2.66	512.26	380.45	131.81
2009	124.98	3.69	577.31	453.86	123.45	197.30	2.36	496.87	407.26	89.61
2010	140.07	3.94	699.09	488.80	210.29	194.96	2.42	510.76	413.87	96.89
2011	140.09	4.28	738.79	580.30	158.49	188.22	3.03	597.20	435.42	161.78
2012	118.40	4.76	876.58	700.55	176.03	179.11	3.60	678.43	497.43	181.00
2013	141.13	4.57	818.03	803.00	15.03	197.44	3.18	613.93	531.36	82.57
2014	116.65	4.20	702.39	825.02	-122.60	213.18	2.63	565.82	542.14	23.68
2015	119.94	4.01	610.11	826.17	-216.10	215.38	2.15	463.79	538.76	-74.97
2016	132.75	3.58	536.79	779.98	-243.20	233.38	2.40	559.18	538.98	20.20

年份	中国吉林省					美国				
	单产	价格	总产值	总成本	净利润	单产	价格	总产值	总成本	净利润
2017	151.84	3.51	513.77	728.18	-214.41	215.33	2.35	516.90	546.96	-30.06
2018	131.65	3.36	494.23	789.14	-294.91	228.67	2.21	504.95	511.76	-6.81
2019	—	—	—	—	—	210.67	2.11	445.04	522.57	-77.53

资料来源：布瑞克农业数据库。

与美国大豆净利润相比，吉林省具有一定优势，但是差距逐渐缩小并被美国超越。2012 年以前，吉林省大豆净利润一直为正值，增长速度快，2010 年净利润为 210.29 元/亩，是美国当年的 2.26 倍。2012 年以后，受大豆成本上涨和收购价格下跌的影响，吉林省大豆净利润大幅下滑，2016 年亏损额为 243.19 元/亩。2013~2015 年，美国大豆年净利润已超过吉林省（见图 5-9）。美国通过大规模、机械化生产，减少劳动力的投入，使其单位面积成本显现优势，通过种子、肥料等技术要素投入，使其单产水平提高。而吉林省大豆分散的农户种植播种面积小、机械化程度不高、大豆单产水平低，失去国际竞争优势。另外，美国大豆的低价优势很大程度上是以政府财政补贴和价格支持为基础的。而我国政府对于大豆发展的政策补贴很难分担更多的市场风险。

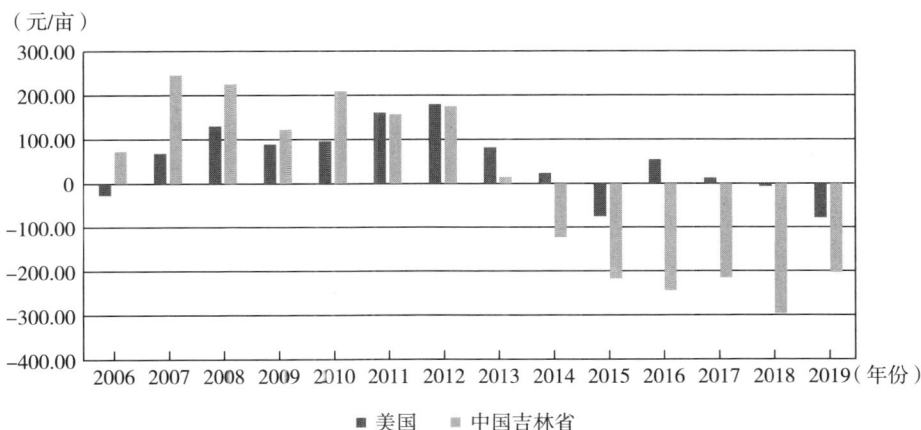

图 5-9　2006~2019 年吉林省与美国大豆净利润变化情况

资料来源：布瑞克农业数据库。

5.1.4.3 水稻种植收益比较分析

吉林省与越南水稻生产的净利润比较差距较大。以 2012 年为例进行计算，越南大米单产为 884 千克/亩，5%碎米率出口价格按照 325 美元/吨（1.89 元/千克）进行计算，则每亩收益为 1674.96 元/亩，其净利润可达 729.06 元/亩（罗雪曼，2016）。而 2012 年吉林省水稻单产为 505.84 千克/亩，市场出售价格 2.88 元/千克，每亩收益为 1456.82 元/亩，则净利润为 364.03 元/亩，仅为越南的 49.93%。越南稻米的价格只有吉林省的 65.63%，产量却是吉林省的 1.75 倍。越南水稻不论生产成本还是收益都具有绝对优势。吉林省水稻价格自 2004 年起实行最低收购价政策，这种托市政策导致国内市场价格明显高于国际市场，高价格在一定程度上保证了吉林省水稻种植农户的收益，但却降低了水稻的国际竞争力。

5.1.4.4 主要农产品收益国际比较

作物间的比较收益决定了作物的种植结构。由于玉米临储政策的实施拉大了吉林省玉米与大豆之间的利润差距，因此，选择 2013～2015 年吉林省与美国玉米、大豆的净利润比进行分析。吉林省玉米净利润明显高于大豆，平均利润比为 3.63∶1.00，2013 年两种作物净利润之比差距进一步加大，达到 5.27∶1.00（见表 5-5）。与吉林省相反，美国玉米净利润则低于大豆，但是差距不大，一般不超过 2 倍。相比较而言，吉林省大豆种植不仅净利润低于玉米，补贴水平也较低，而且农户所承担的市场风险也要远高于玉米，因此农户种植大豆的积极性不高。美国玉米与大豆之间利润差距不大，而且按照 1996 年美国的相关规定，美国政府为大豆种植者提供市场支持贷款以及贷款差额补贴等政策，以减少种植大豆的市场风险，平衡作物之间的利益关系，避免单一作物的过度种植。

表 5-5 2013～2019 年吉林省与美国玉米、大豆净利润比较

年份	美国玉米、大豆净利润比			吉林省玉米、大豆净利润比		
	玉米（美元/英亩）	大豆（美元/英亩）	比例	玉米（元/亩）	大豆（元/亩）	比例
2013	44.06	72.64	0.61∶1.00	66.58	15.03	4.43∶1.00
2014	−86.62	20.83	−4.16∶1.00	−23.29	−122.63	0.19∶1.00
2015	−62.73	−65.95	0.95∶1.00	−181.99	−216.06	0.84∶1.00
2016	−74.56	48.46	−1.54∶1.00	−398.22	−243.19	1.64∶1.00
2017	−65.69	11.22	−5.85∶1.00	−29.99	−214.41	0.14∶1.00

年份	美国玉米、大豆净利润比			吉林省玉米、大豆净利润比		
	玉米 （美元/英亩）	大豆 （美元/英亩）	比例	玉米 （元/亩）	大豆 （元/亩）	比例
2018	-45.48	-5.99	7.59：1.00	-221.91	-294.91	0.75：1.00
2019	-25.21	-68.20	0.37：1.00	-127.36	-202.00	0.63：1.00

资料来源：根据美国农业部、《全国农产品成本收益资料汇编》（2014~2020 年）数据计算所得

5.2　吉林省种植业结构调整的生态困境

吉林省以玉米为主体的单一种植结构，造成水资源与土地资源的掠夺式开发利用，使农田生态环境受到严重破坏，农业的可持续发展遭到威胁。

5.2.1　农业水资源不合理开发利用

5.2.1.1　吉林省农业水资源约束加剧

水资源紧缺制约着种植业结构的调整与发展。吉林省境内有花江、浑江、拉林河、鸭绿江（干流）和牡丹江共五大水系。水资源多为地表水，东部地区的地表水资源相对丰富，西部地区地表水贫乏，以地下水为多。全年平均降水量为610 毫米，主要集中在 6~9 月，由于降水量时空分布不均，导致水资源区域分布差异，形成了以大黑山为界，东部地区的足水区和西部地区的缺水区。吉林省既是粮食主产区，也是国家重要的商品粮基地。但是吉林省水资源总量不足，耕地每公顷水资源平均占有量为 10080 立方米，约占全国公顷均水量的 50%。按照联合国计算指标，吉林省属于中度缺水地区，是人口、生态双重缺水省份。特别是农业用水资源贫乏之势严峻。一方面，表现在工业用水增加。一定时期内水资源总量为常数，工业用水的增加势必影响农业用水。2004~2014 年，吉林省工业用水比重明显上升，从 2004 年的 16.7% 提高到 2014 年的 20.2%，而同期灌溉用水比重则由 2004 年的 64.3% 下降到 2014 年的 61.9%。另一方面，表现在水资源污染严重。吉林省污水排放总量逐年增大，由 2004 年的 8.89 亿吨增加至 2017 年的 12.70 亿吨，增加了 42.86%（见图 5-10）。不仅如此，生活污水成分复杂，

氮、磷、病原菌、虫卵等随污水排入水体，引起富营养化。2017 年，吉林省参评的 13 座大型水库中只有 2 座为Ⅱ类型水库，其他均呈现富营养状态，造成污染；工业废水中的有机物和重金属如铬、汞等污染水体，严重的水污染使部分河段丧失利用价值。2017 年，吉林省劣Ⅴ类河段长 744.1 千米，占总监测河段的 12.3%，加剧了农业用水的紧张。

（亿吨）

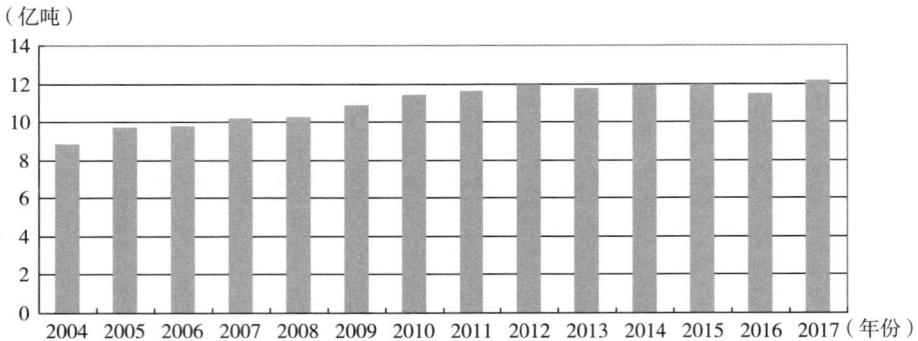

图 5-10　2004～2017 年吉林省污水排放情况

资料来源：《吉林省水资源公报》（2004～2017 年）。

5.2.1.2　地下水开采过度

吉林省 25 个国家商品粮基地县主要处于松辽平原，其中西部各县属于半干旱地区，年降水不足 400 毫米。吉林省中部产粮大县的年降水理论值为 500～600 毫米，但多年来降水呈下降趋势，有的年份降水不足 500 毫米。水资源已经成为吉林省粮食生产的重要瓶颈因素。在粮食生产投入要素中，水是边际报酬最高的要素，有水便有粮食的稳产。自 20 世纪 80 年代以来，全球气候发生较大变化，吉林省干旱频率逐年增加。2017 年，吉林省白城市、白山市、通化市、四平市、辽源市、公主岭市均遭受不同程度的旱灾，以白城最为严重。根据笔者对白城市通榆县兴隆山镇和乌兰花镇以及大安市舍力镇和月亮泡镇的调查，2016～2017 年，调查样本村连续出现旱灾，且受灾程度严重，其中乌兰花镇 2017 年受灾面积达 50%（见表 5-6）。因此，为了保证粮食产量，大多数地区须依靠地下水补充农作物生长过程中对水分的需求。为解决灌溉问题，大量开采地下水，西部有些地区的地下水开采深度已经超过 80 米。以吉林省松原地区为例，平均每年开采地下水高达 1360 万立方米，超采极其严重。目前西部地区的地下水开采率为 80%，超过国家地下水开采率 75% 的标准线，长期过度开采必然造成水资源的生态灾难。

表 5-6　2016~2017 年白城市部分地区受灾调查情况　　　单位:%

年份	通榆				大安			
	兴隆山镇		乌兰花镇		舍力镇		月亮泡镇	
	受灾类型	受灾程度	受灾类型	受灾程度	受灾类型	受灾程度	受灾类型	受灾程度
2016	旱、虫	15.38	旱	21.43	旱	33.33	旱	14.29
2017	旱、虫	7.69	旱	50.00	旱	26.67	旱、风沙	21.43

资料来源:根据实地调查所得。

5.2.1.3　农业水资源浪费严重

在吉林省农业生产中,农田灌溉水有效利用系数只有 0.55,而发达国家为 0.7~0.8。这就意味着使用 1 立方米的水仅有 0.55 立方米被农作物吸收利用,与发达国家相差较远。以粮食为例,吉林省每立方米灌溉水可以生产 1 千克粮食,而发达国家能产出 1.2~1.4 千克。由于长期采用传统的灌溉方式和输水方式,导致水资源大量浪费,如田间灌水一般习惯用大畦漫灌的方式,每次的灌水量过大,总的灌溉定额也偏大,吉林省灌区的灌溉定额高出作物实际需要的 2~5 倍。而随着农作物播种面积的增加,农业灌溉用水量也在逐年增加(见图 5-11)。2004~2019 年,吉林省农业灌溉用水量大幅上升,从 2004 年的 63.8 亿立方米增加到 2017 年的 76.5 亿立方米,增幅达 19.91%。如果以目前的利用效率计算,增加的灌溉用水中有 11.0 亿立方米的水被浪费掉。长此以往,水资源紧缺之势将越发严重,制约粮食生产,威胁国家粮食安全。

（亿立方米）

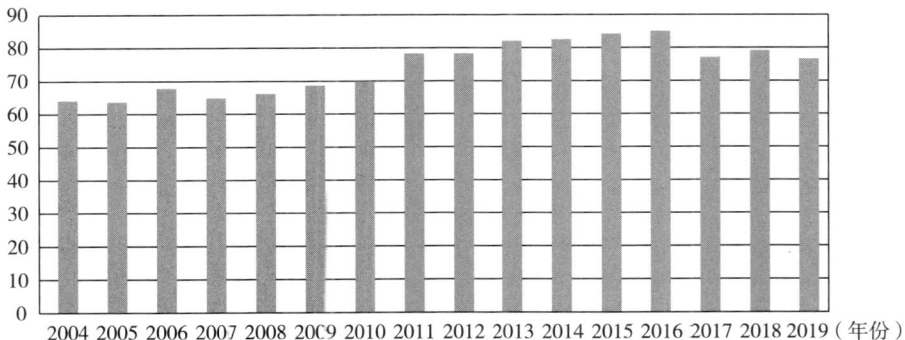

图 5-11　2004~2019 年吉林省农田灌溉用水量

资料来源:根据《吉林省水资源公报》(2004~2019 年)数据计算所得。

5.2.2 耕地质量呈下降趋势

5.2.2.1 土壤肥力下降

20世纪50年代，吉林省黑土腐殖质层平均厚度在60~70厘米，目前已下降到20~30厘米，部分黑土地已经完全丧失了农业生产能力。吉林省目前的土壤有机质也呈现逐年下降的趋势，已经从最初的4%~6%下降到目前的2%~3%，并且正在以每年0.01%的速度减少（郭庆海，2014）。造成这种情况的原因为：一是不合理的农作制度。如前文所述，玉米连作是吉林省当前主要的耕作方式，这种耕作方式对土壤造成的破坏是难以挽回的。根据调研情况可知，中部地区的农户90%以上实施玉米连作，并且连作时间多为20年以上，使当地黑土主要养分减少，病虫害发生严重。二是粮食收成后的秸秆处理方式不当。世界发达国家经验表明，秸秆可以最有效地提高土壤肥力，可快速增加土壤有机质和氮、磷、钾等的含量。在农户层面，能够进行培肥地力的最有效和直接的措施就是秸秆还田。然而，由于缺乏合理的政策支持以及农民生态认知不高，秸秆多以焚烧的形式处理，不利于解决吉林省土壤肥力饥渴问题。三是农家肥施用量减少。随着农业生产方式的改变，农户家畜饲养量逐渐减少，绝大多数农户失去了农家粪肥的来源，事实上失去了农户养地的最直接来源，因而化肥基本成为农户经营中的唯一农田肥料。况且农家肥成本相对较高、见效相对缓慢，所以农户从利益角度考虑也会选择成本相对低且见效快的化肥。根据调研可知，在样本数据中，农户采用自家粪肥还田的比例仅占8.91%。

5.2.2.2 农业面源污染扩大

化肥、农膜、农药以及重金属是农业污染的主要来源。化肥的过量施用使农作物无法吸收部分进入生态系统，造成农业污染。农膜残留是农业污染的重要来源，2016年，吉林省农膜覆盖面积已扩大至17.97万公顷，农膜用量为5.92万吨，地膜残留量在10~15千克/公顷。据相关部门测定，这种农膜残留会使作物种子烂种率达6.9%，烂芽率达5.8%，作物减产率可达12%~15%。更重要的是农膜残留物会使土地板结，破坏土壤结构，造成土壤次生盐碱化，其降解过程中释放出的致癌物质二英严重污染土地和空气，通过自净能力完全恢复周期长达千年以上（郭庆海，2014）。另外，玉米在种植的过程中，农户为了提高产量，喷洒大量农药，其用量从1991年的0.79万吨增加到2019年的4.87万吨，增长6.16倍。化肥与农药的大量使用，虽然提高了粮食产量，但土壤肥力已遭到严重破坏。农药中的有毒、有害物质残留在土壤中，危害土壤微生物生存，使有机质分解无法进行，破坏土壤肥力。科学研究表明，除草剂中烟嘧磺隆及过量使用阿特拉津、乙草胺除草剂对后茬大豆苗期生长有明显抑制作用。由工业废水排放引起重金属如铬、汞、铅、砷等污染，使污水灌溉区域的农田土壤遭受有害金属污染超标，根据相关部门检测，超标率可达 10% 以上，从而造成粮食污染与经济损失。

5.2.3 非耕地资源滥垦严重

5.2.3.1 肆意滥垦问题突出

受粮食价格与国家政策因素影响，吉林省新增大量开荒耕地、园地改耕地、临时性耕田以及 25°以上坡地耕田。2004 年开始取消农业税，减少农户赋税负担，农户种粮积极性提高，当年新开垦荒地 41.30 千公顷，比 2003 年增加 32.89千公顷，滥用农地资源的现象越发严重。2008 年玉米临时收储价格实施后，玉米价格呈"刚性"上涨，再一次刺激了农户种粮积极性，开垦荒地达 126.10 千公顷。2011 年吉林省新增开荒地最高达 268.82 千公顷，新增园地改耕地 9.01 千公顷，新增临时性耕田 685.87 千公顷，其中 25°以上坡地耕田达 21.87 千公顷（见表 5-7）。增加的耕地主要以种植玉米为主，尤其是 25°以上坡地耕地，其数量增加以白山等西部地区比较明显。早在 1957 年，国务院颁布的《中华人民共和国水土保持暂行纲要》中明确规定"25°以上的陡坡，一般应该禁止开荒"，但是吉林省 25°以上坡地耕地一直存在，造成严重的水土流失现象。2011 年底，吉林省水土流失面积占总土地面积的 25.76%。吉林省西部的白城市，常年被风沙侵袭，土地呈现沙漠化，经过水流冲击之后，形成沟壑分隔成片状，土壤中的营养成分被水流带走，从而降低耕地质量。

表 5-7 新开垦荒地和园地改耕地以及临时性耕田情况　　单位：千公顷

年份	新开荒地	园地改耕地	临时性耕田	25°以上坡地耕田
2003	8.32	2.98	—	49.68
2004	41.30	15.50	670.80	30.30
2005	34.46	9.31	636.03	27.99
2006	90.06	3.41	647.50	29.47
2007	18.58	8.57	736.78	25.51

年份	新开荒地	园地改耕地	临时性耕田	25°以上坡地耕田
2008	126.10	4.43	891.51	23.96
2009	67.62	3.33	861.50	23.81
2010	40.82	16.53	865.49	24.14
2011	268.82	9.01	685.87	21.87
2012	37.10	15.23	487.51	19.97
2013	20.8	3.73	350.03	22.23

资料来源:《吉林统计年鉴》(2004~2014年),2013年以后数据因年鉴统计口径发生改变而缺失。

5.2.3.2 优质耕地呈减少趋势

进入21世纪以来,吉林省工业化、城镇化速度不断加快,国家建设用地数量日益增长。2005年以后,吉林省基建用地数量增加明显,2006年为3.71千公顷,2011年增加到4.44千公顷。在新增建设用地中,占现有耕地面积比例的1.5%,其中大部分占用的耕地为优质耕地(见图5-12)。

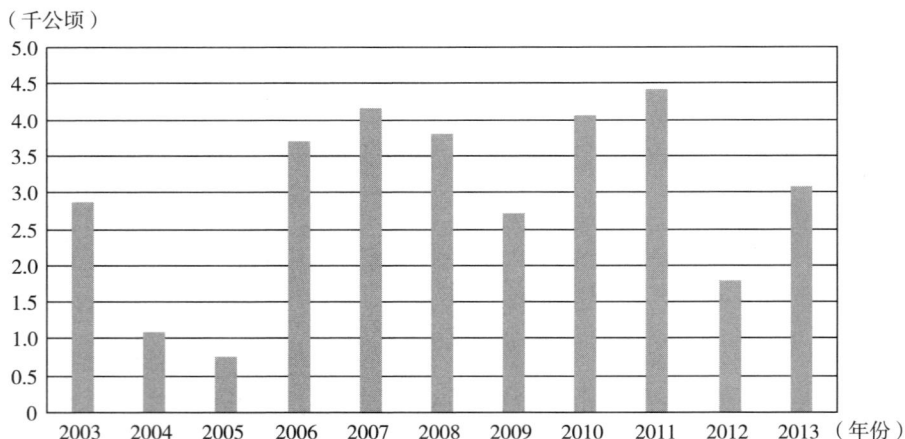

图5-12　2003~2013年吉林省国家建设占用耕地情况

资料来源:《吉林统计年鉴》(2004~2014年)。

在2013年国家建设所占用的耕地中,多数集中在吉林省的中部粮食产区,例如,长春市国家建设用地数量为1115千公顷,四平市为908千公顷。虽然国家实施了占补平衡政策，但是这种政策在实施效果上往往是占优补劣（郭庆海，2014）。2013 年吉林省增加的新开荒地中主要增加的耕地数量集中在松原市和白城市，增加数量分别为 7090 千公顷和 5599 千公顷，而且增加的大部分为风沙和干旱的盐碱地，使优质耕地资源不断下降（见表 5-8）。其问题的关键在于如何实现占补平衡以保证耕地质量不再下降。优质耕地的表层土剥离确实是保护耕地的措施之一，但是真正能够实现表层土剥离补偿，还存在一定的困难。

表 5-8　2013 年吉林省各市国家基建占地与新开荒地情况　单位：千公顷

地区	国家基建占地	新开荒地
长春市	1115	1830
吉林市	99	340
四平市	908	60
辽源市	229	3334
通化市	63	13
白山市	—	615
松原市	320	7090
白城市	128	5599
延边州	207	1194

资料来源：《吉林统计年鉴 2014》，2013 年以后数据因年鉴统计口径发生变化而缺失。

5.3　吉林省种植业结构调整的技术困境

5.3.1　优良品种技术研发滞缓

生物工程技术的飞速发展促进了农业优良品种的开发，大大提高了农业技术含量与产出水平，然而吉林省优良品种研发技术滞缓，是吉林省种植业结构调整所面临的又一大难以破解的困境。

5.3.1.1　玉米优良品种技术支撑不足

在粮食增产目标的指引下，玉米良种技术的研发与创新得到发展壮大。20 世纪 60 年代初、中期吉林省玉米双交种育成，并开始推广。70 年代玉米单交种取得较大成功，例如，吉单 101，该品种单产较高，每公顷可以达 7500 千克，且抗病性高。80 年代中期以后，辽宁省丹玉品种在吉林省大面积播种，增产效果显著。90 年代，第二代玉米杂交高产抗病育种成功，使吉林省粮食产量达 400 亿斤。进入 21 世纪，郑单 958 育种成功，使粮食产量再度提高，突破 500 亿斤。然而，近年来，包括吉林省在内的整个中国的玉米种业均存在令人担忧的问题：一是适宜北方春玉米产区的优良主推品种逐渐弱化。虽然审定的玉米品种较多，如国家玉米工程技术研究中心和吉林省生物技术重点开放实验室等科技服务单位，培育出的银河 14、吉单 261、吉单 515、吉单 415、吉农大 302 以及平全 13 等玉米品种，但是高产和抗逆性并不突出，缺少大面积推广的优良品种。二是国外种业公司形成了强大的竞争优势。随着国际种业市场的集中化，跨国巨头逐渐控制了世界种业的供给，在玉米种子方面表现得更为明显（熊芙蓉，2013）。美国先锋公司的先玉号品种行销中国玉米种业市场，市场占有率超过 40%。以 2009 年为例，在吉林省种业市场中，每千克种子价格可达 40 元，而吉林省的自育品种占有率不到 30%。国外玉米品种较强的增产效果，将进一步"吞噬"玉米产业链中的丰厚利润。如此一来，将会增加玉米种业的市场风险，同时也对国内玉米种业安全造成威胁。玉米品种竞争力弱化的原因：一是国内玉米种业竞争力缺乏，普遍实行的是短期化经营目标，缺少育种研发技术。而国外的种业公司则通过设立研发中心、合资企业、合作研究等方式积极进行研发布局。形成从技术研发到产品开发的完整产业链，从而提高市场竞争力。二是科研体制改革滞后。当前我国的育种研发机构主要是科研院所与农业大学，这种研发机制与种业发展不相适应。作为品种研究遵循的是商业产品开发的规律，而我国的玉米研究则是以科学研究的方式进行，并且以个人科研成果进行评价，不利于形成团队力量，无法与国外种业竞争。

5.3.1.2 大豆良种技术发展缓慢

在历史上的吉林省粮食作物种植结构中，大豆曾占据主要地位。然而受单产水平低下和收益增长缓慢所限，大豆的播种面积逐渐萎缩。大豆的生物学特性使其单产水平一直低于玉米和水稻，并且这种差距随着技术的发展而逐渐加大。尤其是进入 20 世纪 90 年代以后，吉林省玉米和水稻单产水平快速增长，大豆单产则增长滞缓。2016 年，大豆单位面积产量只有玉米的 24.4%，稻谷的 19.04%（见图 5-13）。在不考虑价格因素的前提下，单产水平的差距直接导致作物间比较收益的差距。

（千克/亩）

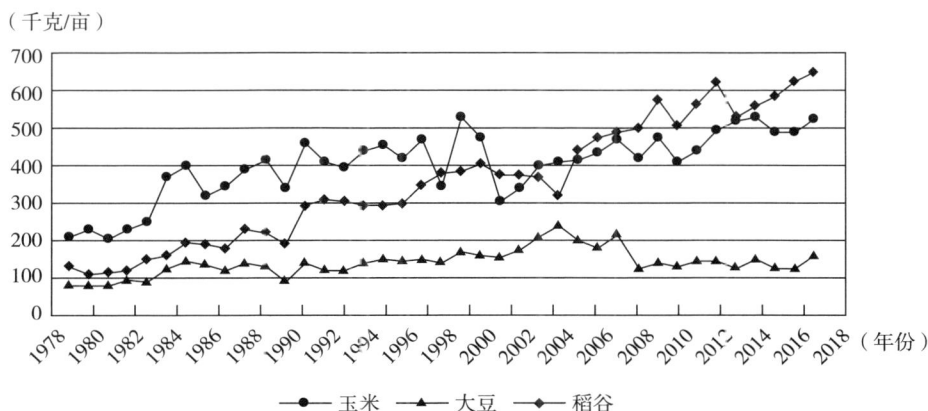

图 5-13　1978～2018 年吉林省主要粮食作物单位面积产量比较情况

资料来源：《吉林统计年鉴》（1979～2019 年）。

　　吉林省大豆良种育种工作早在 1913 年就开始了，紫花 1 号、金元 1 号、小金黄 1 号和丰地黄等品种在省内得到迅速推广。1949 年之后，又选育推广了集体号、早丰号、吉林号、九农号、群选号、通农号、延农号、长农号、白农号、吉农号等大豆新品种。虽然新品种倍出，但均未能有效提高大豆品种的抗病虫性，尤其是花叶病、霜毒病等的抗性。品种的化学品质中高蛋白含量的提高技术尚未得到突破，无法满足市场对加工蛋白原料的需求。20 世纪 70 年代以后，吉林省引入了大豆组织培养、单倍体培养、原生质体培养、外源基因导入及分子育种等生物新技术研究，使大豆单产水平得到提高。但是与美国、巴西、阿根廷等大豆主产国相比，差距甚远。2003～2018 年，除个别年份以外，吉林省大豆单位面积产量仅为美国的一半左右。国外大豆单产的优势来源于转基因技术，转基因大豆具有较强的抗性，可以抵御病虫害的发生。1993 年，国家颁布了《生物基因工程安全管理办法》，对基因工程的实验安全操作和风险管理提出了规范和制度，之后又相继颁布了《农业生物基因工程安全管理实施办法》。这意味着转基因工程技术在国内已进行研究，但是对于转基因技术的发展仍然存在争议。与转基因大豆相比，国产大豆不具备单位面积产量竞争优势，必然处于不利的地位（见表 5-9）。

表 5-9　2003~2018 年世界大豆主产国单产水平比较情况

单位：千克/公顷

年份	美国	巴西	阿根廷	中国吉林省
2003	2276.80	2802.70	2803.40	2330.20
2004	2840.40	2300.40	2207.40	1927.60
2005	2896.00	2230.20	2728.70	1719.50
2006	2881.60	2379.60	2679.20	2102.90
2007	2806.60	2813.30	2971.10	1173.00
2008	2671.70	2813.30	2821.50	1321.40
2009	3427.20	2936.17	2905.00	1874.70
2010	3427.20	3111.57	2605.00	2101.05
2011	3460.80	2660.00	2281.00	2101.35
2012	3024.00	2960.29	2539.00	1776.00
2013	3057.60	2880.40	2774.00	2116.97
2014	3427.20	3028.04	3176.00	1749.78
2015	3796.80	2915.41	2560.00	1799.10
2016	3500.00	3352.94	2700.00	2278.65
2017	3230.00	3410.00	2200.00	2277.60
2018	3430.00	3210.00	3000.00	1974.75

资料来源：联合国粮农组织数据库、《吉林统计年鉴》。

5.3.1.3　优质水稻育种技术研究滞后

目前吉林省粮食作物中，水稻成为除玉米之外的第二大主要作物。与其他作物相比，吉林省水稻的单产水平和比较收益都具有一定优势，产量不断增加。由 1980 年的 107.4 万吨上升到 1990 年的 289.42 万吨，再到 2016 年的 654.1 万吨。吉林省水稻产量的提高很大一部分归功于水稻育种技术的改善。20 世纪 80 年代培育出通系、吉粳等省内自育水稻良种，并引进日本的藤系、秋光、早锦等优质品种。20 世纪 90 年代培育出通 35、农大 3 号、九稻 19、吉 89-45 等优良品种。进入 21 世纪，吉林省培育出更多的品种，其中"吉粳"每年种植面积可达 7500 万亩以上。然而，随着人们生活水平与品质的提高，吉林省现有的普通食用稻并不能满足人们对于高档稻米的需求。目前吉林省优质、高产、抗逆的品种所占比例较小，市场上绝大多数稻米品质一般。少数品种能够达到国家食用稻品种品质

3 级标准，稻米理化性状、食味品质均达 2 级标准更少。与市面上供不应求的黑龙江"五常"大米和云南的"遁放米"相比，吉林省稻米品牌杂乱。与韩国的一品稻和真味稻以及泰国的泰国香等品种相比，吉林省缺乏具有竞争力的高档优质品种。

5.3.1.4　作物内部种植技术发展不均衡

作物内部主要指玉米内部的种植技术发展不够均衡。2015 年 11 月，农业部发布《关于"镰刀弯"地区玉米结构调整的指导意见》，明确指出要重点发展青贮玉米、大豆、优质饲草及经济林果和生态功能型植物等，促进农牧业紧密结合及产业深度融合。因此，增加青贮玉米是国家已明确的目标。然而，吉林省玉米内部品种仍以普通籽粒玉米种植为主，专用型玉米发展缓慢。

玉米是三元作物，从产业角度衔接讲可分为食用玉米、饲用玉米和加工玉米。在加工玉米内部，又可分为若干专用型品种。在 20 世纪 80 年代以前，玉米内部种植结构较为单一，普通三米之外的专用品种很少。20 世纪 80 年代以后，专用玉米品种陆续培育，20 世纪 90 年代，吉林省共育（引）专用玉米品种 52 个。总体看来，玉米的供给结构与需求结构还存在一定差距。专用型玉米的不同品种之间技术发展还很不平衡，严重影响玉米的产业化。例如，优质蛋白质玉米、糯玉米、爆玉米的技术明显缓慢，不能满足吉林省玉米产业实际发展的需要。其技术的制约瓶颈主要表现为：①虽然引进了较多的专用玉米品种，却没有质量优、产量高的主推品种，籽粒外观形态差异也较大，市面上品质参差不齐，影响农民种植的积极性。②吉林省专用玉米在种植过程中，种植户需要配套栽培技术，但是尚不能得到很好的满足，所以无法按照产品质量标准进行种植。③目前种植的农户通常将普通玉米和专用玉米进行混种，这种种植方式的后果是影响专用玉米的生物学特性，降低玉米的成熟度与专用程度。技术的标准化程度的缺失，成为吉林省普通玉米向专用玉米转化的制约因素。

5.3.1.5　农业技术与农业机械化水平发展不平衡

吉林省主要粮食作物的综合机械化水平达 84.5%，其中，机耕水平、机播水平和机收水平分别为 96.26%、37.74% 和 65.64%，农业机械总动力和大中型拖拉机数量不断上升，分别由 2003 年的 1230.60 万千瓦和 48749 台增加到 2019 年的 3656.10 万千瓦和 341000 台（见表 5-10）。大功率、高效率的农机产品数量增加，表明吉林省农业正在向规模化方向发展。

表 5-10   2005~2016 年吉林省机械总动力与大型拖拉机数量情况

单位：万千瓦，台

年份	机械总动力	大中型拖拉机数量	年份	机械总动力	大中型拖拉机数量
2003	1230. 60	48749	2012	2554. 65	395904
2004	1319. 76	66424	2013	2730. 04	440503
2005	1471. 13	90750	2014	2919. 09	480824
2006	1572. 00	37094	2015	3152. 54	541422
2007	1678. 33	45846	2016	3102. 10	556378
2008	1800. 00	201268	2017	3288. 70	585346
2009	2001. 13	245612	2018	3462. 40	315946
2010	2145. 00	293676	2019	3656. 10	341000
2011	2355. 04	350724			

资料来源：《吉林统计年鉴》（2004~2017 年）。

然而，吉林省主要粮食作物内部的机械化程度发展不够均衡。玉米的机械化水平相对较高，机播率、机耕率与机收率不断提高，机械化逐渐贯穿整个播种过程。水稻的机械化程度除了机播率由于栽培技术、种植习惯与机械播种降低亩产等原因较低外，机耕率与机收率均表现出较高水平。大豆的机械化水平也在逐步提高，但是由于机收大豆损失率较高，所以在收获环节的机收率较低，总体机械化水平发展相对缓慢（见表 5-11）。

表 5-11   吉林省主要粮食作物机械化水平比较情况   单位:%

年份	玉米			水稻			大豆		
	机播率	机耕率	机收率	机播率	机耕率	机收率	机播率	机耕率	机收率
2008	80. 29	84. 87	4. 21	0. 91	115. 01	40. 09	67. 69	98. 90	15. 13
2009	95. 54	92. 97	8. 28	0. 32	111. 81	60. 46	83. 08	83. 60	22. 77
2010	95. 47	88. 61	16. 59	0. 00	112. 96	65. 94	78. 19	93. 34	30. 97
2011	103. 38	101. 08	27. 48	0. 25	106. 49	72. 36	82. 67	98. 96	41. 49
2012	112. 72	111. 14	39. 61	0. 96	105. 59	80. 38	79. 49	98. 93	38. 12
2013	105. 79	104. 32	37. 18	0. 96	105. 27	81. 88	85. 23	106. 08	40. 87
2014	106. 18	98. 79	54. 46	0. 00	105. 34	84. 59	72. 09	83. 33	40. 73
2015	106. 69	96. 69	62. 33	—	—	—	93. 69	110. 95	—

资料来源：布瑞克农业数据库。

5.3.2　农业技术推广与应用不匹配

先进的农业技术需要有发达的农业推广体系与之匹配，才能使农业技术得以应用，从而实现农业生产力水平的提高。利用微观数据分析吉林省农业技术推广体系的供给与农民对于农业技术的需求情况，揭示吉林省种植业结构调整所面临的农业技术推广问题①。

5.3.2.1　农业技术推广体系供给情况

（1）农业技术推广体系体制情况。

吉林省农业推广体系既包括政府农技推广机构，也包括以农业产业化龙头企业、农民合作经济组织、大专院校科研院所、农业生产资料公司等为代表的非政府农业技术推广组织。其中政府农业技术推广体系一直是农业技术推广的主要力量，实行从中央到地方的五级推广网络。县、乡两级农业技术推广部门直接面向农民、为农民服务。吉林省县级农业技术推广机构包括农业技术推广总站、畜牧业管理局和农机推广站等。截止到 2016 年底，吉林省乡镇级农业技术推广站共有 747 个、畜牧业管理局 673 个和农机推广站 42 个。在本次调查中，4 个市 8 个县下属的乡镇全部有对应的推广站、畜牧兽医站和农机站，52.3% 是下属乡镇没有对接的农机站，与农业技术推广站合并办公。

（2）农业技术推广队伍构成情况。

调查结果显示吉林省县级农业技术推广队伍学历偏低，专业结构不合理，知识老化。从学历构成来看，县级农业技术推广人员中 91.07% 具有大专及以上学历，其中本科学历占比 21.43%，但函授学历居多，达 87.19%，农业院校毕业占比 47.86%。而乡镇级农业技术推广站拥有大专及以上学历人员为 82.50%，本科学历仅占 10.00%。在职称结构上，县级农业技术推广人员具有专业技术职称占比 75.00%，其中高级职称占比 26.79%。乡镇级农业技术职称占比 60.00%，高级职称占比 12.50%。乡镇农业技术推广站人才流失现象严重，学历高、有技术的推广人员往往被调往高一级别部门，乡镇推广机构技术人员大多由复员兵和年龄偏大人员组成。由此可见，基层推广体系中，高技术人才缺失。由于经费不足技术培训多以短期形式进行，调查对象中县级推广机构仅有 17.86% 的推广人员参加过 1 个月以上的长期培训，乡镇推广机构中也只有 17.50% 接受过长期培训。

---

① 此处所用微观调研数据的具体信息已在第 1 章数据来源处具体说明。

这种低学历、低职称、低素质的状况与现代农业发展不适应，直接影响农业技术推广的效果（见表5-12）。

表5-12 吉林省农业县、乡两级农业技术推广人员构成调研情况 单位：人，%

调查项目	调查内容	调研结果			
		县级站人数	比例	乡级站人数	比例
推广人员学历情况	总人数	56	100.00	40	100.00
	研究生	4	7.14	1	2.50
	本科	12	21.43	4	10.00
	大专	35	62.25	28	70.00
	高中及以下	5	8.93	7	17.50
推广人员专业情况	农业院校	24	42.86	12	30.00
	非农业院校	32	57.14	28	70.00
推广人员职称构成	高级职称	15	26.79	5	12.50
	中级职称	27	48.21	19	47.50
	无职称	14	25.00	16	40.00
推广站人员参加培训情况	参加10天以内培训	25	44.64	21	52.50
	参加1个月以内培训	21	37.50	12	30.00
	参加1个月以上培训	10	17.86	7	17.50

资料来源：根据笔者调查所得。

（3）农业技术推广投入情况。

一是农业技术推广经费不足。2016年我国农业技术推广总投资强度（农技推广经费占农业GDP比重）为2.13%，而吉林省仅为0.95%，远低于全国平均水平。调查中发现，县级农业技术推广机构得到财政拨付的人均年工作经费不足百元，即每年每个农户均摊的常规性技术推广费用仅为0.10元左右。乡镇级农业技术推广机构得到的推广经费几乎为零。科技入户、测土配方施肥工程、良种试验工程等无法开展。乡镇级别农业技术推广站由于推广经费短缺，推广工作内容多为防灾、防虫、防鼠药物的发放，其科研与推广职能并未发挥。二是农业技术推广实验场所条件短缺。根据开安镇农业技术推广站工作人员介绍，基层技术推广人员的实验场所和实验设备简陋，新技术的试验难以保证。另外，一些新技术项目由于示范试验田短缺而无法进行。

5.3.2.2　农业技术推广体系需求情况

农民作为农业推广技术的需求主体，也是农业技术应用的主体，其对技术的接纳程度与应用情况对农业生产方式的转变、劳动生产率的提高、农民收入的增加与种植业结构的调整不容忽视。

（1）被调查农户基本情况。

本次调研选择的农户样本共 240 个。从文化程度来看，被访农户中小学及以下占比 32.45%，初中占比 56.95%，高中及以上占 10.60%，文化程度以初中为主。从性别与年龄构成上看，户主的性别为男性的占比 84.11%，为女性的占比 15.89%。户主的年龄在 25~45 岁的占比 30.46%，在 46~65 岁的占比 58.28%，在 66 岁以上的占比 11.26%，性别以男性为主，年龄在 46~65 岁的劳动力为主要样本。从兼业程度来看，选取样本中农户非农收入占家庭总收入 25% 以下的占比 55.63%，在 25%~50% 的占比 18.54%，在 50%~75% 的占比 13.25%，75% 以上的占比 12.58%。样本选取在年龄、性别、文化程度以及兼业程度上均具有一定的代表性。

（2）农户对于农业技术需求分析。

吉林省农户对于农业技术的需求主要以良种技术，赤眼蜂防玉米螟技术，栽培中选种、播种密度等技术为主。调查结果显示：农户对于良种技术需求所占比重最高为 53.30%，依次为病虫害识别与防治技术 47.50%、栽培技术 42.10%、施肥技术 37.10%、除草技术 35.40%、农药技术 32.50%、农机具使用技术 28.80% 和农产品加工 14.60%。而技术推广站工作人员认为农户所需的农业技术中，测土配方施肥技术最为重要的占比达 100.00%，依次为病虫害识别与防治技术 95.83%、良种技术 92.71%、栽培技术 90.63%、农药技术 81.25%、除草技术 57.29%。农户的需求与农技推广站工作人员技术供给认知偏差：一是表现在需求内容的排序。农户最为关心的是如何通过良种技术提高作物产量，并且新农机具的使用技术和农产品加工技术在农户需求中占比也分别达 28.80% 和 14.60%。而农业技术推广站工作人员则认为农户最需要的是测土配方施肥技术。二是表现在技术内容需求的程度。农户对于农业技术需求占比最高为 53.3%，而农业技术推广站工作人员认为农户对农业技术需求占比最低为 57.29%（见表 5-13）。

表5-13 吉林省农户对农业技术的需求情况　　　　　单位：人，%

调研项目	调研内容	调查结果		调研项目	调研内容	调查结果	
		人数	占比			人数	占比
农户对农业技术的需求	良种技术	128	53.30	农技推广站工作人员技术供给认知	施肥技术	96	100.00
	病虫害识别与防治技术	114	47.50		病虫害识别与防治技术	92	95.83
	栽培技术	101	42.10		良种技术	89	92.71
	施肥技术	89	37.10		栽培技术	87	90.63
	除草技术	85	35.40		农药技术	78	81.25
	农药技术	78	32.50		除草技术	55	57.29
	农机具使用技术	69	28.80				
	农产品加工	35	14.60				

资料来源：根据笔者调查整理所得，基本农户信息已在论文的数据来源中进行具体说明。

根据进一步调查得知，农户需求与农技推广人员供给认知偏差的形成由多种原因造成，既有主观认知的障碍又有客观条件的限制。问卷结果显示，农户认为农业技术推广人员技术水平不高的占比31.5%；认为新技术费时费力，比较麻烦的占比39.6%；认为技术操作成本较高的占比19.2%；认为技术操作受地形等因素限制的占比8.1%；其他原因占比1.6%（见图5-14）。农户是农业生产中的主体，自身文化程度普遍不高，接受农业新技术的能力比较差，以及自身资本和劳力都比较有限，在实际农业生产经营往往凭借自身从事农业生产积累的经验。另外，由于农户经营的耕地规模狭小且地块数较多，难以形成规模经营导致一部分农机具技术的使用普遍受到限制。同时农业技术推广资金短缺、知识老化以及相关技术人力资源薄弱，制约了相应农业技术的研究与推广。

（3）农户获取技术信息的渠道。

目前，吉林省农户获取农业技术信息的渠道来源包括基层农技推广站、大学或科研单位、农资供应商、农业合作经济组织、电视广播等传媒工具以及农民技术员及专业大户示范户等。问卷调查结果显示，农户获得技术信息的主要来源排在第一位的是农民技术员、专业大户、专业示范户占比23.9%，与农资供应商共同成为农户获取信息的重要渠道来源，而乡镇农技推广站占比12.1%，农业合作组织占比2.4%（见图5-15）。样本数据表明农民获取信息主要靠农民之间的相互学习和多年种植经验的积累。农资供应商替代了农技机构成为农户农药、化肥使用技术的传播载体。而乡镇农技站和农业合作组织服务功能尚未发挥实质作用，真正契合农村当地的内容较少，推广效果欠佳。

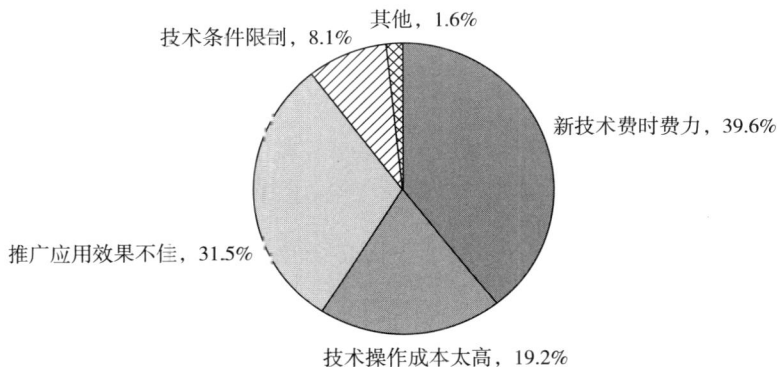

图 5-14 吉林省农户对农业技术认知情况

资料来源：根据笔者调查数据整理所得，部分原因的语言表述经过整理加工。

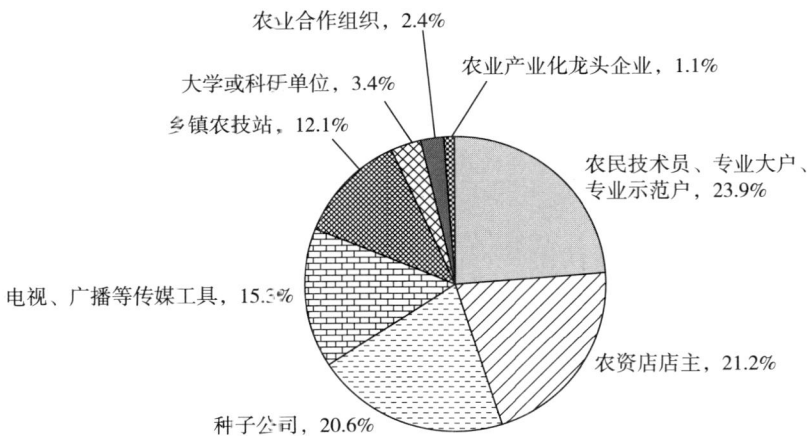

图 5-15 吉林省农户获取农业技术信息渠道的来源

资料来源：根据笔者调研数据整理。

5.4 本章小结

吉林省当前的种植业结构调整面临着无法破解的市场、生态与技术困境，主要表现在：

第一，中美贸易摩擦使以玉米为主体的种植结构面临着大豆进口依存过高、国内大豆短缺的困境。国内市场国际化的走势，使吉林省玉米供给呈现阶段性过剩困境。农产品生产成本与价格的压力使吉林省农产品失去国际竞争力，吉林省内粮食流通不畅。玉米、大豆利益差距拉大，加剧了种植结构的单一。

第二，不合理的地下水开采、严重的水污染以及不恰当的灌溉方式，导致水资源更加紧缺，结构调整难以进行。耕地质量不断下降，农民用地而不养地；大量化肥的施用不仅造成土壤酸性成分增高而且带来农业生态污染。农地滥用现象严重，无限度的开垦荒地、改造耕地以及国家基建耕地的占用，使优质耕地资源不断下降，"占优补劣"的补偿机制等加剧了耕地资源的贫瘠。一方面增加无效的耕地供给，破坏了生态环境；另一方面又挤占优质耕地资源，使有效的土地供给减少。粮食增产、农民增收困难重重。

第三，作物间技术研发不均衡。玉米技术越发成熟、大豆育种和优质水稻育种技术发展相对缓慢，国家对大豆转基因技术态度模糊，大豆单产水平难以突破。玉米作物内部种植技术发展尚不均衡，过于专注普通型玉米的生产而对专用型玉米生产技术推广不佳，形成了玉米内部品种的技术困境。农业技术与农业机械化水平发展不平衡，机械化水平不均。农业技术推广体系供给与需求不匹配，农业推广体系职能尚未发挥，农民缺乏一定的组织载体，造成先进的农业技术无法推广应用，阻碍吉林省农作物由粗放经营向集约经营发展的进程。

第6章 吉林省种植业供给侧结构性改革的基本框架

基于第 5 章吉林省种植业结构的调整所面临的困境，唯有用改革的手段才能破解。本章通过改革不合理的资源配置方式、扭曲的粮食价格机制、不健全的粮食市场结构以及涣散的农村组织制度，梳理这四种制度本身的作用边界以及相互之间的协作机理与逻辑关系，构建起吉林省种植业供给侧结构性改革的基本框架。

此处需要明晰的问题是制度改革要区别国家层面与省级层面。农业制度的改革是国家层面的制度改革，属于顶层设计内容，省级层面所拥有的权限是在国家制度改革的框架下，制定具体内容与方案。为此，本章所探讨的内容是建立起国家层面的农业制度改苣框架，从而在国家制度改革基础上，来推动吉林省种植业结构的调整与优化，过而提出后文种植业结构调整的价值取向与具体方向。

6.1 农业资源配置方式的改革

自 2004 年以来，中央政府出台了一系列惠农政策，使农业发展进入了一个新的发展时期。然而，惠农政策在实施方式上，出现了政府过度干预市场的偏离，由此导致了市场的失灵和农业资源配置的扭曲。之所以要用改革的方式实现农业供给侧结构的优化，就是因为农业管理体制是造成结构失调的首要原因。因此，种植业供给侧改革就是要改革农业资源的配置方式，重新激活市场机制，以市场需求为导向，激发市场活力，发挥市场在资源配置中的决定性作用，矫正行政配置要素而造成的扭曲现象，以提高要素的配置效率。

6.1.1 我国农业资源配置方式分析

中华人民共和国成立至改革开放前，我国农业资源配置方式在复杂的粮食市场波动背景下，形成了农业生产完全听从行政安排指令的资源配置方式。政府对农业的各类资源进行严格的计划与控制，实行农产品统购统销，以及"三级所有，队为基础"的人民公社体制下的集体统一劳动、统一分配的经营制度。这种资源配置方式在生产力水平较低的情况下，政府通过政策干预市场，在一定程度上有助于市场的稳定与良性的发展。但是政府完全主导、无视市场规律的行为，却剥夺了农业生产者自主配置要素的权利，同时也造成了资源配置效率的低下。

改革开放后，我国农业资源配置方式逐渐由计划经济向市场经济转变。这种方式的转变使农业生产经营者获得了更多的自主权，农业生产力与农产品供给能力显著提升。尤其是 2004 年以来，国家实施了一系列的惠农政策，使农业发展进入了一个新的阶段。然而在惠农政策的支持方式上，由于政府政策的过度干预，造成了资源供给的整体短缺和供求的结构性矛盾凸显，政府和市场双"失灵"特征显著。其突出表现为，2008 年在东北粮食主产区强烈呼吁加强粮食主产区地位下，玉米临时收储政策应运而生。而该政策的支持方式是政府托市保护玉米价格，2008~2013 年，5 次提高玉米收储价格，以确保农民种粮积极性和国家粮食安全。但是玉米临时收储赋予了该项政策过多的保收入保安全的职能，屏蔽了市场机制的作用，出现了玉米的"三量齐增"、国内外价格"倒挂"、农业生态环境破坏等一系列供给侧矛盾。其政策在吉林省释放的负面效应表现更为突出：作物间比较收益不断拉大，农业资源要素集中流向玉米，"一粮独大"的玉米单一种植格局加剧以及这种结构所带来的生态危机。造成这种结构的失衡、资源配置的扭曲，归根到底是政府在粮食供求市场的干预中，政策目标过于单一，即只考虑保护农民种粮积极性，保障国家粮食安全。在面对农产品市场的新变化背景下，仍然沿用计划经济的单变量思维，因此，农业资源配置效率低下是必然的结果。

6.1.2 农业资源配置的改革方向

耦合市场和政府力量是农业资源配置效率提高的基本途径（张淑萍，2016）。充分发挥市场在资源配置中的作用，将政府直接干预市场方式转变为间接干预，从而优化农业资源配置，促进种植业结构的调整。

6.1.2.1　发挥市场配置资源作用

当前种植业供给侧结构出现的一系列问题，是源于计划性的工作思维，使现有的农业管理体制与现代农业体制不适应，从而造成市场调节供求、配置资源要素的功能被扭曲。我国长期以来的计划性思维固守在经济工作中，不仅体现在2008年的玉米临时收储政策，同时在2017年出台的《粮改饲工作实施方案》（以下简称《方案》）中也渗透着计划经济的思维。《方案》以推进供给侧结构性改革为目标，明确划定了包括黑龙江、辽宁、吉林等17个省份（含黑龙江农垦局面积在内）进行"粮改饲"的具体区域布局；甚至规定了1000万亩"粮改饲"的详细任务，并将其分配到各个"粮改饲"的省份，这种做法仍然体现了计划性思维。时至今日，这种计划性的思维依旧存在。2019年中央一号文件提出要实施大豆振兴计划。据农业农村部早前公布的方案，规定2019年在全国范围内扩种大豆1000万亩，同时推动大豆生产实现"增产、提质、绿色"目标。该政策的初衷是通过调整大豆的面积，以增加大豆的国内供给，从而减少过高的对外依存度。然而这种计划性的思维犯了形而上学的错误。因为在开放的市场背景下，种什么不种什么并不是计划出来的，而是由市场的供求关系来调节的。由此可见，政府禁锢的计划思维对现代农业的发展缺少足够的思想准备。种植业供给侧结构性改革的关键，就是转变这种计划性的思维。只有在具备了较强的市场意识前提下，才有可能灵敏地反映市场的供求变化关系，即市场需要什么就生产什么，而市场所需要的，也正是供给侧通过改革来实现的。

因此，充分发挥市场在资源配置中的作用。而市场调节供求的功能是通过价格来体现的，进而影响种植业结构的调整。当市场上农产品供给大于需求时，农产品价格下跌，迫使农户减少对价格较低的农产品要素的投入；当市场上农产品供给小于需求时，农产品价格上涨，刺激农户增加对农产品的要素投入。遵循市场经济的客观规律，发挥市场在资源配置中的决定性作用。使农户根据市场供求调节发出的信号来理性决定种植行为，从而增加农户通过要素投入的调整而降低生产成本、提高农产品品质的动机。种植业供给侧结构性改革的途径，就是要创造充分条件，通过发挥市场形成价格机制的决定性作用来配置农业资源，从而合理引导部门间、区域间的资源流动，构建自由选择的资源配置环境，矫正以往过多地依靠行政配置资源使要素配置扭曲。2016年，取消玉米临时收储价格政策，实施"市场化收购+补贴"的"价补分离"政策，高位运行的玉米价格回归市场，这一举措标志着我国玉米市场化程度的提高。该政策对于种植业结构调整的初步效应已经显现。就吉林省而言，2017年，玉米播种面积为4164.0千公顷，比2015年播种面积减少87千公顷，下降幅度为2.05%（见表6-1）。同期的水稻、大豆、高粱以及油料作物等分别出现了不同程度的增长。因此，通过市场形成的价格机制来引导农业资源要素配置，改革政府直接干预的资源配置方式是种植业结构调整的必然选择。

表6-1 2015～2017年吉林省种植业结构调整情况 单位：千公顷

年份	玉米	水稻	大豆	高粱	油料
2015	4251.0	778.8	181.9	95.3	324.3
2016	4242.0	800.2	187.5	105.7	390.0
2017	4164.0	820.8	220.2	117.7	408.7

资料来源：《吉林统计年鉴2018》。

6.1.2.2 转变政府直接干预方式

通过市场来促进价格的形成，实现要素的自由流动，以达到资源配置的优化，但这并不等于政府完全放手不管。因为市场的供求关系并不总是能起到激励市场与出清市场的作用。因此，发挥市场在资源配置中作用的同时，还离不开政府的补贴支持。即把农产品的价格与补贴分离开来，让农产品价格由市场供求关系来决定，政府不直接进入市场干预价格的形成，而是通过间接补贴的方式对农民进行种粮收益的补贴，以保证农民种粮积极性。现行的玉米"价补分离"政策，使玉米价格回归市场，无疑是一种正确的选择，但遗憾的是这种按照地块补贴的方式过于简单粗放，使保障农民收益的政策目标并未真正实现。尽管农户种植玉米收益下降是政策调整不可避免的现象，但是大部分市场化意识淡薄的农户对市场变化反应滞后，农民收入下降，挫伤了农民种粮积极性。粮食作为特殊的战略物资，尤其是小麦、稻谷作为我国的主要口粮必须保证农民的种植积极性。一旦农民种粮的积极性受挫，将影响到我国的粮食安全与社会稳定（凌华，2018）。同时，由政府托市带来的生态负面效应的消除，仅通过市场价格的调节恐怕不足以实现生态可持续。发达国家的经验表明，以市场化为主同时政府"托底"的特征，对于提高农业支持政策效率、稳定农场生产者收入、促进社会福利和农村综合发展起到了积极作用。因此，政府通过间接补贴方式进行干预的政策设计过程中，不仅要强调资源配置的经济效应，同时还要考虑资源配置的生态与社会效益，改变原有单变量的惯性思维，建立多元目标的补贴方式。

综上所述，发挥市场在资源配置中的作用，最终形成由农产品市场供求决定价格的高低，并把这个信息及时传递给生产者和供给者引导其农产品生产与粮食市场收购的行为。同时，将价格与补贴分离开来，政府通过建立合理的生产补贴制度予以支持，实现资源配置的优化，进而促进种植业结构的优化。

6.2　农产品价格形成机制的改革

市场供求关系决定资源配置的方式，而市场调节供求功能是通过价格来体现的。要实现农业资源要素的合理优化配置，建立完善的价格形成机制是关键。现阶段，政府主导的价格机制导致有限的农业资源盲目投向玉米生产，出现农产品结构性过剩。

6.2.1　农产品价格形成机制分析

我国农产品价格形成机制自 1949 年以来大致经历了统购统销价格机制、双轨制价格机制、保护价与最低收购价格机制三个阶段（徐田华，2018）。1992～1998 年，我国建立了农产品市场价格形成机制的基本框架（蒋和胜，1999）。2004 年，我国对粮食收购和价格全面放开，并提出了"转换粮食价格形成机制，国家在充分发挥市场机制的基础上实行宏观调控"。此后，国家先后出台了小麦、稻谷的最低收购价保护政策，玉米、大豆、棉花和油菜籽等大宗农产品临时收储政策。政策的初衷是保护农民种粮积极性，从而促进粮食产量增加，这一政策目标确实已经实现。但是，政府主导的粮食价格形成机制在保护农民利益的同时，也造成了粮食市场的扭曲。集中表现在玉米临储价格托市作用而产生的玉米价格"倒挂"，并由此产生了玉米的"三量齐增"。由此分析，政府在粮食价格形成的宏观调控中忽视了以下几个方面：

6.2.1.1　忽视结构失衡

自 2004 年以来，政府以粮食"直补"为突破点实施的一系列政策，刺激了农民种粮积极性，粮食产量不断增长。由 2003 年的 43069.53 万吨增加到 2016 年的 62143.92 万吨。虽然最低粮食收购价等政策的出台是以粮食连续 5 年减产为背景提出的，但当粮食市场总量供应恢复至历史最高水平时，政府并未及时做出政策调整。为保障农民增收而持续提高玉米价格，却忽视了粮食作物中结构的严重失衡。就吉林省而言，粮食作物内部结构表现为玉米与其他作物主要是大豆之间的失衡。以玉米为主体的播种面积有增无减，2003～2015 年，吉林省玉米播种面积增加了 1029.7 千公顷，产量提高了 1217.7 万吨。而大豆播种面积减少了229.9 千公顷，下降幅度为 53.47%，产量下降了 11.45 万吨，下降幅度为73.49%。其他杂粮杂豆播种面积在粮食作物播种面积中的比重不断下降。从长远发展来看，政府的干预行为阻碍了粮食价格形成市场化取向的改革步伐和种植业结构的优化。

6.2.1.2　忽视国际市场

当前我国已形成了国内市场国际化格局。国内市场的粮食价格变化势必引起粮食进口量的变化。玉米临储价格的不断上调，抬高了国内玉米市场收购价格，而国际市场玉米价格却呈现下行趋势。面对国际市场的低价优势，国内玉米进口量连年增加，2015 年进口量已达 31742 吨，是当年国内玉米产量的 1.4 倍。同时也加速了玉米替代作物如高粱、大豆、大麦等作物的进口数量，形成对国外市场的过度依赖。因此，在开放的市场条件下，只考虑国内市场而忽视国际市场的单变量思维，最终导致玉米市场价格机制的策略或者方式的选择不当。

6.2.1.3　忽视下游产业发展

在粮食作物中，小麦和水稻的消费用途主要用于主食消费，经过初加工后即可进入最终的消费市场，产业链条较短。而玉米则具有多种消费用途，包括工业消费、口粮消费和饲用消费，其中口粮消费仅占玉米消费总量的 10% 左右，工业和饲用消费是玉米的主要消费用途。玉米以加工原粮进入中间市场，实施工业转化和过腹转化。被抬高的玉米收购价格，挤占了玉米下游产业的利润空间。2016年，吉林省有 22 家规模以上的玉米加工企业由于玉米收购价格的提高，致使企业处于利润亏损状态。与此同时，畜牧业发展也面临着冲击，2014 年吉林省养猪农户平均每头猪赔 200 元左右，其中固然有生猪市场供求失衡的问题，但也包含作为精饲料主体的玉米价格过高问题。这种政府"托市"收购政策，还损害了下游加工业和畜牧业加工企业的利益，造成玉米市场基本供求关系的扭曲。

6.2.1.4　忽视粮食主产区利益

一直以来，东北玉米产区承担着保障国家粮食安全和市场稳定的重任。2008年以后，被抬高的玉米临储价格使东北玉米主产区价格高于南方玉米主销区价格，造成产区玉米无法实现顺价销售，从而失去了竞争优势。国家为了鼓励南方企业到东北玉米产区采购玉米，促进东北玉米外销，实施运费补贴政策。由此降低了主销区的运费成本，但是却进一步加大了玉米主产区与主销区的价格差距，使玉米主产区利益无法得到保障。可见，政府通过政策支持干预粮食市场的价格形成，虽然初衷在于保护农民利益，但是却伤害了玉米产区的利益。

综上所述，国家行政干预下的粮食价格形成机制出现了多重负面效应，从根本上说，就是由于政府忽视市场规律，用计划经济的单变量思维来调控现代农业生产造成的后果。唯有用改革的思路和市场经济的思维，建立宏观调控的多元方程，才能实现种植业结构的优化。

6.2.2　建立目标价格形成机制

国家宏观调控对市场的干预和扭曲的影响如何去除？其改革的方向是什么？目前，学术界达成的共识是建立目标价格机制，即在生产季节开始之前，国家向农民公布进入目标价格政策的产品的最低支持价格（姜天龙和郭庆海，2017）。但是，政府不是以此价格收购农产品，而是由市场供求关系来决定价格，农民根据市场价格销售粮食。当市场价格低于国家制定的目标粮食价格时，国家按照目标价格与市场价格的差额进行补贴（郭庆海，2015）。当市场价格等于或者高于国家制定的目标价格时，农民按照市场价格出售粮食，国家不予以补贴。目标价格与临时收储价格的最大不同在于，目标价格不进入收购市场干涉市场在价格形成机制中的作用发挥，只有当市场价格低于目标价格时，该政策才会被启用，并按照目标价格与市场价格的差价予以补贴。实际上，就是"价补分离"政策。由于种植业供给侧结构性改革的主要矛盾集中在玉米作物上，因此，本节在讨论建立目标价格机制形成中，以玉米为例进行分析，进而推广到其他作物。玉米临时收储价格远高于国际市场价格，从而带来诸多负面效应。如果将临时收储价格改为玉米目标价格，那么农民就会按照市场价格出售玉米。而当前出现的玉米种植结构的单一、国家竞争力的下降、下游产业的利益损失以及粮食主产区的利益流失问题都会得以缓解。

2015 年，玉米遭遇价格"天花板"后，实行了 8 年的玉米临时收储政策难以继续而最终退出。2016 年国家试图改变这种直接干预价格形成机制，出台了"价补分离"政策，这一政策的实施，预示着我国粮食价格形成机制在逐步凸显市场调节的作用。从目前的实施效果来看，玉米价格在市场供求关系的调控下已经回落，过高的玉米种植面积和玉米库存开始逐步减少，政策效应初步显现。但是，由于其价格补贴按照地块形式进行，做法过于简单和粗放，并未达到刺激粮食生产积极性的政策目标，使得正种粮的人利益没有得到应有的保障。以吉林省为例，虽然补贴按照各市县玉米产量和播种面积各占50%的权重来测算，核定各市县补贴额度，考虑了玉米产区与非玉米产区的差异。但是在同一地区内农户的经营水平不同，每单位耕地产量有所不同，所以按照地块面积来进行补贴，对集约经营农户来说失去了公平。这种不公平的补贴方式，在客观上抑制了单位面积玉米产量的增加。在玉米供给过剩的情况下，负面效应并不明显，而从长远来看，则会牺牲集约经营农户的效率，进而影响粮食安全保障，与政策目标的初衷相悖。另外，由于按面积进行补贴还存在道德风险的可能。例如，吉林省大田作物主要是玉米和大豆，在应有的地块上种植收益相对较高的玉米，却领取补贴水平较高的大豆补贴。这样不但没有保障种粮农民的利益，同时也失去了对种植业结构调整的引导作用。可见，正在实施的"价补分离"政策，虽然已经嗅到市场形成价格机制的味道，但仍未能建立起有效的政策投入与政策目标之间的函数关系，使实施效果大打折扣。因此，目标价格机制改革的最大难点在于如何确定一个合理的目标价格水平，进而建立起一套行之有效的价格补贴政策。

首先，关于如何确定合理的目标价格水平的考量。目标价格是政府从扶持农业生产和保护农民利益角度出发，根据农产品生产成本和收益水平以及市场供求状况等因素所确定的农产品预期价格水平。该水平的确定虽以保护农民利益为出发点，但并不等于为农民提供一个超额的利益补贴，避免再次扭曲市场而引起种植业结构的越发单一。因此，确定合理的目标价格水平是目标价格机制中关键的一环。而改革中的现实压力在于目标价格的确定需要建立多元方程的函数关系，既要考虑玉米的供给又要考虑农民的收入，同时还要兼顾国内国际市场的玉米供求变化以及玉米加工企业的盈亏平衡点。其中保证农民收入是首要目标，尤其是对吉林省而言，玉米收入在农民的家庭经营收入起主导作用，目标价格过高可能会陷入临储价格政策的危机，目标价格过低又无法保证农民的利益。由于种植成本的差异性，单位面积的成本水平应以一个省域内的平均水平为宜（姜天龙和郭庆海，2017）①。以吉林省玉米核心产区的推算为例，综合考虑以上因素，吉林省种植业大户（种植规模在10公顷以上）的种粮经验表明，10公顷规模及以上种粮农户的利益平衡点为净收入4000元/公顷。低于4000元时，农户会理性考

虑其种植的土地机会成本、利润及各种风险而放弃种粮，高于 4000 元则是农户所愿意接受的利润空间。以此为据，可进行如下计算：自有耕地的玉米生产农户总成本约为 6000 元/公顷；通过土地流转经营的成本约为 10000 元/公顷（土地成本 2015 年以后基本保持在 4000 元/公顷），而吉林省玉米产区的常年产量大约保持在 7500 千克/公顷，由此可以推算出，玉米的价格应该保持在 0.67~0.93 元/斤的价格区间对于玉米种植的农户而言是比较合理的水平。那么，再从国际玉米市场价格情况考虑，近年来玉米进口价格在 1600~1900 元/吨，即 0.80~0.95 元/斤，综合考虑可将玉米目标价格确定在 0.8~0.93 元/斤的区间是比较合理的水平。既能够保证农民种植玉米的积极性，稳定玉米的供给，又保证了国内玉米在国际市场上的竞争力，同时确保了下游以玉米为原料的加工企业的利益，从而抑制加工企业进口国外玉米，以保证国内市场玉米流通，保证种植业结构的合理化。

其次，关于如何选择合理的补贴方式的考量。在确定合理的目标价格水平前提下，选择合理的补贴方式是目标价格机制的另一个难点。从发达国家的经验来看，惯常的做法是以农民实际销售的农产品数量作为价差补贴的依据。而如何统计农产品出售的数量？谁来统计农产品出售的数量？通过什么样的渠道实现微观农户与国家支持政策之间的衔接？这些问题成为以农产品出售数量补贴方式中的现实难题。与发达国家不同，我国农户规模小、数量大、经营分散、组织化程度还很低，确定农户出售粮食的数量运行成本较高。但这并不等于没有实施的可能。目前，我国已经建立了农村信息化平台，每年下发的粮食直补就是通过农村信用社金融平台的一卡通进行发放。一卡通中记录了农户的相关信息，通过该平台对农户信息进行进一步完善，就可以作为获取农户粮食销售量的信息平台（姜天龙和郭庆海，2017）。在具体操作上（见图 6-1），农户与收粮企业①（具有一定资质认证的企业）应在被授权的金融机构同时开户，建立信息档案，由金融机构汇集农户与收储企业的交易信息。在进入收购市场之前，收粮企业向金融机构预存一定数量的资金作为支付农户销售粮食的保证。在农户与收粮企业交易过程中，收粮企业向农户开具金融机构结算支票，农户凭支票到金融机构去结算出售粮食的款项。交易完成后，国家可以根据农户在金融机构的售粮信息和市场交易价格平均水平，对农户进行差额补贴。为了防范农户与粮食收购企业之间可能发

---

① 这里的粮食收购企业包括国有粮食流通企业、粮食加工企业和民营粮食流通企业。

生的道德风险，政府应加强监管，制定违规措施，并增加违规成本（郭庆海，2015）。由此，便可以解决目标价格机制中按照农户出售粮食的数量来进行补贴的技术难题。

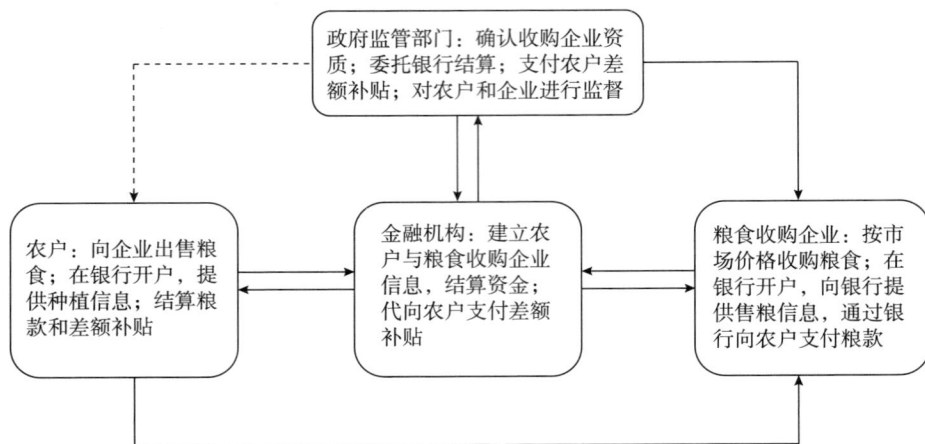

图 6-1 目标价格运行示意图

资料来源：郭庆海. 玉米主产区：困境、改革与支持政策——基于吉林省的分析 [J]. 农业经济问题，2015，36（04）：4-10+110.

论及至此，关于目标价格机制的形成过程的技术难题已经解决。还有两个令人担忧的问题是，如果粮食价格过低农民手中的粮食是否可以卖得出去以及价格过低所形成的差额补贴过高国家是否承担得起。事实上，在目标价格机制下，粮食价格是由市场的供求关系决定的，价格低本身就是一种竞争优势，能够有效促进粮食的流通，抑制进口，为下游企业增加利润空间。但是，这并不代表卖粮难一定不会发生，对此，国家应有完善的应急预案。国有粮食收储企业存在的价值就在于市场对生产者或国家不利时，代表政府进入市场，通过一定措施化解市场风险。至于市场价格过低带来的国家差额补贴过高的问题，这一点可能会比临储政策更加节省财政开支。一是目标价格机制下的差额补贴并非每年都会产生，只有当市场价格低于目标价格时，才会产生补贴。二是目标价格的水平也并非一成不变，适时调整目标价格水平，可以调整种植业结构，以促进种植业供给侧结构与市场需求结构的优化。因此，目标价格机制下，卖粮难的问题和国家财政负担问题是大可不必担心的。

当然，保障目标价格机制顺利实施需要有完善的粮食市场流通体系和较高的农民组织化程度。在改革开放以来 40 多年的发展中，我国至今仍未建立起与现代农业发展相适应的粮食流通体系，无法提供有效的流通平台和政策路径，从而制约了现代农业支持政策的实施。从吉林省的粮食流通情况来看，粮食市场中的经营主体仍然是经纪人，由经济人直接与农户进行粮食收购交易，然后再由经济人转售给国有粮库。没能实现农户与国家支持政策之间的对接。另外，我国农民的组织化程度比较落后，广大农村仍然处于以家庭经营为基础的高度分散的组织结构中，国家若干支持政策找不到可以推行的组织载体。因此，应尽快建立起完善的粮食市场流通体系和农村组织制度，以确保目标价格机制的改革，充分发挥市场在价格形成中的作用。以市场为导向，以价格为信号，引导种植业结构的调整。

6.3　粮食市场结构的改革

流通市场运行良好的状态下，粮食价格信息在粮食生产、收购、加工、销售产业链条中应呈现良性传递。近年来，粮食市场出现原粮与农产品加工成品粮之间、粮食主产区与主销区价格无法顺价传递。这种现象严重阻碍了市场配置资源作用的充分发挥。不仅导致粮食收购市场上非国有企业无法大规模收购粮食，加剧粮食收购主体单一的局面，而且由于国内外价差明显，进一步刺激粮食加工企业进口粮食。粮食收购市场是粮食价格机制形成的外在表现。建立以市场为导向的粮食价格机制，就要有市场化的粮食流通体制与之相适应。

6.3.1　粮食收购市场结构现状分析

2004 年以后，为了将粮食流通体制改革全面市场化，国务院下发了《国务院关于进一步深化粮食流通体制改革的意见》，规定"放开收购市场，直接补贴粮农"，以保护农民利益，稳定粮食生产。2008 年以后，国家在东北三省一区启动了玉米临时收储政策和大豆的最低保护价制度，由政府进行托市。临时收储政策成为粮食流通体制的核心内容和政府调控粮食流通的重要手段。然而，随着农业生产资料成本的不断上涨，临时收储价格不断上调，使连年增加的粮食产量无法较好地流通，卖粮难和高库存问题凸显。虽然粮食流通体制改革进行了多年，但是仍然以政府行政干预为主，流通体制尚处于失灵状态。其制约瓶颈主要表现为：

6.3.1.1 粮食市场发育缓慢

我国粮食市场流通体系经历了 40 多年的发展，至今还未适应现代农业的发展。在广大的农村市场中，粮食收购依然是以经纪人为经营主体的方式，由经纪人与农户一手交粮，一手交钱进行交易，再由经纪人转售给国有粮库。这种粮食收购方式虽然能够提高粮食的收购效率，但是收购方式简单、原始并且分散，尚未形成完善的现代市场流通体系。无法实现分散的农户与国有粮食收储企业的有效衔接。在前文所论及的目标价格机制形成中，保证市场在价格形成中能够顺利发挥作用，要求粮食市场的流通体系需具有完善的功能，只有实现农户与国有粮食企业的衔接，才能使政府行使对农户和粮食收储企业的监督权利，并确定差额补贴的数量。而目前这种市场流通体系难以为国家实施目标价格机制提供有效的运行载体。临时收储政策下，国有粮食收储企业为了追求政府的高额补贴而行使其收储职能。"价补分离"政策下，国有粮食收储企业并未真正发挥其代表国家化解市场风险的职能。因此，国有粮食收储企业在收储市场中的无为与弱为仍是长期持续在我国粮食流通市场中的改革之痛。这也将成为市场化收购条件下，我国粮食流通体制改革中最为核心的内容。

6.3.1.2 粮食收购主体单一

自改革开放以来，我国粮食收购主体由过去的计划经济体制下国营商业和供销合作社等商业组织，逐步发展到市场经济体制下的民营企业、外贸企业等多种形式，粮食收购市场主体多元化趋势日益明显。1998 年，国家出台了粮食流通体制改革方案以后，只有国有粮食收储企业才能进入市场收购粮食，出现了粮食流通市场上一元化的格局。加入 WTO 以后，国内外农产品市场逐步接轨，国内粮食供求进入了新的市场周期。由于国内粮食价格高企，加工企业大量进口国外廉价粮食，国内粮食市场供给过剩。尤其是自 2008 年玉米临储价格政策实施以来，国家为了保护农民利益，多次调整玉米价格，使其高位运行，由此而造成了玉米的大量库存积压。在此政策下，粮食收购市场中国有粮食收储企业成为最大的收购主体，并以敞开收购的方式和较高的价格收购玉米，农民售粮基本处于高枕无忧的状态（顾莉丽和郭庆海，2017）。国有粮食收储企业表现的收储热情与临时收储政策所带来的补贴是直接相关的。当国内粮食市场出现库存积压时，国有粮食收储企业便可通过收购粮食来换取补贴。以吉林省为例，部分民营粮食流通企业以租赁库点的形式为国有粮食收购企业代收临储粮食，在收购配额下每吨玉米可以获得 50 元的租赁收购费用。而玉米加工企业以及其他流通企业，既没有进入收购市场的积极性，也缺乏一定的市场影响力，国有粮食收购企业在粮食收购市场中占有绝对的主体地位。2016 年，取消临时收储政策后，取而代之的是"市场化收购+补贴"的"价补分离"政策，将粮食收购推向市场化。那么失去政策补贴的支撑，收购上来的玉米面临无销路的风险，民营粮食收购主体纷纷持观望态度，缺少进入收购市场的热情。而国有粮食收储企业由于多年来收储粮食的积压，已经没有多余的库存能力。例如吉林省全省共有粮库 731 个，最大的仓储能力为 1750 万吨，每年入库新粮加上库存原粮至少要达 2300 万吨，形成了粮食储不下、无人收的困局。吉林省多数农户是"地趴粮"式储粮，保管方式落后，水分较高的玉米在遇到冷暖天气的交替时极易出现生霉、腐烂等风险，进而造成农民利益的损失。可见，国有粮食收购企业并未发挥其应有的机制与责任，多元的市场收购主体也并未出现。

6.3.2　粮食收购市场结构改革方向

实践证明，粮食流通体制改革的方向是市场化，逐渐增强和释放市场机制在资源配置中的主导作用。在这一改革的进程中，应消解国有粮食收储企业对国家政策补贴的依赖，充分发挥市场机制的作用，使国有粮食收储企业与其他收购主体在收购市场具有平等的经营地位（姜天龙和郭庆海，2017），从而推动收储主体的多元化和社会化，进而实现整个粮食收储市场的顺畅。

6.3.2.1　完善粮食市场体系

在临时收储政策下，玉米价格的高位运行，使粮食收购市场出现了国有粮食收储企业"一家独大"，并形成粮食收购市场价格的垄断局面，进而扭曲粮食收购市场。玉米临储政策的终结与"价补分离"政策的实施，预示着我国粮食收购正朝着市场化的方向努力。在这一进程中，不断完善国有粮食收储企业所肩负的政策性功能与市场化功能的双重属性是关键性问题。国有粮食收储企业的收储是在政府与市场双重调节下进行的。但是由于我国国有粮食收储企业受长期计划经济惯性思维的影响，一直存在"不求无功，但求无过"的思想，以依赖国家补贴为收购的动机，使其在市场化收购条件下，缺乏竞争意识与创新活力，进而导致其"双功能"属性的缺失，影响粮食市场体系的优化。因此，应消解国有粮食企业对国家补贴的这种依赖关系，为粮食收购主体构建一个自由、公平竞争的粮食市场环境，使其在粮食市场上与其他收购主体具有平等地位。

一方面，需要肯定的是，在国有粮食收储企业的政策性收储功能是其他企业所无法代替的。因为国有粮食企业被作为政府的一种转移性有效机制，政府可以向其发号施令，执行政策成本较低，是以营利为目的的私营企业等无法取代的。另外，粮食作为特殊的商品，其消费价值与社会价值要远高于市场价值，政府愿意以低成本价格供给社会成员，以维护社会的稳定。国有粮食收储企业在市场化收购条件下，当市场失灵或者农民卖粮难情况出现时，能够代表国家进行市场干预，收购粮食市场中无法消化的粮食供给，以保证农民收益不受损失以及粮食再生产的顺利进行。此时，政府给予国有粮食收储企业一定额度的补贴，以协助政府完成调节粮食市场。另一方面，在市场化功能发挥中，增强国有粮食收储企业的市场活力，是粮食收储社会价值体现的先决条件。因此，在市场化改革中，应发挥国有粮食收储企业的强大的竞争力真正实现粮食市场主渠道作用，增强政府对粮食市场的调控能力（陈会玲等，2018）。与农民建立互助合作关系、建立粮食生产终端的社会化服务体系。利用企业信息资源，为农民提供粮食烘干、代储等社会服务，实现与分散农民之间衔接，为粮食收储市场化进程的加快奠定基础。

6.3.2.2 构建多元粮食收购主体

在粮食收购市场中，充分发挥市场机制的作用，积极引导更加多元化的主体进入市场。当前粮食收购市场中包括国有粮食收储企业、粮食加工企业、私营粮食企业、农民合作型的粮食流通企业以及其他类型的粮食流通企业五种类型。

在构建上述多元粮食收储主体的格局中，除了确定国有粮食收储企业的主流通渠道地位以外，在实际操作中可以确定粮食加工企业和从事粮食进出口活动的贸易公司为核心的经营主体。构建"以粮食加工企业"的收储模式，将粮食收储和市场结合起来，推动收储主体多元化和社会化，提高市场流通效率。"以粮食加工企业为核心"的收储模式是指由粮食加工企业按照农民签订的合同进行粮食收购。这种模式不但可以减少中间粮食收购企业的流通环节，而且还可以降低粮食市场的流通成本，操作流程简单高效，符合市场效率原则。同时，这种方式也可以有效规避因供求变化带来的市场风险和经营压力，更可以通过此种模式引导农户根据市场需求进行种植业结构调整与优化。在临储政策下，伴随着玉米价格的不断上调，粮食收储企业无法实现顺价销售，为国际市场玉米的进入起到了让市作用，国有粮食收储企业采取放开式收购，造成了大量的库存积压与仓储压力。在"价补分离"政策下，玉米价格的回归市场，国有粮食收购企业仓储能力受限，民营粮食收储企业销路受限，粮食收储市场冷淡，农民手中的粮食出现卖难问题。如果粮食加工企业根据粮食消费的需求直接进入粮食市场进行收购，将有助于缓解粮食市场的供给压力，实现农户与粮食加工企业的双赢。同时，这种企业与农户直接对接的收储模式，为前文提出的目标价格补贴实施提供了农户销售粮食数量的准确信息。当然，这种"以粮食加工企业为核心"的收购模式还需要考虑的两个问题是：农户愿意接受的粮食出售价格以及企业与农户之间的谈判能力。就前者而言，除非粮食加工企业愿意提供给农民更高的粮食价格，否则农民宁愿委托农村经纪人出售粮食。事实上，在此种模式中，粮食加工企业可将在流通环节中节省下来的成本补贴给农户，一方面提高农户的积极性，另一方面通过与农户建立契约关系，获得更加优质充足的加工原料，从而将粮食产业推向价值的最高端。就后者而言，公司愿意与农户联结，还取决于农户的谈判能力。但是目前我国分散的小农经营，谈判能力毕竟是低下的，所以在粮源充足的条件下，粮食加工企业宁愿选择与农户建立更加松散的关系，以转嫁市场风险。

除了粮食加工企业可以作为粮食市场收购的主体进入市场收购粮食，从事粮食进出口活动的粮食流通企业在市场价格形成机制下，也将进一步增强市场活力。这类企业可以是原有粮食系统以外的流通企业，在国家政策的指导下从事粮食经营活动。其进入市场的政策目标在于推进我国粮食市场的国际化。对于吉林省而言，积极引入从事粮食进出口活动的贸易公司，采取"南进北出"的战略。当国际粮食市场价格低迷时，可以促进南方粮食加工企业的粮食进口。当国际市场粮食价格活跃时，从事粮食进出口活动的外贸企业可以将吉林省内的粮食运往国际市场。同时，从事吉林省粮食进出口贸易活动具有便利的交通条件与较低的运输成本优势。在国际市场中，吉林省粮食主要流向临近的日本、韩国、马来西亚、印度尼西亚、越南、朝鲜等东亚和南亚邻近国家，其中东亚国家对吉林省而言更加具有区位优势。可以向东运往图们，从图们进入朝鲜的清津港，再从清津港转运日本。但是这涉及外交环境的改善，因此需要进行疏通工作。

在粮食收购市场中，尤其是粮食收购市场化以后，私营粮食收购企业将成为初级粮食收购市场的重要主体。而农民合作经济组织的发展，在全国粮食流通领域来看，组织化程度还比较低下，尚未建立一个与现代粮食流通相适应的组织载体。这与长期以来我国粮食生产与流通具有高度计划的特征密不可分。农民合作经济组织在粮食流通中具有重要意义，例如，在建立以粮食加工企业为核心的收储模式中，组织农民进行订单签订、与企业对接谈判等中间环节是十分必要的。

综上所述，在粮食流通市场中，不仅国有粮食收储企业的进入，还可以建立以粮食加工企业为核心的收购主体以及以从事粮食进出口活动的外贸企业为主体流通渠道，同时发展私营企业与农民合作经济组织等主体，使粮食流通市场中呈现收储主体的多元化与社会化格局。

6.4 农村经济组织制度的改革

在市场经济条件下，一个富有效率的农民经济组织应当承载着农产品生产服务、要素购买与产品销售服务、技术推广服务等多种功能。然而，在人民公社体制解体后，我国农村在发挥农民个体积极性方面获得了极大的空间，并激发了巨大活力；而在将农民组织起来，有序地将亿万农民的生产经营活动嵌入市场经济方面却收效甚微，并成为我国农业现代化进程中的一条"软肋"。因此，按照符合农民意愿、符合市场经济规律、符合农业组织规律的要求，以家庭经营制度为基础，实施农业组织制度创新，提高农民的组织化程度应是当前吉林省种植业供给侧结构性改革的迫切要求。

6.4.1 农村组织制度的发展现状

中华人民共和国成立之初，土地制度的改革构建了以个体农户为主体的农村经济组织制度。在此基础上，1953年出现了农民互助合作组，1955年升级到初级农业生产合作社，1956年进一步升级到高级农业生产合作社组织。初级合作社组织虽然也受到了农民的抵制，但毕竟土地所有权还保留在农民手里，然而进入高级合作社和人民公社阶段后，由于剥夺了农民对土地等生产资料的个人私有权和自主经营权，生产完全根据国家计划确定，并在分配上实行平均主义，缺乏激励机制，导致农业生产效率的低下。这种依靠行政手段管理农村经济的组织体系虽然存在一定的负面效应，但是耕地的集体经营和共同劳动强化了地缘关系，为村落社会的整合提供了重要的组织基础（李远行，2004）。

改革开放以后，我国农村普遍实施家庭联产承包责任制，确定了统一经营与分散经营相结合的经营体制。这种经营体制使农户获得了土地使用权，以家庭为生产单位的经营功能得到恢复，农户取代了生产队成为经济活动的基础单位。然而，村级组织却失去了管理农民的宏观调控手段，特别是集体经济力量薄弱的地区，村级组织被严重削弱，集体经济组织绝大多数名存实亡，农村基本进入了超小农户、高度分散的组织结构之中。20 世纪 80 年代后期，农民之间的合作重新发展，主要在专业化生产领域。2007 年实施的《农民专业合作社法》确立了农民合作社的法律地位。但是该法律直接将农民合作社定位到专业领域或者专业性质，对于绝大多数小农户来讲，难以满足其应有的利益诉求，特别是种植大宗作物的农户。以吉林省为例，一年一季的农作方式，"春买秋卖"的市场交易，并不是典型的专业化生产，所以这样的定位使农民合作组织的结构、功能和所能涵盖的群体受到一定限制。2016 年底，虽然我国依法登记注册的农民合作社已达174.9 万个，但农业普查登记的以农业生产经营或服务为主的农民合作社仅有 91个（郭庆海，2018a），由于合作社的治理结构与治理机制尚不健全，管理处于混乱状态，农民所需的粮食生产指导、农业技术推广、粮食收购与出售等职能均未发挥。绝大多数农民合作社有名无实，有相当比重合作社成立的出发点就是少数领办者为了套取国家政策利益，与农民利益无关。因此，目前的广大农民仍处于无组织的涣散状态。而这种缺乏组织管理的涣散状态在面对现代农业经济发展过程中起码有以下两方面阻碍了市场机制作用的发挥与资源配置效率的提高。

6.4.1.1　农产品生产效率低下

小农户的经营方式在现代农业发展中表现出了一定的弱质性和局限性。一方面，从技术的角度来看，如前文所述，在现代农业生产中，先进的技术是提高要素效率的关键。当前涣散的状态下，使很多农业生产技术因缺乏组织载体而无法得到有效推广。例如，测土配方施肥技术、深耕技术等的应用范围还很受限制。同时，在这种分散的状态下，使大型机械技术的应用受到排斥，因为大型马力的机械配置对于"小农户"来讲既会造成闲置与浪费，又会增加农业生产的成本。然而机械设备的应用，能有效降低农业生产中的人工成本，这也是造成我国农产品竞争力不高的重要原因。另一方面，从农产品流通的角度来看，缺乏组织的"小农户"使其在面对"大市场"的信息交流与产品销售等方面处于弱势地位。由于信息的不对称，使分散的小农户经营时常被动地接受市场。以吉林省玉米市场为例，2016 年玉米"价补分离"政策实施后，玉米价格大幅回落。吉林省小农户（此处指玉米种植面积 15 亩以内）中 60%以上（根据调研数据所得）的农户仍然选择种植玉米，并且播种面积没有变化。这种结果虽然是多种因素所致，但也反映出吉林省农民组织化程度低下，进而导致农户无法应对市场变化所带来的经营风险。

6.4.1.2　国家支农政策无法落实

自改革开放以来，尤其是农村税费改革之后，农民具有自由流动的经济权利，基层政府与农民之间的关系减弱。一方面政府对农民的经济控制力下降，另一方面农民对政府的依赖性下降，两者关系日渐疏远。绝大多数农村集体经济组织由党组织和村自治组织代管。农民与各级政府通过村委会这个基层组织来衔接。国家下发的各种政策制度经由村委会传达给农民，农村的基层情况由村委会上传给基层政府。然而在实际的村务活动中，这种由党组织和村自治代管的集体经济组织存在诸多矛盾，例如在实际的村务活动中，党支部居于中枢地位，支部书记是决策中心，对村里大小事务负总责，这与村委会的自治发生了矛盾。使基层政府失去了权威，农村公共平台被瓦解，资源几乎来自中央和省级政府，基层组织功能荡然无存。在这样的现实之下，制度改革缺少了保障其功能实现的载体，国家若干支农政策无法落实。从2014年国家对黑龙江和吉林两省份实施的大豆目标价格制度改革到2016年实施的玉米"市场化收购+补贴"的价格制度改革，其难点均在于如何对众多分散的农户实施量化到位的价格补贴，采取按地块补贴的方式也是政府的无奈之举。因此，集体经济组织功能的弱化将危及农业现代化的进程。就吉林省而言，玉米市场的现状以及种植结构的扭曲均昭示着农村集体经济组织改革势在必行。

6.4.2　农村组织制度的改革方向

以整合当前农村经济组织为路径，实现农村基层经济组织制度的创新。以家庭经营为基础，在农民自愿的前提下，用合作经济的机制改造集体经济，重视多功能、综合性的农民合作组织发展，进而推进种植业供给侧结构性改革。

6.4.2.1　用合作经济机制改造集体经济

我国现存的集体经济组织是由人民公社解体后，经历了20世纪80年代初家庭联产承包责任制，所形成的统一经营与分散经营相结合的农村微观经济组织。关于我国现存集体经济组织的存在形式与统一经营的功能，1984年中央一号文件已经明确指出，即为了完善统一经营和分散经营相结合的体制，一般应设置以土地公有制为基础的地区性合作经济组织。文件中对合作经济组织的功能也做出了描述，地区性合作经济组织应当把工作重点转移到为农户服务的工作上来，这种定位符合当前农村现状的需要。而我国的农民合作组织虽然在数量上比较可观，但是有相当数量处于停滞状态，还有相当数量没有惠及全体成员。尽管某些地方也出现了颇具规模的综合性合作经济组织，但这并不是真正意义上的以土地公有制为基础的"统一经营"。文件中指出的地区性合作经济组织是以集体经济组织为载体、以该集体经济组织成员为对象的农民合作经济组织。如果在家庭联产承包责任制之后我国的集体经济组织能够按照合作经济的机制运行，为农户提供综合性服务，那么我国广大农村千家万户将会在有序的组织内进入现代农业发展的轨道。

从与我国具有相似经营规模特征的日本、韩国以及我国台湾省的合作经济发展经验来看，合作经济是以农户产权为基础的合作。而我国农民专业合作社本身就是建立在土地集体所有制基础上的，与文件中所指的地区性合作经济组织的区别仅仅在于前者是不受地域和原有集体经济组织的限制，以土地承包经营权或者经营使用权为基础的合作。后者是以一定区域内的集体经济组织成员为对象，也是以土地承包经营权或者经营使用权为基础的合作。因此，在我国集体经济所有制的框架下，建立起组织化程度较高的集体经济组织的重要制度基础是家庭联产承包责任制，该制度恰好是以土地的所有权、承包权和经营权的分置为特征。在此制度下，建立一个以服务农户为核心，以农户自愿为基础，以合作经济为运行机制的村级集体经济组织，是实现农村组织化程度提高与资源配置效率的优化的有效途径。

6.4.2.2 重视综合性合作社的发展

用合作经济机制来改造集体经济的提出源于当前我国的农业合作社功能的局限性。实行合作经济机制的新型集体经济组织的服务功能应更加多元，可以涵盖生产、生活、文化、权益保护等多个方面，以发挥组织功能，使国家的支持政策能够有效落实到农业经营的最小单位。从国内外的成功发展经验来看，其合作社的发展均是一种综合性的合作组织。以日本农协为例，日本农协现已形成了独特的组织体系、服务体系和运行机制，成为国家与农民之间联系的"桥梁"。它以"筹划增进农业生产力和提高农民的经济和社会地位，努力发展国民经济"为目标，主要职能包括：指导农民进行农业生产经营；帮助农民采购生产与生活资料以及出售农产品；办理资金信贷服务等信用业务；配置农民生产所需要的农机服务；维护农民健康医疗；协助政府推行农业基本政策；等等。其功能的多样性、综合性以及其非营利性，受到农民的依赖与信任。因此，在合作经济机制改造集体经济的新型农民合作组织至少可以在以下几个方面来帮助农民与现代农业进行对接：第一，分享大农户要素利益。通过组织使小农户能够分享到大农户所使用的大型机械设备以提高生产效率，降低农业生产成本。第二，整合细碎化农业资源。在农业生产服务过程中，可以整合接受服务农户在作物种植中所需要的农业生产资料，以更低的价格购进从而降低农户的生产成本。第三，分享农产品流通利益。通过组织的服务功能，增强农产品流通过程中的谈判能力，获取流通中低买贵买的利益优势。第四，推广使用先进生产技术。在分散的家庭经营体制下，农业技术推广受到农户的认知与接受能力的限制，使先进的生产技术无法得到推广应用。通过合作组织可以将农户行为转化成组织行为，可以高效率、低成本以及低风险地应用先进的生产技术。第五，构造与产业组织的合作。农民合作组织可以通过与加工企业和农产品流通企业开展一体化合作，促进三产融合。实现农户与企业的共赢。第六，落实国家的相关政策。农民合作组织作为农户与国家联系的"桥梁"，可以协助国家落实相关农业政策。因此，注重发展综合性合作社，为农民提供多元服务，重塑集体经济组织功能，实现分散的农户经营与现代农业的衔接。

综上所述，新型的农业合作组织通过发展综合性服务的合作社，将小农户有机地嵌入现代农民发展的轨道中，提高农民的组织化程度，破解来自市场、生态与技术上的困境，连接农户与国家之间的纽带，从而最大限度地实现资源配置的市场化改革，推动种植业结构的调整。

6.5 本章小结

本章从四个维度分析了种植业供给侧结构性改革内容，包括农业资源配置方式改革、粮食价格机制改革、粮食市场结构改革以及农村组织制度的改革。梳理了四种制度之间的内在逻辑与作用边界，即农业资源配置方式改革的关键是最大限度地发挥市场在资源配置中的作用，而市场通过供求关系的变化来形成价格，进而推动种植业结构的调整。那么实现市场价格信号的良好传递，则应有完善的粮食市场结构做保障。最终，完成上述变革需要建立起与之相适应的农民合作组织作为制度的运行载体，在多个维度逐层破解种植业供给侧结构的困境。

在农业资源配置方式改革中，通过对我国资源配置方式的分析，得到当前我国农产品市场受政府计划思维下的行政干预而导致其功能失灵，要素配置扭曲，种植业供给侧结构不优。提出以市场需求为导向，最大限度地发挥市场在资源配置中的决定性作用，政府则通过间接方式在不干预市场的前提下对农产品进行宏观调控。

在价格机制改革分析中，判断出当前粮食价格机制的形成在很大程度上是由政府的行政干预所致，从而出现了与市场机制的背离。以玉米临储价格为首的政府"托市"，忽视了结构的失衡、国际市场的竞争、下游产业的发展以及粮食主产区的利益。进而提出粮食价格回归市场的改革方向：建立目标价格制度。使价格由市场来决定，将"价补分离"政策中直接补贴的方式转变为间接补贴方式，以充分发挥市场机制作用。

在我国粮食市场结构中，还存在国有粮食收储企业"一家独大"的局面，扭曲了粮食收储市场，扭曲了种植业结构。因此，提出市场化的改革方向，消解国有粮食收储企业对国家政策补贴的依赖，发挥其政策性收储功能，并与其他收购主体在收购市场中具有平等的经营地位，从而推动收储主体的多元化和社会化，进而实现整个粮食收储市场的顺畅。

我国目前的农村组织尚处于一种涣散状态，有序地将亿万农民的生产经营活动嵌入市场经济方面却收效甚微，并成为我国农业现代化进程中的一条"软肋"。以整合当前农村经济组织为路径，实现农村基层经济组织制度的创新。以家庭经营为基础，在农民自愿的前提下，用合作经济的机制改造集体经济，重视多功能、综合性的农民合作组织发展，进而推进种植业供给侧结构性改革。

第7章 吉林省种植业结构调整的价值取向

一个区域种植业结构的形态既反映了该区域自然条件的内在规定性，也受制于一定时期国家经济社会利益和农民利益的制约。因此，必须在尊重自然规律、尊重农民利益和保障国家利益、有利于产业协调发展的前提下，确定种植业结构调整的价值取向。

7.1 国家粮食安全的价值取向

吉林省作为国家的粮食核心产区，粮食生产不仅在于满足地方的需要，同时肩负着国家粮食安全的使命。在人地比例关系趋紧的趋势下，保证国家粮食安全将在长期内都是一项基本国策。因此，无论种植业结构怎样调整，吉林省作为国家粮食核心产区的基本地位不会改变，保证国家粮食安全必然成为种植业结构调整中的一个不可动摇的价值取向。

7.1.1 国家粮食安全地位不可动摇

现阶段我国出现的粮食过剩，尤其是玉米过剩造成了大量库存积压，完全是暂时性、结构性的过剩。长期来看，我国粮食安全问题并不是没有忧患，而是在较长时期内仍然面临供给不足。随着城镇化和工业化进程的加快，特别是进入20世纪90年代以来，我国经济开发区的建设占用了大量耕地，使我国耕地资源呈现下降趋势。1979年我国耕地面积为14.9万公顷，1989年为14.2万公顷，到2017年已经下降到了13.4万公顷，比1979年减少耕地1.5万公顷，其减少的数量相当于吉林省总耕地面积的2倍还要多。而与耕地资源下降形成鲜明对比的是，我国人口数量呈现增加的趋势。2004～2017年，我国人口总量由13.0亿增加到 13.9 亿，增加了 0.9 亿，增长比例达 6.47%，其中 2016 年为现阶段我国人口增长速度最快的一年，增长率为 5.86%。并且这种增长趋势随着二孩政策的放开还将进一步凸显。由此，在人地关系趋紧的形势下，解决十几亿人口的吃饭问题仍是我国粮食安全的重大问题。尽管自 2004 年以来，我国谷物产量实现了"十二连增"，但是按照农业生产变化的规律，未来几年粮食平歉年概率很大，即使在保证耕地资源不变的前提下，上升空间仍显艰难。照此趋势发展，难以满足人口增长所带来的粮食需求。2016 年国务院印发的《国家人口发展规划（2016-2030 年）》的预期，到 2030 年，我国人口将达到 14.5 亿。粮食供给压力将进一步加大。而随着粮食安全内涵的延伸，保证营养安全的最低标准已不仅仅是口粮安全，实现膳食结构合理、营养多元成为追求目标。据国外经济学家的测算，满足这一目标，人均年粮食占有量需达到 1000 千克，而 2017 年我国粮食人均占有量也仅为 477 千克。以此标准计算，我国粮食的供给水平差距还相当大。未来我国粮食供给还存在较大压力，因此，保障国家粮食安全在长期内都将是我国的基本国策，其地位不可动摇。

7.1.2　粮食主产区核心地位亟须巩固

粮食主产区是我国提供商品粮的主要农业区域，肩负着国家粮食安全的使命。我国粮食主产区包括黑龙江、辽宁、吉林、内蒙古、河北、江苏、安徽、江西、山东、河南、湖北、湖南、四川 13 个省份，其粮食产量占全国粮食总产量的 70% 以上，粮食商品量占全国 80% 以上，为国家粮食安全做出了重要贡献。然而面对未来粮食的供给压力，我国粮食主产区的保障功能却在不断下降。2004～2017 年，在全国 13 个粮食主产区中，湖北和四川两省份的人均粮食占有量已经低于全国平均水平，在近 3 年的统计数据中，江苏与湖南两省份的人均占有量水平也处于全国平均水平之下，粮食生产能力呈现下降趋势。所以，目前的粮食主产区中具有商品粮贡献能力的省份已经减少至 9 个，而在剩下的 9 个主产区中河北、辽宁、江西和山东 4 省份人均粮食占有量基本与全国水平持平，只有黑龙江、吉林、内蒙古、河南、安徽 5 省份为粮食净调出省。因此，从主产区的粮食供给能力与保障功能来看，国家的粮食安全仍然面临较大压力。

吉林省作为粮食核心产区，自 2013 年以来，吉林省的粮食总产量位居全国第四，作为单季作物产区，以不到全国 5% 的耕地，生产了全国 6% 的粮食。2007 年之前人均粮食占有量一直位居全国第一，2007 年之后，黑龙江省因其后备耕地资源的优势，人均粮食占有量开始超过吉林（见表7-1），但吉林省的粮食单产水平一直处于全国领先地位，高于黑龙江省40%以上。在粮食商品率和调出量上与位居全国第一的黑龙江省比肩而行，充分凸显了粮食大省的重要地位。吉林省粮食生产优势地位的形成，既是自然资源禀赋的结果，也是科技进步与市场选择的结果。因此，在国家粮食安全战略总体布局下，面对未来粮食安全的发展趋势，吉林省作为国家商品粮核心产区的基本地位不能动摇。然而，粮食毕竟是生产效益相对较低的作物。从一定意义上说，坚持粮食核心产区的地位，就必然要承受粮食生产低效益的压力，粮食主产区本身也要直面农民增收难的困境。自改革开放以来，化肥、种子、农药等农资价格一直呈上涨的趋势，劳动力与土地成本也不断攀升，农民种粮成本快速增长，已由2004年的411.14元/亩（三种粮食平均成本）上升到2017年的1134.74元/亩，增长了1.76倍。虽然国家对粮食收购价格进行多次调整，但是由于农资价格上涨幅度高于粮食价格上调幅度，致使农民种粮效益低下。作为粮食主产区不仅面临着种粮农民增收的压力，也面临着粮食生产所带来的地方财政补贴的压力、生态环境透支的压力。首先，地方财政用于支农补贴负担沉重。多年来，虽然国家支持粮食主产区的粮食生产采取了多种形式的投资和补贴，但多数投资和补贴都采取地方财政配套的方式，而且在较长时间内都是1∶1的配套比例，粮食主产区经常处于力不从心、捉襟见肘的窘境。高达80%的粮食商品率，全国数一数二的粮食调出量，意味着随着商品率的调出，地方财政配套的财政资金也同时"调出"。近年来，虽然中央财政投资的配套比例有所调整，但并未从根本上缓解地方财政支农的压力，吉林省地方财政每年要投入大量的财政支出用于农业补贴，并且补贴额度随着粮食产量的增加而逐年上升。2017年用于农业直接补贴支出为194.6亿元，比2004年增加103.3亿元，相当于当年财政收入的16.07%。其次，粮食主产区承受着粮食收购、仓储、运输的财政贴息的损失。最后，粮食主产区为了保证粮食供给，也付出了沉重的环境代价。就吉林省而言，农业水资源过量开采，地下水资源开采线逐年下降，土壤有机质逐年减少，毁林、毁草开荒现象大量出现等，生态透支问题愈加突出，生态环境呈现恶化趋势。因粮食生产而出现的种种问题给吉林省的农业可持续发展带来了严峻的挑战。这种"粮食生产与利益分配"倒挂的状况如果长期得不到改善，势必影响粮食主产区产粮与农民种粮的积极性，进而影响国家粮食安全的稳定（蒋和平，2015）。虽然自2004年以来，国家采取农业补贴、财政奖励等一系列政策向粮食主产区和优势产区倾斜，然而扶持政策针对性欠缺，补贴按照承包面积进行，真正种粮的农户拿不到补贴；补贴力度也显不足，起不到保障作用；而且对于粮食主产区的补贴金额往往低于粮食主销区的金额。

表7-1 2004~2017 年全国粮食主产区人均粮食占有量情况　　单位：千克

年份	2004	2006	2008	2010	2012	2014	2016	2017
全国	362	380	403	418	453	469	479	479
河北	365	404	417	419	447	457	465	511
内蒙古	632	755	885	882	1017	1101	1105	1289
辽宁	408	423	432	406	472	399	480	480
吉林	927	1002	1040	1036	1216	1284	1355	1524
黑龙江	786	1006	1105	1309	1503	1628	1592	1953
江苏	381	412	415	415	426	439	434	451
安徽	426	467	493	510	550	564	554	646
江西	390	438	447	440	464	473	467	482
山东	384	441	454	455	467	471	475	539
河南	440	545	571	576	600	612	626	683
湖北	350	368	390	405	423	445	435	490
湖南	395	419	441	439	454	447	434	449
四川	361	349	386	397	411	415	423	421

资料来源：国家统计局网站。

综上所述，一方面，国家粮食安全战略赋予吉林省粮食安全的重任；另一方面，多年的粮食增产压力生成了经济与生态的困境。但无论怎样权衡，吉林省作为粮食主产区的核心地位不可动摇。关键是要在坚持国家粮食安全的价值取向的前提下，高度重视粮食主产区的可持续发展问题。不断完善粮食主产区支持政策，完善粮食主产区利益补偿制度，既要充分调动广大种粮农民的积极性，也要充分调动粮食主产区特别是核心产区的积极性。唯有如此，才可使粮食主产区有能力全身心落实国家粮食安全战略，坚持发展粮食生产不动摇。

7.2 农民种粮合理收入的价值取向

就粮食生产而言，保证有效落实国家粮食安全战略，第一要素是保证农民种粮的积极性。保证农民种粮积极性的实质是保证粮食生产能够获取合理的收入。与经济作物相比，粮食作物比较效益相对较低，这种比较收益关系往往使种粮农民吃亏。不仅如此，在农民外出务工机会越来越多的趋势下，农民种粮的机会成本也越来越高，也会在一定条件下动摇农民种粮的积极性。因此，农民种粮的合理收入是保证农民种粮积极性持久不减的支撑条件。

7.2.1 合理收入是农民种粮积极性的支撑条件

自改革开放以来，吉林省农民对粮食生产一直保持着较高的热情。从生产者的理性分析，对某项生产项目积极性的高低取决于该项生产项目能否给生产者带来满意的利益（姜天龙，2012）。从长期的经验观察数据来看，来自粮食生产的收入越高，农民种粮的积极性越高。而粮食生产的收入占家庭收入比例之所以能够达到较高水平，在很大程度上取决于不同区域的耕地资源禀赋。因此，从这个逻辑来推断，粮食核心产区的农民往往具有较高的粮食生产积极性。已有文献数据证明，吉林省农民粮食生产的较高积极性源于种粮收入在家庭经营性收入的重要地位（姜天龙，2012）。从吉林省农民收入结构数据来看，自 20 世纪 80 年代以来，在农民的纯收入结构中来自家庭经营性收入的比例一直保持在 57% 以上。而在家庭经营性收入中，粮食收入所占比例在 20 世纪八九十年代为 55% 以上，直到目前，仍可达 45% 以上（见表 7-2）。尤其是吉林省中部和西部的粮食大县中，农民家庭经营性收入中种粮收入占比普遍可达 50% 以上[①]。这种以种粮为主的家庭收入结构从全国范围来讲并非一个低水平的收入结构，1984 年吉林省农民人均纯收入在各省份排第 1 位（北京、上海、天津 3 个直辖市除外）。在以后的 30 多年中，除了 2000 年排名下降到 17 位、2016 年和 2017 年下降到 14 位和 15 位外，其余年份均排在前 13 的位置，2008~2015 年更是保持在全国第 10 位。这种排序的位置可以解释粮食生产收入与农民积极性之间的依赖关系。

---

① 该数据根据实地调研情况获得。

表 7-2 吉林省农民人均纯收入结构 单位：元，%

年份	人均纯收入	家庭经营收入	粮食生产收入	家庭经营收入占纯收入比重	粮食生产收入占纯收入比重
1985	413.74	364.42	251.83	88.08	60.87
1990	717.34	654.71	449.88	91.27	62.71
1995	1609.6	1277.47	957.91	79.37	59.51
2000	2022.5	1611.65	961.49	79.69	47.54
2005	3263.99	2395.5	1612.75	73.39	49.41
2010	6237.44	4085.92	2969.25	65.51	47.60
2015	11326.17	7878.07	3902.68	69.56	49.54
2017	12950.44	7399.82	3462.15	57.14	45.80

资料来源：《吉林省统计年鉴 2008》、《2008 全国农产品成本收益资料汇编》，其中粮食生产收入根据《全国农产品成本收益资料汇编》与粮食播种面积等数据进行计算所得。

7.2.2 保证玉米生产的合理收入

吉林省以玉米为主体的种植结构决定了玉米在粮食生产中的核心地位，因此，保证农民种粮合理收入的重要指向是保证农民玉米种植的合理收入。吉林省作为国家玉米的核心产区，无论种植结构怎样调整，都不会也不应该削弱玉米的核心地位。因此，从种植结构优化的角度来看，保证农民种粮的积极性首先就是保证农民——主要是玉米核心产区农民——种植玉米的积极性。但是玉米生产收入客观上存在一个合理的边界，过低、过高都会产生负面效果。由于自然资源的禀赋和科技进步的不平衡性，使吉林省的玉米生产具有绝对的优势，任何对玉米生产的过度偏爱都会将其他替代性作物置于没落的地位，进而造成种植业结构的严重扭曲。

2008 年，东北地区实施玉米临储价格政策后，国内玉米价格不断上调，愈加激发了农民种植玉米的热情，玉米产量连续攀升。这种热情源于不断上涨的玉米临储价格，使农户在玉米种植中获得超额利润。2008~2015 年，随着玉米临储价格的上调，农民种植玉米所获得的利润率出现超常规增长，以 2011 年为例，玉米利润率高达 136.18%。换言之，农民每投入 1 元钱就可获得 1.36 元的利润，显然，这是一个包含了超额利润的利润率。正是这种超额利润的存在，使大量要素流向玉米，造成玉米播种面积从 2008 年的 2922.5 千公顷迅速增加到 2015 年的 3800 千公顷。不仅带来了玉米的过度供给，而且进一步推进了玉米"一粮独秀"的地位，严重地恶化了本来已经扭曲的粮食作物结构（见表 7-3）。

表 7-3　2006~2015 年吉林省玉米利润率变化情况

年份	单价（元/千克）	玉米播种面积（千公顷）	净利润（元/亩）	利润率（%）
2006	1.09	2805.9	257.92	99.56
2007	1.38	2853.7	301.12	107.86
2008	1.40	2922.5	311.77	87.82
2009	1.51	2957.2	261.69	73.54
2010	1.77	3046.7	411.55	112.39
2011	2.10	3134.2	603.75	136.18
2012	2.27	3284.3	649.47	120.78
2013	2.16	3499.1	591.09	106.84
2014	2.19	3696.6	532.40	96.69
2015	2.01	3800.0	462.35	88.01

注：该表中玉米种植成本剔除了人工成本中家庭用工费用和土地成本中自营地折租。

资料来源：根据《全国农产品成本收益资料汇编》（2007~2016 年）数据计算所得。

这种政府托市政策确实刺激了农民种粮的积极性，但是在开放的市场条件下，这种超额利润是短暂而不可持续的，并且从多个角度释放了不可低估的负面效应。只有玉米价格回归市场，去除超额利润才能使要素按照市场规律合理配置。为此，2015 年玉米临储价格终结，2016 年国家对玉米实行"市场化收购+生产者补贴"的"价补分离"政策，使玉米价格由市场供求关系来决定，当年玉米价格大幅回落，农民玉米种植收入明显减少。结合实际调研数据，2016 年吉林省较大种植规模农户玉米种植收入为 325 元/公顷（2016 年玉米价格为 1.75 元/千克，补贴为 3000 元/公顷），2017 年收入为-1900 元/公顷（2017 年玉米价格为 1.48 元/千克，补贴同 2016 年），致使 2016 年和 2017 年玉米播种面积连续下降，与 2015 年相比，减少了 23.5 万公顷，这是政策预期内的结果。从玉米临储价格到"价补分离"政策，使玉米的收益发生了显著的变化，这种变化说明，农民种粮收入主要是来自价格支持的收入，并非越高越好，特别是单独突出某一作物的价格，往往是失大于得。临储价格实施期间造成的毁林、毁草、毁湿的滥垦现象所引致生态恶化，过度的玉米价格对玉米下游产业的抑制以及由此产生的库存积压现象，导致的玉米与替代作物大豆之间比较收益进一步拉大，以及由此引起的作物结构的进一步失调、国产玉米竞争力丧失等问题。显然，单纯地以价格支持增加农民收入的政策必然酿成恶果。

以价格支持政策使玉米收入达到超常的程度固不可取，但这并不意味着可以将玉米生产完全市场化。"价补分离"政策之所以在将收购价格市场化的同时辅之以生产者补贴政策，恰恰是保留了保护种粮农民有一份合理收入的政策目标。但这样一种政策设计是权宜之计，还是一个长期的政策考量，有待实践证明。但论及此，一个躲不开的价值判断是玉米处于主粮地位还是非主粮地位。如果是非主粮地位，毫无疑问，其政策走向必然是市场化。那么农民种不种玉米就会完全从属于市场效益的选择。2008 年玉米临储政策的出台，正是基于玉米在国家粮食安全战略中到底处于什么地位。当时玉米主产区一个强烈的声音就是将玉米和水稻、小麦一样纳入主粮。虽然玉米至今也没有纳入主粮，分享与水稻和小麦同等的政策地位，但是玉米临储价格作为一种折中性的政策，无疑是对玉米主粮或类粮地位的默许。临储价格因种种弊端走向了终结，但并不意味着玉米主粮地位的坍塌。之所以强调玉米的主粮地位，在于玉米在现在和未来的消费中具有无法替代的价值。玉米的主粮价值不在于像水稻和小麦那样直接以主食的形态进入餐桌，而是在于玉米产量的 70% 是以转化形态——肉蛋奶而进入人们的每日消费，而且其营养价值远高于谷物。人们的生活水平越高，玉米的消费价值愈加显著。从营养结构和热量结构来看，玉米的地位都不逊于水稻和小麦。保证玉米生产的合理收入，其政策意义不在于提出一个具体的玉米价格水平或玉米生产者的收入水平，而是从抽象的原则出发，保证玉米生产与水稻和小麦一样，具有一个主粮生产应有的利润空间。当然，在本书中，不是要将水稻和小麦的最低保护价这张伞再撑给玉米，而是赋予其主粮的地位，以此地位来确定玉米生产者合理的收入水平。事实上，玉米作为产业链最长的主粮作物，其保护性政策的设计具有更高的复杂性，需要从一个多维空间建立合理的政策支持框架。

7.2.3　建立合理的作物比较收益结构

"经济人"假说理论的一个重要基本假设是"经济主体在从事经济行为过程中，其具体行为是合乎理性的"，也就是说经济主体在作出决策的时候，总是通过对其所拥有的资源进行配置，从而使其所投入的劳动或者资金能够获得最大收益。因此，作物间合理的收益是种植业结构合理的基本原则。在设定的玉米合理收入范围内，农户将比较作物间的投资收益而最终做出理性决策。从吉林省粮食主产区的资源禀赋来看，大豆是玉米最直接的替代作物，尽管水稻具有比玉米经济效益更高的优势，但因其受水资源的限制，可种植的区域十分有限，而且难以与大豆之间形成轮作关系。因此，作物间合理收益的价值尺度主要是衡量玉米与大豆之间替代的可行性，或者说，两者之间的收益比例是否可构建起"玉米—大豆"的轮作制度。

自 2008 年以来，玉米播种面积的增加除了来源于新增耕地以外，其他主要来源于大豆改种玉米的播种面积（顾莉丽等，2016）。农民多种玉米少种大豆的行为，归根到底是两者收益的比较选择。玉米临储价格造成玉米与大豆之间的收益差距越发明显（见表 7-4）。其中 2014 年两者每亩纯收益之比达到 2.14：1.00，这种差距的拉大是玉米与大豆种植结构失衡的原因所在。唯有平衡玉米与大豆的投资收益，才能调整不合理的玉米大豆种植结构。

表 7-4　2008~2015 年吉林省玉米与大豆每亩纯收益之比

年份	2008	2009	2010	2011	2012	2013	2014	2015
收益之比	1.21：1.00	1.44：1.00	1.46：1.00	1.92：1.00	2.11：1.00	1.80：1.00	2.14：1.00	2.07：1.00

资料来源：根据《吉林统计年鉴》（2009~2016 年）、《全国农产品成本收益资料汇编》（2009~2016 年）数据计算所得。

东北玉米主产区大豆种植面积的沦陷以及玉米"一粮独秀"格局的形成，最直接的原因就是两者比较收益的悬殊化。这个悬殊化过程，既有技术的原因，也有政策的原因。大豆天然具有低产的属性，在现有的大宗作物中，大豆几乎是单产提高最慢的作物，至今大豆的增产技术尚未取得突破性的进展，这是一个世界性的难题。与此形成鲜明对照的是，玉米的高产性能在育种技术、栽培技术以及农业化学投入要素的支撑下，得到了淋漓尽致的发挥。在大豆单产遭遇技术困境的同时，又遭遇了政策困境。大豆是我国最早（1997 年）放开、脱离政策保护进入市场化的作物，在市场规律的作用下，大豆低产低效的劣势使其一路退却。美国是这类大豆的主产国，玉米与大豆的轮作关系得以存续，主要得益于转基因大豆带来的大豆抗逆性的增强，形成了明显的市场竞争力。目前，我国东北大豆产区主要向积温较低、不具备玉米生产优势的东部和北部收缩，在玉米核心产区，"玉米—大豆"轮作的种植结构基本退出。近年来，特别是自中美贸易战开始以来,引起了国家对大豆生产的高度重视,重新恢复了对大豆的保护政策。然而,在大豆一路退却的历程中,已经付出了种植结构扭曲、农田生态恶化、大豆进口依存度过高的代价。尽管缩小玉米与大豆之间比较收益面临种种难度,但是,在无情的市场选择面前,利益是生产者选择的直接动机。如果玉米与大豆之间的收益悬殊,那么,合理的种植结构就不会有恢复的机制,依然会持续玉米"一粮独秀"作物格局。

根据美国的经验,当大豆与玉米的比较收益不大于 1.00∶1.30 的情况下,农民就可以选择玉米与大豆轮作。这个比例关系可以作为选择玉米与大豆收益关系的参照。但是,还要注意我国与美国等国家在其他方面的差异。美国实施土地私有制,是否实行轮作,农民不仅出于经济效益的考量,还要出于土地生产能力可持续的考量。因比,在玉米与大豆存在一定收益差异的情况下,农民完全可以选择大豆与玉米轮作。但我国实行的是集体土地所有制,缺少来自制度方面的激励,可能只要存在差异,农民就会选择收益高的作物。另外,在农户耕地较多,种植业成为家庭收入主要来源的情况下,农户较为关注市场风险,不会"把鸡蛋放在一个篮子里",但在种粮收入在家庭收入比例中越来越低的情况下,农民可能并不在乎可能出现的市场风险。这就提出一个问题,在制定玉米与大豆支持政策的时候,不仅要尽可能地使两者收益接近,还要考虑农民的习惯性种植行为。此外,超小的种植规模也是限制玉米与大豆轮作的因素。在培育新型农业经营主体方面,包括家庭农场、农民合作社、农业生产服务组织、农业产业化组织等,如何将作物轮作制度支持政策纳入到新型经营主体的支持政策中来。

7.3　产业协调发展的价值取向

玉米所独有的三元作物属性,决定了种植结构调整必须以产业协调发展为价值取向。这意味着玉米本身的内部结构要有利于为下游产业发展提供用途相适应的、转化率高的作物品种,即改变多年来单一的玉米籽实生产、普通玉米生产的结构特征。按照"粮食作物、饲料作物、经济作物"的三元属性优化内部结构关系。

7.3.1 与下游产业结构相适应

目前，玉米用于主食消费约占玉米总量的 10%，用于饲料消费占 65%~70%，其余用于加工消费占 20%~25%。这种消费结构为玉米种植业本身提出了结构性的要求，即要与消费用途相适应，生产出具有不同转化用途的玉米，从而为下游产业发展提供质高效优的原料。

玉米内部的品种结构与下游产业协调发展，从而有效实现与加工业、畜牧业需求的衔接。然而就现实而论，吉林省玉米种植过程中绝大多数玉米都被当作粮食作物来种植，作为经济作物与饲料作物种植的玉米比例明显偏低。在吉林省玉米品种结构中，糯玉米、甜玉米、高油、高蛋白、高赖氨酸玉米等所占比例只有1%（郭庆海，2011），其余均为普通籽粒玉米。专用型玉米所占比例过低，不利于玉米加工业深度与广度的开发和产业链价值的提升。在畜牧业转化上，青贮玉米种植比例明显不足。在 2016 年的种植方案中，含饲草在内的青贮玉米种植面积不到 1.5%，只有在个别具有一定规模的养牛场种植少量青贮玉米。这样的玉米品种种植结构尚未有效实现与下游产业的协调发展。事实上，吉林省种植业结构不合理不仅是玉米种植比例过高，也包括玉米内部结构不合理，其主要原因在于未能根据产业发展所需按照三元作物结构进行种植。由此可知，实现玉米上下游产业协调发展的价值取向，必须根据产业所需调整玉米内部品种结构。

7.3.2 有利于构建下游产业成本竞争优势

玉米原料成本的高低和玉米品种的结构直接决定了玉米上下游产业协调发展的程度。在玉米临储价格实施之前的多年中，吉林省一直以玉米价格低作为下游产业发展的优势，与国内其他地区相比，每斤玉米有 0.1~0.2 元的低价优势，因此才形成了吉林省畜牧业竞争的优势和玉米加工业的集群发展规模。然而，2008 年玉米临储价格实施后，玉米价格不断上调，仅 2008~2014 年 5 次提高玉米价格，加价幅度高达 60%，使玉米下游的加工业和畜牧业原料成本不断攀升，出现了玉米主产区价格高于销区的悖逆现象，恰与 2008 年之前形成反差，每斤玉米比销区高出 0.1~0.2 元。作为玉米加工中主产品的淀粉和乙醇全面进入盈亏平衡点以下，淀粉亏损 200 元/吨，乙醇亏损 150 元/吨，企业开工率不足 50%（顾莉丽等，2016）。受玉米价格的影响，吉林省生猪、肉牛等以玉米为饲料来源的畜牧业苦不堪言，其中生猪市场起伏波动最为显著，市场低迷时，养殖户每头生猪亏损可达 200 元。这种高成本带来了市场的强制性和破坏性调整，也带来了畜牧业的发展不利。2016 年玉米实施"价补分离"政策，其收购价格由市场供求关系决定，大幅回落的玉米价格为下游产业的发展增大了效益空间。企业开工率由之前的不足 50%，已达 100%，无论是淀粉加工业还是乙醇加工业，经营状态均已回至平衡点以上。畜牧业市场和饲料市场开始复苏，饲料生产成本显著下降，饲料的需求量也出现增长趋势，2017 年的畜产品市场特别是生猪市场显现规模扩大的趋势。因此，就玉米下游的加工业和畜牧业而言，解决好玉米原料成本价格问题是产业协调发展的基础。

7.4 生态可持续的价值取向

种植业结构的扭曲，不仅使市场供求失衡，也使生态资源遭到掠夺性甚至破坏性使用。自中华人民共和国成立以来，东北作为后开发地区，在林地、草地、湿地等生态资源方面受到了严重的破坏。改革开放后，虽然在农业中逐步贯彻了"因地制宜"的原则，但在短期利益目标的驱动下，一些生态资源也不时受到侵扰和掠夺，在一定程度上影响了农业结构的正常发展。自 2008 年以来，高位的玉米临储价格，又唤醒了追逐短期利益的行为，不仅种植业结构进一步失调，而且也使农林牧结构受到影响。这些生态性的侵扰行为无疑危害了农业的可持续发展。良性的农业生态环境是实现国家粮食安全的基础条件，因此种植业结构的优化必须坚定不移地确定生态可持续的价值取向。

7.4.1 退出"赤色"产能

近年来，在玉米托市价格推动下，吉林省出现了毁林、毁草、毁湿现象，以增加耕地种植玉米，使玉米产能扩大。增加的玉米产能集中分布在吉林省西部地区以及东部地区非玉米产区地带，属于玉米的边际产区，如果没有高位的玉米价格推动，就不会形成高比例的玉米种植。尽管提供了玉米的供给，但由于生态适应性较差，种植的玉米质量低下，含水量高（无霜期短所致，实际上是玉米品种的越区种植），形成大量低端产品供给。如果将那些满足生态要求的耕地形式所带来的产能称为绿色产能，则通过毁林、毁草、毁湿所形成的产能称为赤色产能（郭庆海，2017a）。赤色产能是以生态资源为代价的产能，是必须要退出的产能。

统计数据显示，2015 年东部地区玉米种植面积比 2007 年增加了 87%，增加低端玉米供给 77.61 万吨。西部地区的玉米种植面积也超出了自然区划的合理承载能力。同时，西部地区为吉林省干旱地带，玉米种植面积的增加加剧了水资源的紧缺，地下水开采超标，水位下降，地下水漏斗和地面下沉面积增多，对十分短缺的地下水资源实施了透支性使用。这种追求短期利益行为下的种植结构的选择，违背了自然法则和生态可持续的发展理念，长此以往，必然威胁生态可持续，为国家粮食安全埋下危机。可持续发展作为一种经济发展观，着眼于未来长久发展过程的持久性。合理的种植业结构不能仅考虑短期的利益行为，而忽视长期持续的发展。2016 年中央一号文件针对粮食供给侧结构调整提出了休耕的政策，然而，对东北地区而言，尤其是对吉林省和黑龙江省而言，更多的是退耕问题，即按照生态可持续的原则，通过毁林、毁草、毁湿形成的新增耕地退出，不能纵容任何破坏农业可持续发展的行为，更不能使这些违法开垦的耕地合法化。

7.4.2 恢复轮作制度

轮作是农作制度的一种，是指在同一地块上有顺序地在年度间轮换种植不同作物或者复种组合的一种种植方式，是用地养地相结合的一种生物学措施。合理的轮作制度是培肥地力的重要手段，更是种植业结构调整中保证生态可持续发展的必然要求。

吉林省历史上曾经广泛使用轮作制度以维持农田生态平衡。20 世纪 70 年代以前，松辽平原腹部是玉米和大豆的轮作区，进入 20 世纪 80 年代，玉米在品种科技进步和化肥的支撑下，播种面积比例呈现不断上升趋势，从而挤占了以大豆为主的作物播种面积。2008 年以后，玉米临储政策的实施进一步推动了玉米种植面积的增加。目前，吉林省大豆和玉米的轮作比例已经由 1980 年的 1.00：3.02 下降到 1.00：18.28。随着现代技术与生产要素的介入，吉林省传统意义上的轮作制度基本消失，农作制度呈现出以玉米连作为主的单一化特征。而连作制度下虽然带来较好的经济效益与社会利益，但是也带来了土壤理化性状不良等负面生态效应。发达国家的经验表明，建立合理的轮作制度是实现经济效益和社会效益的保障。同为黄金玉米带的美国和乌克兰均通过实施"玉米—大豆"的轮作制度，保证了良好的农田生态环境。以此为鉴，吉林省种植业结构调整中应逐步恢复历史上"玉米—大豆"的轮作制度，从而实现生态可持续发展。必要的政策支持与合理的作物收益是"玉米—大豆"轮作制度逐步恢复的前提。大豆是最早退出政策保护的主要作物，在失去政策支持的条件下，大豆与玉米之间的比较收益不断拉大，导致松辽平原腹部区域的大豆种植基本退出（郭庆海，2018b）。2017 年大豆实行"市场化收购+补贴"政策，2018 年在中美贸易摩擦背景下，为了鼓励农民种植大豆，其补贴标准大幅提高，以吉林省公主岭市为例，补贴标准可达 4800 元/公顷。尽管如此，大豆仍然处于推而不动的状态，很多地区以任务摊派的形式来完成大豆种植。造成这种情况的原因除了大豆市场风险较高之外，政策的不稳定性是其重要原因之一。关于合理的作物收益前文已经有所分析。问题的关键仍然在于政策的支持，在种植补贴基础上，制定大豆轮作补贴政策，通过生态补偿方式有计划地推进部分区域的轮作休耕，逐步恢复玉米大豆的轮作制度。

7.4.3 种地养地结合

在玉米价格高位运行的推动下，吉林省玉米播种面积不断扩大，并且常年连作，导致土壤成分受到严重破坏，腐殖质层厚度不断下降，降低农业生产能力。在经济利益的驱动下，农户只管种地，不管养地，这种掠夺式的种植方式使土地处于超负荷状态。加之不合理的耕作方式，耕地多年没有深耕深翻，加剧了土壤养分的流失。因此，调整种植业结构应在生态可持续价值取向下将种地与养地有机结合。

养地作物主要包括豆类作物和绿肥作物，关于豆类作物的情况前文已有所阐述，此处主要讨论翻埋绿肥以及粪肥还田的养地问题。绿肥作物以翻埋绿肥的形式即通过作物为副产物或植物体为原料沤制绿肥也可以有效提高土壤中的有效氮和易分解的有机质含量（张彬，2016）。秸秆是最为普遍的绿肥作物，秸秆还田是最为有效的养地方式，这一点已从发达国家的经验中得到证实。吉林省以玉米为主的种植结构形成了大量秸秆，但遗憾的是大部分秸秆用于能源与工业发展之中，还田比率不足 10%。所以，呈现出一方面是秸秆大量焚烧带来的资源浪费与环境污染，另一方面是土壤肥力的退化。以生态可持续为价值取向的种地养地结合即是要求提高秸秆还田利用率，消除玉米种植比例过高而带来的生态负面效应。

种地养地相结合的另一种途径即是粪肥还田。粪肥还田可以增加土壤中的有机质，改善土壤结构、提高土壤持水能力，有益土壤生物。然而随着种植业与畜牧业在农户经营层面的分离，阻隔了粪肥还田的渠道。这一客观事实就要求粪肥还田应实现农户这个经营主体内的农牧结合，同时注重推广种养结合的农户经营结构（郭庆海，2018a），发展与农户耕地资源相适应的草食动物养殖，进而实现饲料作物与畜牧业的结合，以促进玉米内部结构的优化。

7.4.4 科学施用化肥

随着玉米价格的不断攀升，玉米播种面积连年增加，农户为了追求经济效应而通过施用大量化肥来提高玉米产量。不经济的化肥施用造成了土壤板结，肥力下降，特别是化肥施用结构不合理，氮磷肥施用量偏大，不但造成生产成本升高，还对生态环境产生巨大压力。肥料是作物的"粮食"，一切优质高效的农作物品种及其栽培模式，都必须建立在肥沃的土壤和合理施肥的基础上。秸秆还田、有机肥富含大量有益物质，具有显著的土壤改良作用。据实验数据证明，玉米秸秆连续 2~3 年还田可增加 1.06% 的含氮量，增加 33%~45% 的速效磷、25%~30% 的速效钾，相当于每亩土地减少化肥投入约为 97.2 元（张彬，2016）。有机肥不仅能为农作物提供全面的营养，而且肥效长，可增加和更新土壤内的有机质，改善土壤生物活性。化肥与有机肥合理搭配施用，两者更可以相互促进，改良土壤，更能发挥肥料增产增效的作用。测土配方施肥技术可以根据测量土壤成分有针对性地补充作物所需的营养元素，以提高肥料利用率和减少化肥用量，提高作物产量，改善农产品品质。

7.5 本章小结

本章从国家粮食安全、农民种粮合理收入、产业协调发展以及生态可持续四个维度分析吉林省种植业结构调整的价值取向，为下文种植业结构调整方向的选择提供依据。

在保障国家粮食安全的价值取向中，通过分析得到未来我国粮食供给压力的增加与粮食主产区保障功能下降的矛盾将日益凸显，种植业结构调整必须坚持国家粮食安全地位不动摇。然而粮食主产区的利益与种粮农民的利益未能得到保障，提出实现国家粮食安全的价值取向，必须保证种粮农民和粮食产区两个积极性，以巩固粮食主产区核心地位。

在保证农民种粮合理收入的价值取向分析中，提出了合理的种粮收入是保证农民种粮积极性持续的支撑条件。吉林省以玉米为主体的种植结构决定了合理种粮收入的主要指向在于玉米。而玉米支持政策的不稳定性造成了农民种植玉米收入起伏与玉米种植积极性的不稳定，呼吁将玉米纳入主粮范围，与稻谷和小麦具有同等地位，目的在于从抽象的原则出发，保证玉米生产与水稻和小麦一样，具有一个主粮生产应有的利润空间，进而实现玉米种植的合理收入，以保证玉米种植的积极性。作物间的合理收益，是使种植业结构合理的基本原则。去除政府托市带来的玉米超额利润，使玉米种植收益与大豆收益水平相当，从而实现作物间的替代效应，促进种植业结构的合理与优化。

从保障产业协调发展的价值取向分析中得到，玉米三元作物的属性决定了种植业结构调整遵循产业协调发展的价值取向。玉米作为产业链条最长的作物，其饲用和加工用途与下游的加工业与畜牧业紧密衔接。而玉米原料成本的高低和玉米品种的结构直接决定了玉米上下游产业协调发展的程度。因此通过降低玉米原料成本、调整玉米内部品种结构，使玉米的三元属性功能充分展现，并为玉米供给侧结构的优化提供依据。

在生态可持续发展的价值取向中，详细阐述了吉林省种植业结构调整应去除赤色产能、恢复玉米大豆轮作制度、种地养地有机结合以及科学施用化肥四方面内容，其表达的内涵是种植业结构调整应尊重自然规律与比较优势原则进行布局；逐步扩大大豆种植面积，适当减少籽粒玉米种植；通过微观层面的农户经营实现种植结构与畜牧业相协调。

第8章　吉林省种植业结构调整方向

基于前文提出的吉林省种植业结构调整的价值取向，本章将以此为依据从横向作物结构与纵向产品结构对吉林省粮食作物结构调整方向进行合理的选择，按照作物的品种分方向进行调整。

8.1　吉林省种植业结构调整方向的选择

8.1.1　坚持粮食主产区应有的结构属性

吉林省种植业结构不论怎样调整，坚持粮食主产区应有的结构属性不会改变，保证粮食作物的主体地位不能动摇，保证玉米核心产区的优势不能动摇。

8.1.1.1　保证粮食作物主体地位

确保国家粮食安全的价值取向决定吉林省种植业结构必须保证粮食作物的主体地位。首先，保证粮食作物的主体地位是国家宏观经济发展的客观要求。如前文所述，未来我国粮食需求增加与供给能力下降的矛盾决定吉林省的粮食生产绝不可放松。所以，在种植业结构调整中，粮食作物应不应该减少，不能仅从地方利益角度出发，而应服从国家宏观经济发展的战略部署。其次，保证粮食作物的主体地位是自然资源与社会条件综合选择的结果。吉林省大陆性季风气候、雨热同期的特点以及肥沃连片的优质黑土使吉林省具有粮食生产得天独厚的自然优势。28个商品粮基地县的高水平粮食生产能力与调出能力，使吉林省成为我国不可多得的商品粮生产基地。最后，保证粮食作物的主体地位是稳定吉林省农民收入的客观需要。吉林省粮食生产是吉林省农民特别是商品粮基地县农民收入的主要来源，一直以来农民收入中家庭经营性收入占比57%以上，粮食收入在家庭经营性收入中占比可达45%以上。如果减少粮食生产，就是在减少农民的利益。

这既与农民的意愿相悖，也不符合种植业结构改革的内涵要求。由此分析，不论是宏观上国民经济发展的需要还是微观上农民收入的稳定，都要求保证粮食作物的主体地位不可动摇，任何放松粮食生产的行为都是不可取的。

那么在吉林省种植业结构调整中粮食作物的主体地位保证在一个什么样的水平，也就是粮食作物面积比例达到多少是合理的呢？本章对吉林省粮食作物播种面积比例调整以短期 5 年和长期 15 年两个阶段进行粗线条的匡算，为粮食作物结构调整方向提供合理依据。

1978~2016 年，吉林省粮食作物播种面积占农作物播种面积比例除了个别年份低于 85% 以外，其他年份均在 85%~90%。2017 年吉林省粮食作物播种面积占农作物播种面积达 91%[①]，以 2017 年粮食作物播种面积比例为基期，估算出一个合理的调整比例。降低粮食作物的比例不是要削弱粮食主产区的地位，主要是现在的粮食作物结构不合理，这种不合理的结构不利于下游产业发展、不利于生态持续、不利于满足多样化的需求。因此，从吉林省粮食作物的结构边界与吉林省农田生态的环境边界加以论证。一方面，从粮食作物与非粮作物结构进行判断，如前文所述，吉林省粮食作物播种面积占比过高，2017 年达到 91%，即经济作物与饲料作物播种面积占比之和仅为 9%。随着居民膳食结构的改变与消费结构的升级，蔬菜、水果以及肉蛋奶的需求比例不断增加，这就意味着经济作物与饲料作物的面积比例需要适当增加，势必要减少粮食作物。假设居民平均每人每年增加 1 千克肉类消费，就需要增加饲料粮消费约 2.8 千克（根据相关部门测算，猪、牛、羊、禽、蛋的肉料比分别为 5.0、3.6、2.7、2.8、2.8，此处取最小值进行计算），假设以当前我国人口计算，并得到吉林省在全国的贡献地位，可知 5 年内吉林省需要增加饲料作物的面积约为 70 千公顷；居民平均每人每年增加 1 千克蔬菜瓜果的消费，则 5 年内需要增加约 5 千公顷的经济作物，所以未来 5 年需要增加经济作物与饲料作物的面积约为 75 千公顷，即至少要增加 1% 的非粮作物的比例，即降低 1% 粮食作物的面积比例。另一方面，从农田生态环境边界来看，过高的粮食作物比例付出了沉重的生态代价，尤其是东西部非玉米核心产区增加的玉米种植比例破坏了原有的生态环境，已经触及生态的底线。根据比较优势原则使东西部地区"退粮还经""退粮还饲"是生态可持续的客观要求。自

---

① 由于吉林省 2015 年在全省范围内推行土地确权工作，对农村各个承包户的土地根据四至边界重新测量，所得数据与原来按照承包合同统计的数据相比要大，所以 2018 年《吉林统计年鉴》中得到的 2017 年吉林省粮食作物播种面积与农作物播种面积均发生较大变化，但是数据更加接近真实情况。

2007 年以来，东西部地区增加毁林开荒种植玉米面积达 201.4 千公顷，如果这些低端产能全部用来转化为经济作物和饲料作物的话，那么可以降低粮食作物面积比例为 4%。

综上所述，从粮食作物结构与生态环境的边界进行分析，在未来 5 年内粮食作物面积比例至少可以降低 5%，也就是粮食作物播种面积的比例将下降至 86%。而在 15 年的长期结构调整中，饲料作物仍具有较大的增长空间与潜力，这与居民膳食结构向更高营养能量、更高品质畜产品需求的转变密不可分。因此，长期内提出粮食作物面积比例降至 80% 是一个合理的判断，而不能低于这个比例是因为吉林省是粮食主产区，粮食生产的主体地位不能动摇。并且根据吉林省改革开放 40 多年以来粮食作物的发展轨迹进行判断，其比例从未突破 80% 的底线。因此，保证粮食作物近期 85%、远期 80% 的主体地位既是国家宏观经济与农民微观利益的保障，又是调整粮食作物不合理的内部结构所需。

8.1.1.2　坚持玉米主产区的优势地位

吉林省是玉米的核心产区，虽然供给侧结构性改革矛盾的焦点在玉米，但现阶段的玉米过剩也完全是宏观政策调控的失灵与内部品种结构失衡造成的，并非真正意义上的过剩。吉林省种植业结构调整，玉米产区的优势地位不能丢。这既是自然规律的选择，同时也是社会经济发展的需要。一方面，吉林省地处世界三大"黄金玉米带"，具有十分优越的玉米生产光热水土条件，使其逐渐形成了一条独具特色的玉米带。农业的一个重要特点是区域布局的差异性，这是由自然规律决定的，也是区域分工的结果。世界上任何一个国家都是如此，与吉林省同处黄金玉米带的美国，其密西西比河中部大平原也主要种植玉米和大豆，而没有种植其他作物。因此，优越的自然条件使吉林省种植业结构调整不能改变玉米核心产区的优势地位。另一方面，随着玉米栽培技术体系的不断完善，农民积累了玉米高产栽培经验，使吉林省玉米单位面积产量、总产量居全国前列。同时吉林是全国玉米出口量和调出量最高的省份，为社会经济发展做出了重大贡献。而作为吉林省玉米的非优产区即东部冷凉和西部农牧交错的镰刀弯地区，按照供给侧结构调整的内涵，这些区域应减少玉米的播种面积，改种青贮玉米或者苜草等饲草作物，恢复应有的生态环境。关于在镰刀弯地区增加青贮玉米的种植是国家已经明确的政策，意在调减玉米的种植比例，保护生态的持续发展。因此，在玉米的非优产区因地制宜，弱化籽粒玉米的生产，突出中部玉米核心产区的优势。

而保证玉米核心产区的优势地位，并不等于只强调普通籽实玉米的生产。从玉米粮经饲的三元作物结构用途考虑，从协调玉米上下游产业关系考虑，从保护农田生态环境角度考虑，多重因素要求玉米非优势产区"退粮还经""退粮还饲"，玉米内部结构的调整方向也应从以往强调普通籽实玉米的生产，根据需求逐步转向青贮玉米的生产，也就是从玉米的粮食作物品种转向饲料作物品种。因此，玉米的调整方向应为降低粮食作物用途的籽实玉米的比例，提高饲料作物的青贮玉米的比例。

8.1.1.3　努力恢复"玉米—大豆"轮作

生态可持续的价值取向决定吉林省种植业结构中要推进"玉米—大豆"的轮作。"玉米—大豆"的轮作具有生态效益、经济效益、社会效益的协调统一作用。其生态效应表现为通过"玉米—大豆"的轮作可以改变玉米常年连作而造成的初始自然禀赋受到的严重破坏与土壤肥力的下降，并通过换种非寄主作物使土壤中的病原菌消失从而抑制病虫害的发生。其经济效应不仅表现在"玉米—大豆"轮作可以比单一作物连作产量增加 10%以上，还可以降低"玉米—大豆"的生产成本，提高国际竞争力（倪学志和于晓媛，2018）。因为"玉米—大豆"轮作可以使粮食产量的 70%~80%由基础地力贡献，不用施肥，从而降低化肥成本（崔奇峰等，2016）。"玉米—大豆"轮作的社会效应在于有利于降低大豆过高的对外依存度。2016 年我国大豆进口量占全球进口量的 58.26%，占全球大豆总产量的 26.3%，98%以上的大豆从美国、巴西和阿根廷进口，这种过度依赖将埋下粮食安全危机隐患。吉林省历史上具有大豆生产的优势，通过"玉米—大豆"轮作，适当增加大豆播种面积，可以为逐步降低过高的对外依存度，保障国家粮食安全做出应有的贡献。实现上述生态效益、经济效益与社会效益的协调统一，需要确定科学合理的轮作模式。在实际调研中，吉林省东部地区近几年实施了"玉米—大豆"作模式，这种模式在一定程度上得到推广，具有一定的科学操作性，被大多数农户采纳，可以向更广的范围推广。"玉米—大豆"的轮作所释放的正面效应众所周知，然而如何推动轮作是问题的关键。大豆的生物学特性决定其单产水平低下，提高大豆单产是世界性的技术难题。与玉米相比，大豆的单产水平不足其 1/3，从而造成比较收益低下。因此，适当增加转基因大豆的种植或许是增加大豆收益的途径。如前文所述，吉林省乃至全国大豆的单产水平不及美国转基因大豆单产的 1/2，如能在不影响非转基因大豆种植的基础上，适当增加转基因大豆的播种面积，提高收益，将有利于促进"玉米—大豆"的轮作。

8.1.1.4 突出杂粮杂豆优势

吉林省杂粮杂豆主要分布在西部地区。整个西部地区位于科尔沁草原东部，气候干旱，蒸发量大于降水量，大片土地沙漠化盐碱化程度逐年加大，土地贫瘠。然而这种特殊的自然环境恰好适合杂粮杂豆耐寒、抗旱、耐土地瘠薄与适度盐碱的生长特性。吉林省西部地区也因其独特的自然气候环境，形成了杂粮杂豆种植的比较优势，与国内其他杂粮杂豆产区相比具有规模大、品质优的特点。其生产的经济价值与生态价值是其他区域不可替代的。从经济价值来看，杂粮生产是西部地区农民增加收入的重要来源。杂粮杂豆市场价格较高，2017年吉林省绿豆价格为9.20元/千克、红小豆价格为4.79元/千克、高粱价格为1.89元/千克，分别是玉米价格的6.23倍、3.24倍、1.28倍。结合调研数据得到，2017年吉林省洮南市农户种粮收入来源中，绿豆、高粱、谷子等杂粮杂豆的收入占比可达60%。从生态价值来看，杂粮杂豆的种植可以减少水资源的消耗，改善荒漠化、减少水土流失、培肥地力，缓解西部地区脆弱的生态环境，以促进生态可持续发展。因此，在结构调整中应强化西部杂粮杂豆的种植，突出品质，改善质量，提升价值，形成更具优势的杂粮杂豆产区。

8.1.2 积极发展经济作物

积极发展经济作物是吉林省种植业结构调整，推进农业现代化进程的重要举措；是促进农业增效、农民增收的有效途径。在保证以粮食作物为主体的同时，大力推进经济作物发展。

8.1.2.1 提升特产作物品质

吉林省特产资源丰富，主要分布在东部高寒山区，人参、食用菌、山野菜、野生浆果等特产享誉全国，其中以人参更具盛名。吉林省人参产量约占全国的80%、约占世界的65%，以人参为主体的特产加工业凭借丰富的参源和近40年的加工经验积累，加工产品涉及医药、保健、营养食品、日用化工等几大类，十多个系列数百个品种，远销国内外。但是，长期以来吉林省特产业还未能摆脱价格的交替起落，较长一段时期内人参栽培未能走出追求数量规模的误区，导致人参价格走低的市场困境。时常出现"一类资源、二类加工、三类效益"的现象，人参制品在国际市场上的竞争力日益走低。在种参利益的驱动下，增加产量成为参户追求的目标，于是大量使用化肥、农药，造成农药残留，致使人参品质下降。这种低品质的人参种植对其下游以人参为加工原料的食品、药品等行业的发展产生限制。转变追求数量的粗放经营，注重提升特产作物品质，以协调产业发展，增加农民收入。

8.1.2.2　增加蔬菜作物供给

吉林省蔬菜、果树、花卉等园艺作物经过多年的发展，在栽培面积、产业布局、资源及品种上均发生较大变化。在带动农民增收、增加农业有效供给中的作用越发凸显。花卉作物产业结构初步形成，花卉生产面积已经由 1997 年的 7.5千公顷增加到 2017 年的 20.7 千公顷，切花、盆花、绿化面积不断加大，总产值已达 21.8 亿元。果树产业已形成特色产区，其中东部地区的小浆果等，中部的梨、苹果、葡萄等，西部地区的杏、李、小苹果等产业发展态势良好。蔬菜作物在园艺作物中所占面积最大，2017 年占比为 62.08%，已经形成了以设施蔬菜为主的产业化形式。"百万亩棚膜蔬菜建设工程"的实施，使吉林省形成了榆树市弓棚镇、绿园区合心镇和大安市良种场三个国家级蔬菜标准园，有力带动吉林省其他地区蔬菜产业的发展（王连君等，2018）。然而蔬菜供应市场存在明显的季节性短缺。每年冬、春两节，蔬菜价格持续偏高，蔬菜淡季供求矛盾凸显，基本靠外调来满足本地市场需求。夏、秋两季蔬菜价格低廉，供应有余。因此，吉林省蔬菜作物应进一步开拓市场空间。一是要增加淡季蔬菜市场的本地供给能力，以满足城乡居民的生活需求。二是努力发展夏秋季节"北菜南运"的供给能力。我国南方夏、秋两季时常遭受持续阴雨季节，暴雨、大暴雨等易造成洪涝灾害；盛夏季节降水少、气温高、光照强，易形成伏旱现象，致使南方夏秋季蔬菜种植管理难度大。为此，应增加夏秋季节供给，建立冷链物流，实现"北菜南运"。

8.1.3　加快开发饲料作物

吉林省种植业结构调整中饲料作物的调整具有重大意义，增加饲料作物的种植是保证粮食作物种植面积合理、玉米内部结构合理的重要前提，也是协调产业发展与生态可持续的客观需要。

8.1.3.1　积极增加饲料玉米

在玉米的粮、经、饲三元结构中，用于饲料消费所占比例为 65%~70%，是玉米消费的主体。随着玉米单产水平与过腹转化能力的提高，为畜牧业发展提供了更多可以消费的饲料用粮，使吉林省生猪、肉鸡、肉牛和肉羊规模得以发展壮大。膳食结构的改变，未来居民对于肉、蛋、奶需求比例将进一步上升，饲料玉米需求量也将随之增加。而饲料玉米如果以青贮形式进行利用，可使牛羊饲料供给具有更高的能量转化。科学数据表明，青贮玉米的能量相当于籽实玉米的4倍（郭庆海，2018b）。每亩全株青贮玉米可比玉米籽粒与秸秆分开利用供给牛羊的有效能量和有效蛋白增加40%左右（马有祥，2017）。而现阶段玉米内部结构中片面强调籽实玉米的生产，青贮玉米比例过低，显然不利于玉米转化效率的提高，更不利于吉林省畜牧业的发展。因此，调减籽粒玉米的种植面积，突出饲料玉米特别是青贮玉米的种植是吉林省种植业结构调整中解决当前不合理结构的重要途径。

8.1.3.2 注重发展饲草作物

除了上述青贮玉米和玉米秸秆饲料化，也可以利用现有耕地，积极发展人工种草，扩大苜蓿、黑麦草、燕麦草等优质牧草种植面积。例如苜蓿，在世界上被誉为"牧草之王"，是饲养奶牛不可或缺的优质饲料。吉林省西部是典型的农牧交错地带，草原资源丰富、面积分布广泛，形成了牛、羊的天然牧场。然而随着人口的快速增加以及玉米临储价格的高位运行，大面积草原被开垦为农田种植玉米，使西部地区重农抑牧倾向严重。以白城地区为例，2016年的农牧结构中畜牧业总产值占比为32%，种植业总产值占比达到68%（郭庆海，2018a），畜牧业产值所占比例低于全省14%，种植业产值所占比例高于全省23%。显然没有建立起应有的农牧结构。应增加苜蓿等饲草作物的种植，加快退耕还草速度，形成农牧结合的产业结构。同时，将西部地区中低产田用于发展饲料作物，不仅能拉动整个农区经济，而且对资源的充分利用和生态环境的保护都具有重要的作用。

8.2 吉林省粮食作物结构调整的方向

8.2.1 优化玉米内部种植结构

吉林省种植业结构调整的重点在于粮食作物内部结构的调整，而粮食作物内部结构的调整在于玉米内部结构的调整，根据玉米三元作物结构属性，建立合理的作物结构。以"粮改饲"战略为优化路径，以农户"种养结合"经营结构为行动支点，推进玉米核心产区的"粮改饲"，更有利于优化玉米内部的种植结构。

8.2.1.1 建立玉米内部三元作物结构

玉米的粮、经、饲三元作物结构，使其具有多种功能。从产业协调的角度来看，玉米种植业应建立与下游产业发展相适应的食用玉米、饲用玉米和加工玉米的"三元"种植结构。就玉米内部结构而言，食用玉米的需求较小，虽然随着居民饮食结构与观念的转变，对玉米的高价值与高营养有所认知，但是需求量的增长有限，也只占玉米消费中的 10%左右。饲用玉米和加工玉米则具有较长的产业链条，对于推动上下游产业的协调、农民收入的增加以及农田生态可持续的发展均具有十分重要的意义。其中加工玉米内部专用型玉米品种众多，应根据市场需求，提高专用型玉米种植比例，如增加加工淀粉所用的高淀粉玉米种植，加工植物油所用的高油玉米种植等，为下游玉米加工企业提供优质加工原料。饲料玉米的消费比例最大，也是玉米内部品种结构调整中最关键的内容。从长期来看，居民对肉和奶消费比例的上升，将进一步拉动饲料作物的消费。青贮玉米是牛、羊的优质饲料来源，具有更高的价值与能量，增加青贮玉米的种植比例是玉米内部结构合理的重要途径。因此，应以市场需求为导向，改变以往只重视籽粒玉米生产的一元作物结构，建立起与产业发展相互协调的三元作物结构。

8.2.1.2 推进玉米核心产区"粮改饲"

2015 年中央一号文件提出了粮改饲战略，2017 年农业部印发了《粮改饲工作实施方案》，其行动的重要指向之一在于种植业结构的调整与优化，通过调减籽粒玉米种植，增加青贮玉米等饲草作物种植，推动种植业结构向粮经饲统筹方向转变。然而这一战略实施的试点范围划定聚焦于"镰刀弯"地区和黄淮海地区的玉米产区，对于玉米主产区的支持份额占比较小。在 2017 年的粮改饲任务中，计划面积为 1000 万亩，由山东、内蒙古、河南、黑龙江、吉林等 17 个省份与黑龙江农垦局共同分担。其中山东、河北、内蒙古、黑龙江（包括黑龙江农垦局面积在内）4 省份分配超过 100 万亩，占任务总量的 44%。方案中除山东外，对于玉米播种面积较大的核心产区关注略显不足。黑龙江虽然任务总量位列第三，但是由于玉米播种面积较大，仅占其总面积的 1.2%，而吉林只分得 60 万亩，是吉林玉米播种面积的 0.96%（郭庆海，2018b），低于全国 1.57%的粮改饲支持水平。作为我国玉米生产能力与调出能力最大的玉米核心产区，并没有得到应有的重视。事实上，不仅农牧交错地带、冷凉山区地带需要推进"粮改饲"，玉米核心产区也需要推进"粮改饲"。玉米产量的 65%以上用于饲料消费，而且居民对肉和奶的消费需求在不断增加，所以玉米核心产区提高青贮玉米的种植，扩大草食动物的饲养区域是未来农牧发展的一种价值研判。这样做的好处：一是可以减少籽粒玉米的收购和仓储，缓解市场压力。如前文所述，2015 年吉林省的玉米库存已达 9531 万吨，为全省玉米年产量的 3.4 倍。通过增加青贮玉米的种植，以全株青贮形式作为饲料消费，则可大大降低玉米收购与仓储的压力。二是可以减少秸秆过剩的压力。长期以来，玉米产区单一的籽粒玉米种植结构，产生了大量秸秆，而秸秆利用多以焚烧的方式进行，对生态环境造成了较大伤害。三是可以改善农田环境。玉米连作使农田严重透支，增加青贮玉米的种植实现玉米与饲料作物之间的轮作，可以培肥农田地力。四是改善农户经营结构，建立起种养结合的经营结构。在种植青贮玉米的同时，饲养肉牛或者奶牛等养殖业，实现青贮玉米在户内的消费转化。

综上所述，目前的"粮改饲"政策中，更多是出于调整玉米边际产区结构的考虑，缺少对玉米核心产区结构调整的关注。而在玉米核心产区推进"粮改饲"，不论是从改善环境考虑，还是优化结构思量，都具有满足农业持续发展的重大意义。

8.2.1.3 积极推进"种养结合"的农户经营结构

玉米核心产区推动"粮改饲"，促进粮食作物向饲料作物调整的关键在于抓住农户这个载体。"粮改饲"动议多年，成效不够显著的主要原因在于没有建立起微观层面"种养结合"的农户经营结构。这种结构是指农户在种植业的基础上发展养殖业，以种植业的饲料作物为饲料发展养殖业，而养殖业产生的粪便可以直接还田，为种植业发展提供生态支持的一种农牧互动的经营结构。然而，20世纪90年代以后，随着畜牧业向专业化、规模化方向发展，畜牧业的经营主体不再是农户，而是现代大中型畜牧养殖企业。这种情况可以从畜牧业在农户收入结构中得到体现。1990~2016年，吉林省农民收入中来自畜牧业收入的占比逐渐下降，从1990年的7.90%下降到2016年的5.73%。这意味着大多数农户已经退出了畜牧业的经营，微观层面的农牧关系日渐疏远。农业专业化的发展从来都不否定农牧业在农户这个经营主体内的结合，而且在微观层面的"种养结合"恰恰是现代农业的特征之一（郭庆海，2017a）。

2017年国家出台的"粮改饲"方案中确定了生产3000万吨的饲草作物目标，如此巨大的生产规模由农户进行种植，再经过市场流通，进入养殖户或企业消费，不仅增加了流通成本，也很有可能出现饲草滞销的市场风险。通过建立"种养结合"的微观农户经营结构，将种植的饲料作物进行内部消化，既降低了种植青贮玉米的销售风险，又可使产生的粪便进行粪肥还田，实现农户内部的农牧能量循环。同时，又有利于增加农户的牧业增收渠道。当然，这种模式并不是所有农户都可选择，只有达到一定经营规模的农户才可建立种养结合的经营结构。支持 5 公顷以上的农户建立"种养结合"可使家庭收入成倍增长（郭庆海，2017a）。根据一亩地一头牛的初步估算，5 公顷可为 75 头牛提供饲用肥料，一般情况下牛的饲养时间满一年达 600 斤以上即可出售，再按照一头牛可出售 5000 元计算，那么一年收入可达 37.5 万元。种植 5 公顷籽粒玉米的收入大约为 5 万元，即收入增加了 6.5 倍。而随着土地规模的扩大，其收入增长就会更加凸显。因此，在玉米主产区实施农户农牧结合经营结构的推广政策，将会形成玉米市场稳定、农田环境改善、农民收入增加的多重效应。

8.2.2　逐步激发大豆种植活力

历史上吉林省大豆曾是粮食作物中的主要力量，随着作物间比较收益差距的拉大，玉米占据了主体地位，大豆则逐渐走向衰败。通过调整大豆生产布局，实施"玉米—大豆"轮作，适当增加大豆种植面积，进而逐步实现吉林省大豆振兴，满足作物多元发展的需要。

8.2.2.1　调整大豆生产区或布局

目前，我国大豆生产可以划分为三大区域，包括北方春作区、黄淮海夏作区和南方多作区（长江流域春秋大豆和以秋作大豆为主的南方产区）。吉林省属于北方春作大豆产区，按照区域布局来划分，可以分为东部大豆种植区、中部大豆种植区和西部大豆种植区。东部地区由于无霜期短，降水量丰富，土质良好，形成了种植大豆的明显优势。敦化、汪清、龙井、桦甸、蛟河等均是大豆的主要种植区域。目前东部地区大豆种植面积为 140 千公顷，占吉林省大豆播种面积的72%。中部地区土壤肥沃、光照条件和降水量均能满足大豆生长需求，20 世纪五六十年代大豆播种面积可达 467 千公顷，占吉林省总播种面积的 60%，2017 年中部地区大豆播种面积仅为 46 千公顷，占全省播种面积的 24%。西部属于半干旱地区，虽然日照充足，但是降水量少，土质较差，所以大豆产量较低，品质也相对较差，种植面积少。由此可知，吉林省东部和中部具有种植大豆的资源优势，调整大豆的区域布局则主要集中于东部和中部地区。

第一，选择优质大豆生产资源区域进行保护性生产。吉林省东部为大豆种植的优势区域，不仅自然条件优越，而且具有大豆生产的传统栽培技术优势和生产优质品种的资源优势，单产水平较高，部分高产田示范区大豆已经突破 4500 千克/公顷。因此，对于东部优势产区应积极引导资金、技术和人才的流入，加快选育大豆突破性品种。同时加强农田基础设施建设，改善区域大豆生产条件，不断提升大豆产能。为了保护区域农民种植积极性，应制定稳定的大豆补贴政策，缩小其同玉米之间的收益差距。

第二，积极推进中部地区"玉米—大豆"轮作。吉林省大豆种植的主要障碍是大豆单产低、生产成本高于进口大豆，种植大豆的农民提高收益存在困难。所以要调动农民种植大豆的积极性，必须通过规模化经营来降低生产成本，而吉林省东部地区户均规模较小，而且地块分散，组织化程度较低，所以无法进行规模经营。而选择在吉林省的中部地区推行玉米和大豆轮作，一是因为中部地区属平原地带，是传统的大豆种植区域，具有大豆种植的自然优势。而且中部土地集中连片，户均规模大，家庭农场、农机合作社发展较快，有利于大豆的规模化经营与机械化生产，从而降低大豆生产成本。二是中部地区是玉米的核心产区，玉米常年连作造成土壤有机质含量下降，对农田生态环境造成严重破坏。而大豆的根瘤菌具有固氮作用，将空气中的氮还原成氨供给植物营养，研究表明根瘤菌接种剂能大量减少化肥的使用量，改善农产品品质，使农产品达到 AA 级绿色食品要求；有效提高农作物的产量；无任何不良副作用，不构成重金属污染；施用成本只有化肥的 1/10，根瘤菌剂还具有培肥地力，推行玉米和大豆轮作，可以减少肥料的使用，从而降低对土地资源的破坏。三是随着玉米价格的市场化，近两年玉米价格持续下降，农民种植玉米的收益明显减少。同时国家也出台政策，在东北地区鼓励大豆与玉米轮作解决玉米"产量高、库存高、进口高"的三量齐增现象，出台了一系列优惠政策，2018 年大豆补贴提高到每亩 200~210 元，玉米补贴则降低到每亩 100 元。农民种植大豆不仅可以享受到大豆补贴，还能享受到每亩地 150 元的轮作补贴。一系列政策的出台也极大调动了中部地区农民种植大豆的积极性，也为在中部地区增加大豆种植面积提供了可能。中部地区大豆种植要从选种开始，选用高产、高油、高蛋白兼用型的种子，提高机械化水平，开展规模化种植、标准化生产和产业化经营，提高大豆的品质，同时提高种植的收益。

8.2.2.2 建立非转基因大豆保护区

从全国范围来看，黑龙江省是中国最大的非转基因大豆生产基地。据统计，黑龙江省非转基因大豆播种面积占全国播种面积约 40%，商品率高达 80% 以上（郭天宝，2017）。但是，随着近年来大豆与玉米比较收益差距的加大，大豆播种面积呈现大幅下滑趋势。2016 年黑龙江省大豆播种面积（2883.9 千公顷）与2007 年（3808.75 千公顷）相比已经下降了 24%。因此，在全球普遍发展转基因大豆的背景下，为了保证我国大豆的品质与优质种源，提升大豆效益，选择黑龙江省北部积温较低的区域发展非转基因大豆是十分必要的。一是在空间上便于隔离，保护非转基因大豆纯度。二是在保护区内，发展安全、绿色、高蛋白非转基因大豆，可以满足食用豆制品需求，提高大豆效益。我国每年从国外进口大量大豆发展加工产业，事实上这些进口大豆均为转基因大豆，而农民为了获得更高的收益也在暗地种植转基因大豆，只要农民在种就会有污染非转基因大豆的可能，与其进口，不如发展自己的转基因大豆，促进农民种植积极性，保证大豆播种面积，以提高国产大豆竞争力和自给率，减少对进口大豆的过度依赖。

以往由于吉林省大豆经营策略的盲目性，大量高脂肪、高蛋白大豆混合在一起销售，导致大豆各项指标无法满足加工企业的要求，阻碍了吉林省大豆产业的发展。因此，为了促进吉林省大豆产业，既要考虑优质品种的保护又要考虑效益的提高，参与国际竞争。可以选择的发展思路如下：

一是在东部地区推行非转基因大豆种植，发展优质高蛋白大豆。保护东部大豆优良性状。在生产上应尽量做到统一品种规模种植，避免混种混收，销售和加工上努力引导企业与农民实行以诚信为基础的订单生产。在资源技术条件允许的前提下，在东部地区扩大高蛋白大豆品种的种植面积，加大对高蛋白大豆生产的科技投入，建立大豆科技创新体系，研发高蛋白质含量的大豆新品种，推广优质、高产、高蛋白大豆栽培技术。打造高蛋白食用大豆生产基地，实现吉林省大豆与国外高油大豆的错位竞争。

二是选择中部"玉米—大豆"轮作地区适当种植转基因大豆，把转基因技术纳入大豆发展战略加以考虑，促进大豆加工业的发展。这里需要说明的是，国内对于转基因大豆还存在一定的认识误区，应该加以积极正确引导。转基因大豆是通过现代的转基因技术工程，改变原有的遗传特性，培育出优质、高产、多抗性的新品种。与普通大豆相比，转基因大豆出油率更高，所以当前转基因大豆主要是用于提炼大豆油。而大豆油的成分是脂肪，转基因改变的是生物蛋白性状，并不改变脂肪。因此，用转基因大豆提炼的大豆油中并不含有转基因成分。由此，在中部推行转基因大豆的种植既解决了大豆单产低下的问题，又有利于大豆的规模化与机械化生产，降低经营成本，提高农民收益。

8.2.3 提升优质水稻种植比例

8.2.3.1 扩大优质品种水稻种植面积

吉林省水稻生产历史悠久，良好的水质、气候与土壤条件以及较高的栽培技术水平，使吉林省有着天然优质稻米的生产优势，是我国生产高档优质稻米的最佳区域。吉林省拥有 4 个优质粳米生产基地，分别是松花江流域优质粳米基地（九台、德惠、永吉、舒兰、前郭等县）、东辽河优质粳米基地（公主岭、梨树、双辽、伊通县等一些乡镇）、大柳河优质粳米基地（梅河口、辉南、柳河等县）和图们江流域优质粳米基地（龙井市、和龙市、敦化市等）。每一个生产基地都出现过有名的贡米。如九台的饮马河贡米、辽河流域的大泉眼贡米、图们江流域的龙井米和梅河口优质米（张三元等，2006）。但是，随着人们对优质稻米的需求越来越高，市场上劣等稻米无人问津。为此，充分发挥吉林省优越自然条件优势，以第二松花江、嫩江、东辽河等干支流为重点，建设优质水稻生产核心产区，扩大优质品种水稻的种植面积。同时根据优质水稻品种的适生性划分优质水稻产区，从自然资源、栽培技术、品种特性、土壤环境等多方面综合考虑，真正做到优质稻米的优质品种品质得到提高。另外，为满足水稻对水资源的需求，需加快大中型灌区续建配套和节水改造，改进水稻灌溉方式，扩大自流灌溉面积，减少井灌面积，控制地下水开采，依托新建设的大型水利工程合理推进"旱改水"。重视稻作资源环境的保护、基础设施的保护以及稻作资源的高效利用和生态环境的相互协调。

8.2.3.2　加强优质水稻育种研发

在面对国内市场国际化与消费结构升级的背景下，优质水稻成为国内市场的新亮点。近几年，我国从泰国、越南进口的优质大米数量逐年增加，表明国内稻米生产尚不能满足优质稻米的需求。吉林省是北方寒冷粳稻的主要产区，水稻产量与品质位居全国前列。但是目前吉林省优质水稻品种所占比例较小，结构单一。因此，在水稻品种的培育过程中，科研院所要注重培育优质、高产、抗逆的优良品种。而且可以根据水稻种植中的需求，不断地研发、繁殖出具有多种优势性状的水稻新品种。对于培育出的新品种，可以进行大规模的推广，并在技术上给予农户指导。要因地制宜合理布局优质品种，全面推进优质水稻标准化生产。同时，根据水稻新品种的时间性、地域性特征，要求科研院所做好品种的更换工作，以满足品种更新换代的需求。针对水稻销售环节，粮食企业要完善优质稻谷收购的价格体系，分稻米品质档次、分品种收购。要建立企业自有的优质稻生产基地或与水稻种植大户联合，建立"公司+基地+种植大户（或农户）"模式，创建独具特色的品牌，以效益带动大米品质的提升。

8.2.4　增加优质杂粮杂豆种植面积

8.2.4.1　扩大优质杂粮杂豆种植面积

吉林省杂粮因其独特的自然气候环境，品质比较优势明显。杂粮产业是我国农业经济的重要组成部分，具有增加农民收入，壮大农村经济和维持社会安定的重要作用，在杂粮产区没有其他作物可替代。杂粮是主产区农民的主要口粮，也是产区农民的主要收入来源。该地区发展杂粮生产能够减少对水资源的消耗，有利于保护耕地、改善荒漠化、减少水土流失、培肥地力、建设生态农业、促进农业可持续发展。吉林省杂粮产业的定位思路应当着眼于发挥杂粮作物"利用资源、保护生态、改善生活"的功能。利用资源是指在保证大宗粮食作物播种面积的前提下，利用不可种植大宗粮食作物的耕地来种植杂粮，既有利于维护国家粮食安全，又有利于增加贫困地区农民的资源利用能力和收入。保护生态强调的是将不宜种植大宗作物的贫瘠土地用来种植杂粮，有利于改良土壤，提高土壤肥力，保护农田生态环境。

8.2.4.2　建立优质杂粮杂豆生产基地

现阶段吉林省杂粮种植没有健全的新品种繁育体系，品种混杂、退化、病害严重。而且先进的栽培技术应用少，因此杂粮杂豆的品质无法得到保证，进一步影响其下游精深加工环节的发展，所以目前形成区域优势和品牌优势。在实施农业产业结构调整战略中，吉林省应把杂粮作为优势产业来抓，以杂粮为原料的加工产品单一，中高档产品匮乏，没有满足改善膳食结构调整需要的大众小杂粮食品。因此应该加快建立优质杂粮杂豆的生产基地，通过基地的示范、辐射效应，增强农民的科技意识，促进杂粮生产的全面发展，实现区域化布局，充分发挥优势区域和优势品种的市场地位，发展杂粮合作经济组织和深加工龙头企业，带领种植户开展标准化生产，为种植户提供专业化服务，从而形成产业集聚效应。实现杂粮种植科学化、标准化，确保杂粮生产高产、质优，满足国内外市场需要。同时要大力开展以优质杂粮为基料的全谷物营养健康食品的研究与开发。以市场为导向、以科技为依托、以加工出口为龙头，开拓大市场，形成大产业，把杂粮资源优势变为经济优势。把杂粮的初、深加工同生产紧密联系，立足国内消费、着眼国际市场、因地制宜地开发杂粮系列加工食品。实现就地生产、就地加工增值，将优质的杂粮产品变成各种各样集方便、食用、营养、保健于一体的优质食品，进一步满足市场需求，提高杂粮的经济效益和社会效益。

8.3　吉林省经济作物结构调整方向

从吉林省的自然资源禀赋来看，日照时间的长短、降雨量的分布、地形的特点以及水资源的多寡等使吉林省呈现明显的东、中、西部地域分布特征，而且差异显著，基本形成了东部特产、中部蔬菜、西部多种作物的发展格局。通过打造东、中、西三大经济作物产区，从而推动吉林省经济作物结构的优化。

8.3.1　做强东部特产作物

吉林省东部多山、多水、多林的环境特征，使其珍贵特产资源丰富。拥有山葡萄、蓝莓、软枣、猕猴桃等野生浆果 40 余种，人参、贝母、天麻、灵芝、五味子、林蛙、松茸、木耳、梅花鹿、山野菜等多种名贵药材和野生动植物资源。

人参被誉为百草之王，而吉林省人参产区主要集中在长白、抚松、靖宇、临江、江源、通化、集安、辉南、敦化、安图、汪清、珲春、和龙、蛟河、桦甸 15 个市县。产量占世界的 65%，占全国的 80%。所以应该发挥核心产区的优势，积极推广林下参和平地栽参技术来减少园参的种植面积，进而减少对林地资源的破坏。目前集安、辉南等地平地种参已经普遍推广，通过人参和玉米或大豆轮作，有效地调整了人参主产区的种植业结构。同时应积极发展人参加工业，大力培育壮大龙头企业，依托龙头企业建立抚松人参产业园、集安新开河产业园、敦化敖东工业园、靖宇健康产业园、延吉省人参产业化示范区、长白产业园，全面提升精深加工能力。打造"长白山人参"大品牌，注重人参核心产品的开发，丰富人参产品的种类，改变以往追求数量不重质量的观念，开发出人参食品、保健品、化妆品等优质人参制品，坚持"长白山人参"品牌、包装和商标的标准化，一个拳头对外，进而提高人参产品的国际竞争力。

吉林省长白山是生产安全、无公害的绿色有机蔬菜的理想之地，尤其是山野菜和食用菌贮藏量非常可观，而且由于其生长在完全自然的状态下，受到周围良好的生态环境的影响，产品营养丰富，口感独特，而且部分山野菜有着极高的药用价值。在过去一段时间内，由于客观原因山野菜没能很好地发挥其优势。目前随着人们生活水平的提高，对健康食品的需求有了进一步提升，所以山野菜和食用菌受到前所未有的重视，山野菜和食用菌的生产也迅速发展起来。因此，依托这一优势资源，打造采集、人工栽培、加工、销售一条龙的产业链条。同时山野菜和食用菌通过包装后，形成多样化的产品满足不同消费者的需求，同时也提高了山野菜及食用菌的档次，让野菜产品以奢侈品的身份出口海外，为国家换取大量外汇。

吉林省浆果资源丰富，特别是长白山地区以野生浆果资源为主，如山葡萄、蓝莓、猕猴桃、五味子、蓝靛果、悬钩子、刺五加等。长白山区储量较大的浆果有山葡萄约 3.5 万吨、蓝靛果约 1.2 万吨、五味子约 2.5 万吨、刺五加约 1.5 万吨、野生蓝莓约 0.5 万吨等。这些浆果资源开发利用程度较低，目前只有北五味子、山葡萄、蓝靛果等有采收和利用，大量的果实还处在原始的自生自灭状态。而且这些资源除山葡萄外主要以鲜食为主，由于缺乏相关的技术和设备保障，加工只占一小部分，很多时候只是卖原料和半成品，精深加工品匮乏。因此应充分发挥资源优势，做大做强浆果产业。首先，加快浆果资源的品质改良和人工驯化繁育，建立规模化种植基地。利用机械化或半机械化手段采摘，提高效率，降低成本，同时提高产品的品质。其次，借鉴国外先进经验，通过在采收现场或距离现场合适距离处就地简易加工，保证新鲜原料的及时加工，降低不必要的损耗。最后，注重研发和技术转化，延长产业链条，创造更高的产业价值。

充分利用东部山区的特色资源，形成以人参、山野菜、食用菌、浆果为特色的加工产业集群。通过企业龙头带动，突破精深加工的技术和设备，着重解决特产品加工层次低、综合利用程度不高、品牌杂乱等问题，打造一批具有吉林特色的品牌，突出地理标识，增强产品溢价能力，满足居民对高品质农特产品的需求。

8.3.2　做大中部蔬菜作物

吉林省中部地区的蔬菜种植与棚膜经济经过多年发展，已经取得了显著成效。截至 2016 年底，蔬菜种植企业 775 家，全省棚膜基础设施建设面积达 2.52 万公顷，产量 97.98 万吨产业化经营水平明显提高区域化布局明显加快。根据吉林省地理、资源、交通城镇布局等特点和不同生态区蔬菜生产比较优势，最大限度地发挥生态环境、产品市场和生产基础的三统一的生产功效。做到宏观与微观调控相结合，"一乡一品""一村一色"，促进蔬菜产业发展战略升级。其具体布局如下：

一是以大中城市的周边为主形成环城蔬菜产业化区。发展设施蔬菜、高档花卉的生产基地建设，以确保居民"菜篮子"和"果盘子"的供应期和供给量。

同时随着人民生活水平的提高，对健康绿色食品、高质量产品需求越来越大，所以在环城蔬菜产业区，可以积极发展绿色、无公害、有机蔬菜瓜果产品，提升农产品的档次。通过"公司+基地"化运作，发展蔬菜订单配送模式，更好地满足城镇居民对优质蔬菜果品的需求。同时根据目前城镇居民对乡村原始生活的向往，依托城市消费群体大、城市交通便利，积极发展生态采摘园、农业观光园，吸引更多城市消费者。形成旅游采摘、家庭种植、地方文化结合的营运模式创新蔬菜的发展。例如长春奢岭的草莓小镇、荣发农业生态园均形成了一定的特色品牌，取得了良好的经济效益。

二是农区蔬菜产业化区。设施蔬菜是吉林省蔬菜产业发展的主体形式。中部的长春、吉林和四平为瓜果蔬菜发展重心。近几年来蔬菜部门重点扶持了"长春—四平—沈阳"和"长春—德惠—榆树—扶余—哈尔滨"两条线，即国道沿线各县（市、区）的设施蔬菜产业建设，目前国道两侧的设施蔬菜产业已初具规模，生产基地基本形成。要发挥这一基础优势，在自愿互利前提下，鼓励和支持种植户发展成立蔬菜专业合作社，使农民由分散生产的传统方式转向合作发展、联合经营的方式，提高设施蔬菜产业的专业化、集约化程度。积极培植扶持一批有实力、有优势的龙头企业，通过龙头企业的逐步发展引导农民发展规模化生产，利用龙头企业的自身优势，在产前、产中、产后各个环节加大对农民的服务力度。满足吉林省城乡居民的蔬菜需求。同时由于南方夏季高温雨多，蔬菜需求无法得到有效满足，吉林省中部地区完全可以抓住这一市场契机，在满足自身需求的基础上，专门建立北菜南运基地，通过"龙头企业+基地+合作化组织+农户"，统一运作，规模化生产，提高蔬菜品质，打造吉林省蔬菜统一品牌，一致对外，提高吉林省蔬菜在南方市场的竞争力。

全力推进吉林省经济作物市场体系建设，依托蔬菜种植基地构建大规模、大流通、大平台的经济作物产品市场大格局，既可以解决本地市场冬、春两季蔬菜供给不足和夏、秋两季蔬菜供给过剩问题，进一步打造具有全国影响力的蔬菜瓜果集散地。

8.3.3　开发西部多种经济作物

吉林省西部地区具有光照时间长的优势，且盐碱地较多，适合开发多种类型的经济作物。现已形成了以葵花生、红辣椒、白瓜子、西瓜、烟叶为主的经济作物种植业；以南果梨、金红苹果、葡萄、仁用杏为主的林果业。然而目前西部地区经济作物，一是生产处于分散、小规模、初加工状态，二是产品处于"原"字号外销状态。

做大做强西部经济作物产业，首先，结合西部地区的资源优势与产业特色，合理布局，扩大生产规模，建立标准化的生产基地。以洮儿河两岸、霍林河两岸为重点，建设红干椒生产基地；以洮南市黑水地区为重点建设"黑水西瓜"生产基地；以通榆兴隆山、洮南二龙及大安舍力盐碱地为重点，建设葵花生产基地，生产优质食用油；以通榆白海、洮南车力淡黑钙土为重点，建设蓖麻生产基地；以长岭、乾安、前郭、通榆等县（市）为重点，建设油料基地；以扶余风沙土区和前郭、长岭西北部、通榆东部苏达盐碱土为重点，建设花生、芝麻等优质油料生产基地；以扶余、洮南、镇赉等县（市）为重点，建设糖料生产基地（石志宇和孟庆福，2015）。形成多种作物并重的发展格局。以"合作社+农户"的组织模式，进行标准化生产、规模化经营，保证产品的质量。其次，重点围绕辣椒、花生、蓖麻、沙棘等优势产业链条和特色产品，招商引资，培育新项目，通过项目建设带动加工企业发展，有效解决农户销售问题。引导企业和农户签订合同，稳定企业原料来源，为企业发展壮大打下坚实基础。同时鼓励企业延长产业链、开发新产品、选用新工艺、打造名牌产品，提高市场占有率和企业知名度。依托龙头企业发展精深加工，面向高端市场。最后，建立和完善线上线下一体化的销售平台。在传统的线下销售方面，政府与企业要联合打造地域名牌，加大网络媒体的宣传力度，通过品牌建设带动特色产业的发展。同时地方政府要加大对地方农村电商发展的投入力度，企业也应结合实际建立网上销售平台或与各大主流销售平台建立合作关系，通过线上平台让更多的消费者了解我们的产品。通过线上线下一体化经营，扩宽销售渠道，提升企业效益。

8.4 吉林省饲料作物结构调整方向

吉林省种植业结构改革的重点在于粮食作物与饲料作物之间的调整，调整的重点是在吉林省的中西部地区通过加快青贮玉米的发展、扩大优质牧草的种植面积，形成以草食动物为特色的农牧结合结构。

8.4.1 加快发展青贮玉米

吉林省中部地区地处世界三大黄金玉米带，是玉米的核心产区。从行政区划上划分，西部地区主要包括松原和白城地区，而松原地区也是地处黄金玉米带，2016 年松原地区玉米产量为 595.51 万吨，占吉林省玉米总产量的 19.45%，所以也是玉米的核心产区。玉米核心产区同样应作为粮改饲的重点区域，因此玉米的核心产区饲料作物发展可通过"粮改饲"，发展青贮玉米。具体调整内容在玉米的调整方向中已经有所论及。本书观点强调吉林省发展青贮玉米不仅可以在镰刀弯地区进行，在玉米核心产区也具有重要意义。其用意指向均是通过将玉米的粮食作物品种向饲料作物品种转化，从而协调优种植业结构、协调产业发展、改善农田环境。而加快发展青贮玉米的前提是畜牧业的快速发展。通过建立 5 公顷以上规模农户的"种养结合"的微观经营结构，实现青贮玉米的户内转化。并支持具有一定规模的农户在耕地上建立畜舍，实现种植空间与养殖空间的直接结合（郭庆海，2017a）。核心产区通过发展青贮玉米和规模养殖，提高肉、蛋、奶的供给能力，来满足城乡居民日常对肉、蛋、奶的需求。

8.4.2 建设优质牧草基地

随着人们生活水平的提高，对粮食的需求量大幅度降低，但是对肉、蛋、奶的需求量大幅度增加。然而目前我国畜产品生产无法满足居民的需求，2004 年牛肉进口量为 3437.25 吨，2016 年进口量增加到 579837.00 吨。随着生活水平的提高以及对健康生活饮食的追求，居民对优质、高端畜产品的需求量大幅度增加。然而 2016 年吉林省肉类产量 260.4 万吨，其中猪肉产量占 50%，牛肉产量只占 18%，羊肉只占 1.8%。畜产品不仅无法满足居民的日常需求，更无法满足居民对优质、高档产品的需求。因此吉林省应该发展精品畜牧业。吉林省西部地区，特别是白城是典型北方农牧交错地区，发展畜牧业有基础。曾经的西部地区牧草资源丰富，草原面积 200 多万公顷，盐碱地面积为 107 万公顷。饲用植物500 余种，优良牧草达 100 余种，产草量可达 1500~2500 千克/公顷。然而，长期以来由于人类各种活动的破坏，西部草原碱化、沙化现象严重，产草能力持续下降。到 2000 年，草场干草产量仅为 700~900 千克/公顷，放牧草干草产量仅为400~500 千克/公顷（曹勇宏，2011）。牧草是草食动物饲料的主要来源，其供给能力下降将严重制约畜牧业的发展。因此，在西部半农半牧地带建立优质牧草基地，扩大优质牧草基地面积。主要是从以下几个方面着手：

一是科学分析，明确优质牧草重点种植区域。据有关部门对吉林省西部地区牧草的生态及气象影响因子分析，对牧草的适宜生长区域进行了划分。结果表明：大安、前郭、松原、长岭、扶余为牧草最适宜生长区，在可能条件下，应调整农牧生产比例，加大牧草的生产比例；白城、镇赉、洮南、乾安为次适宜生长区，应采取有效措施，保证牧草的生产；通榆为较适宜生长区，但此地区也是吉林省西部牧草最多的地方，应采取综合管理措施，选择优良的牧草品种，研究不同气候、土壤、水分条件下牧草的抗逆性，遏制草地进一步退化、沙化。

二是多种方式扩大优质牧草种植面积。一方面，在牧草最适宜生长区通过退耕还草、引草入田的方式扩大饲料作物的种植面积。建立苜蓿等牧草种植基地，有关研究表明苜蓿是优质粗饲料，可以单独应用于草食家畜养殖，也可以和精饲料配合应用于猪、禽等单胃家畜生产领域。而收获籽粒后的玉米秸秆，由于物理、化学形态限制只适用于草食家畜生产领域，加之其营养价值低，经加工处理也只能满足草食家畜的维持需要。因此在该区域通过退耕还草、引草入田，发展苜蓿等优质牧草，通过牧草与玉米秸秆配合，既可以满足草食家畜对营养的需求，还可以促进秸秆的转化和利用，提高其利用效率。另一方面，建设人工牧草，一个稳定的牧业，仅靠天然草原不行，必须有人工饲草料和农场产品来支撑，在白城、洮南等牧草次适宜生长区，根据牧草的生物学特点，种植多年生或一年生草地，加强栽培管理，才能获得优质高产牧草。

三是加大盐碱化草地治理力度。吉林省西部草地碱化范围广、程度深，重点在通榆地区。治理盐碱化，也要根据实际程度，分类进行治理。对于轻度、中度碱化草地具有复原的潜力，实行围封抚育、分段放牧、休养生息。对于重度、极度碱化草地则需要投入较多的人力、物力、治本改良和治标改良相结合，使碱化草地建成放牧场、割草场、饲草料基地。

以发展草食动物为特色，改变以往片面的土壤改良、种植业、畜牧业、饲养业的孤立发展，实现饲草作物品种专用化、生产规模化、销售商品化，形成农牧结合、粮经饲统筹、种养加一体的新型种养结构。规模化、专业化优质牧草基地的建设，一方面，可以改善生态环境。多年生豆科牧草和禾本科牧草，具有改良土壤、提高土壤肥力的特性，提高土壤氮素总量、减少化肥施用量，在一定程度上可减少农田化学污染，减轻农田地表水体污染。另一方面，可以增加收入。采取放牧与舍养相结合的方式，科学适度放牧，提高草食动物肉质，有利于发展高端肉制品，满足市场需求，从而提高经营效益。

8.5 本章小结

本章对吉林省种植业结构调整的方向选择与具体调整的方向进行了科学判断。在吉林省种植业结构调整的方向选择中基本判断出，种植业结构不论怎样调整，吉林省保证以粮食作物为主体的结构是不可改变的，保证玉米的核心产区优势是不可改变的。现阶段粮食作物比例偏高是由粮食作物内部玉米结构不合理造成的。玉米粮经饲三元作物结构，片面强调了玉米粮食作物品种的一元结构，忽视了玉米经济作物和饲料作物品种的结构。由于玉米消费中65%以上用于饲料消费，所以降低粮食作物用途的籽粒玉米比例，提高饲料作物的青贮玉米比例，是粮食作物的调整方向，也表明吉林省种植业结构调整的重点在于粮食作物与饲料作物中的调整与优化。

在具体调整方向的分析中，明确指出粮食作物中玉米应建立起三元作物结构，在玉米核心产区推动"粮改饲"，其行动的关键在于建立"种养"结合的微观农户经营结构，从而促进粮食作物向饲料作物调整。大豆则在进行合理区划布局基础上，应建立非转基因大豆保护区，保护传统大豆纯度，不受转基因大豆的侵犯，在中部地区适当进行转基因大豆种植，与玉米合理轮作，从而增加大豆的种植面积。水稻以扩大优质品种稻米的种植为调整方向，杂粮杂豆以建设优质杂粮基地为依托，发展精深加工。经济作物的调整方向以东、中、西区域划分，打造东部特产、中部蔬菜、西部多种作物的发展格局。饲料作物的调整以形成增加玉米核心产区与镰刀湾地区青贮玉米种植以及西部地区牧草种植，协调畜牧业发展的农牧格局。

通过上述的调整最终实现吉林省种植业结构由单一玉米种植向多元作物发展，由过分强调经济社会效益向经济效益、社会效益、生态效益协调统一的种植业结构发展。

第9章 研究结论

本书从农业供给侧结构性改革，尤其是其中种植供给侧结构性改革的背景分析入手，厘清种植业供给侧结构性改革的内涵与基本内容。在此内涵下，重点梳理了1978年至今吉林省种植业结构的演变历程，得到当前吉林省种植业的形成结构。接下来从经济、社会、生态三个方面对这种结构的合理性进行综合评价，找出制约这种结构调整的市场、生态与技术困境。而突破这种困境是以往简单结构的增减所无法解决的，唯有用改革的思路推动结构的调整。因此，从资源配置方式、价格形成机制、粮食市场结构以及农村组织制度四个维度构建吉林省种植业供给侧结构性改革的基本框架，确立种植业结构调整的保障国家粮食安全、农民种粮合理收入、产业协调发展与生态可持续的价值取向。遵循价值取向，对吉林省种植业结构调整的方向进行了科学判断。得到的主要结论如下：

第一，种植业供给侧结构性改革是农业供给侧结构性改革的关键，其要义并非一般意义上结构的增加与减少，而是深入到结构变化的制度变革。之所以提出种植业供给侧结构性改革就是要用改革的思路来推进结构的调整与优化。不合理的农业管理体制是造成结构失调的首要原因。因此，区别于改革的相关制度，得到资源配置方式、价格形成机制、粮食市场结构、农村组织制度为种植业供给侧结构性改革的核心内容。

第二，从经济效益、社会效益和生态效益三个方面对吉林省以玉米为主体的单一种植结构进行综合性评价，结果显示：虽然这种结构在宏观种植业投入产出上、在微观农民收入上具有一定的优势，但却拉大了作物间的比较收益，不利于结构的多元化发展；虽然吉林省在粮食商品率上为国家粮食安全与社会稳定发展做出了重大贡献，但过高的粮食进口依存度表明当前结构未能满足消费升级的需求，同时这种结构释放出的生态负效应令人担忧。由此，吉林省种植业结构调整势在必行。但是，结构调整却面临着贸易格局复杂、农产品成本持续上涨的市场困境，农业用水资源紧缺、耕地质量与数量下降的生态困境以及农产品育种技术发展缓慢、农业技术推广供需不匹配的技术困境，从不同维度、不同层面制约着结构的优化，用以往调整的思路俨然无法破解，唯有改革的手段才能推动结构的优化。

第三，我国政府长期以来形成的计划经济思维，出现了政府过度干预市场的偏离，由此导致了市场的失灵和农业资源配置的扭曲。因此，转变计划经济的单变量思维，建立多元目标思维，以市场为导向，充分发挥市场经济规律在资源配置中的作用，矫正农业资源配置的扭曲是改革的根源。通过建立市场价格机制，使粮食价格由市场决定。推动粮食收储主体多元化和社会化的市场化改革，改变当前国有粮食收储企业"一家独大"的局面，发挥其政策性收储功能，与其他收储主体在收购市场中具有平等的经营地位，实现粮食收储市场价格传递的顺畅。通过整合当前农村经济组织，用合作经济组织机制改造集体经济组织，重视综合性合作社的发展，有序地将亿万农民的生产经营活动嵌入市场经济，实现农村基层经济组织制度的创新，以保障粮食收储市场的顺畅运行、价格的良好传递、市场规律的充分发挥，进而推动种植业结构的优化。

第四，吉林省种植业结构调整必须确立保障国家粮食安全、农民种粮合理收入、产业协调发展以及生态可持续四维价值取向。首先，保证种粮农民和粮食产区特别是核心产区两个积极性是巩固粮食主产区核心地位的基础、是保障国家粮食安全的基础。通过不断完善粮食主产区支持政策，完善粮食主产区利益补偿制度使其积极性得以持续。在未来很长一段时期内，我国粮食供给压力仍然存在，人地关系趋紧的矛盾仍然存在，粮食主产区生产功能在日益下降。吉林省作为粮食生产的核心产区，其结构调整必须坚持国家粮食安全地位不动摇。其次，合理的种粮收入是保证农民种粮积极性持续的支撑条件。吉林省以玉米为主体的种植结构决定了合理种粮收入的主要指向是围绕玉米种植获取收入。而玉米支持政策的不稳定性造成了农民种植玉米收入的起伏与玉米种植积极性的不稳定，呼吁将玉米纳入主粮范围，与稻谷和小麦具有同等地位，使玉米具有一个主粮生产应有的利润空间，进而实现玉米种植的合理收入。作物间收益水平相当，从而实现相互替代的效应，促进种植业结构的优化。再次，玉米作为产业链条最长的作物，其饲用和加工用途与下游的加工业与畜牧业紧密衔接。因此玉米三元作物的属性决定了种植业结构调整以产业协调发展为价值取向。最后，种植业结构调整应尊重自然规律与比较优势原则进行布局。去除赤色产能、恢复"玉米—大豆"轮作制度、种地养地有机结合以及科学施用化肥来实现农业可持续发展。

　　第五，吉林省种植业结构调整的重点在于粮食作物与饲料作物中的调整与优化。吉林省作为保障国家粮食安全的核心产区，种植业结构不论怎样调整，保证以粮食作物为主体的结构不可改变，保证玉米核心产区优势不可改变。现阶段粮食作物比例偏高是由粮食作物为部玉米结构不合理造成的。玉米粮经饲三元作物结构，片面强调了玉米粮食作物品种的一元结构，忽视了玉米作为经济作物和饲料作物品种的结构。建立玉米三元作物结构，通过"粮改饲"行动有效推进。然而"粮改饲"不应仅在农牧交错地带实施，玉米核心产区同样有"粮改饲"的需求。以"种养"结合的微观农户经营结构为行动支点，从而促进粮食作物向饲料作物的调整与优化。

参考文献

［1］郭庆海．农业供给侧结构性改革：目标、内涵与路径［J］．世界农业，2017a（03）：227-230.

［2］李文增．西方凯恩斯学派、供给学派与中国的供给侧改革［J］．世界文化，2017（05）：5-8.

［3］王昌林，付保宗，郭丽岩，卞靖，刘现伟．供给侧结构性改革的基本理论：内涵和逻辑体系［J］．宏观经济管理，2017（09）：14-18.

［4］贾康．供给侧改革的核心内涵是解放生产力［J］．中国经济周刊，2015（49）：78-79.

［5］徐林．释放新需求创造新供给［N］．中国财经报，2015-12-01.

［6］滕泰．加强供给侧改革开启增长新周期［N］．经济参考报，2015-11-18（001）．

［7］沈建光．供给侧改革与协调管理共同推进［N］．第一财经日报，2015-08-27.

［8］陈宪．需求导向还是供给创新［N］．社会科学报，2015-07-23.

［9］王一鸣．十三五加强供给侧改革塑造新需求［J］．理论导报，2015（12）：26-28.

［10］贾康，冯俏彬．改善供给侧环境与机制，激发微观主体活力，创构发展新动力——"十三五"时期创新发展思路与建议［J］．经济研究参考，2015（64）：3-15.

［11］刘伟．经济新常态与供给侧结构性改革［J］．管理世界，2016（07）：1-9.

［12］许经勇．农业供给侧改革与提高要素生产率［J］．吉首大学学报（社会科学版），2016，37（03）：20-25.

［13］郭庆海．玉米产业供给侧结构性改革难点探析［J］．农业经济与管

理，2017b（01）：5-11.

［14］程国强．中国农业要理顺三大关系［J］．江苏农村经济，2017（08）：13.

［15］王国敏．我国农业结构性矛盾与农业供给侧改革的着力点［J］．理论探索，2017（06）：100-106.

［16］蒋和平．农业供给侧改革下我国粮食产业的发展思路与方向［J］．价格理论与实践，2017（02）：13-18.

［17］姜长云，芦千文．推进供给侧结构性改革的亮点、难点和启示［J］．中国发展观察，2017（19-20）：109-112.

［18］陈锡文．推进农业供给侧结构性改革应围绕四个基本方面进行［J］．农村工作通讯，2017a（20）：22-25.

［19］姜长云．科学理解农业供给侧结构性改革的深刻内涵［J］．经济纵横，2017（09）：24-29.

［20］罗必良．农业供给侧改革的关键、难点与方向［J］．社会科学文摘，2017（04）：53-55.

［21］张晓山．推进农业现代化面临新形势新任务［J］．智慧中国，2019（05）：88-90.

［22］何军，王越．以基础设施建设为主要内容的农业供给侧结构改革［J］．南京农业大学学报（社会科学版），2016（06）：6-13+152.

［23］和龙，葛新权，刘延平．我国农业供给侧结构性改革：机遇、挑战及对策［J］．农村经济，2016（07）：29-33.

［24］江小国，洪功翔．农业供给侧改革：背景、路径与国际经验［J］．现代经济探讨，2016（10）：35-39.

［25］陈晓华．推进农业供给侧结构性改革要从五个方面抓起［J］．上海农村经济，2016（04）：4-6.

［26］陈锡文．农业供给侧改革应围绕四个方面［J］．黑龙江粮食，2017b（10）：9-12.

［27］孔祥智．农业供给侧结构性改革的基本内涵与政策建议［J］．改革，2016（02）：104-115.

［28］高强，孔祥智．中国农业结构调整的总体估价与趋势判断［J］．改革，2014（11）：80-90.

［29］杨建利，邢娇阳．我国农业供给侧结构性改革研究［J］．农业现代化研究，2016（07）：614-620.

［30］潘盛洲．推进供给侧结构性改革　确保经济持续健康发展［J］．时事报告（党委中心组学习），2016（03）：46-66.

［31］柯炳生．新常态下中国农业发展新特点和新思路［J］．中国棉麻产业经济研究，2015（04）：17-20.

［32］罗浩轩．新常态下中国农业经济增长的三重冲击及其治理路径——基于1981-2013年中国农业全要素生产率的测算［J］．上海经济研究，2017（02）：24-33.

［33］张晓山．适应形势变化创新粮食政策［J］．农村工作通讯，2016（15）：34-35.

［34］侯丽微．中国农业结构调整的效应研究［D］．北京：中国农业大学，2005.

［35］刘媛媛．中国农业结构调整效果的测度及评价［D］．兰州：西北师范大学，2013.

［36］董凤丽，吕杰，赵兵．沈阳经济区农业结构效益评价及产业带构建［J］．中国农业资源与区划，2013，34（02）：98-102.

［37］Zeeshan Ahmad，Meng Jun．Optimal Scheme Selection of Agricultural Production Structure Adjustment—Based on DEA Model；Punjab（Pakistan）［J］．Science Direct，Dcember，2015，22（04）：48-52.

［38］董洪清，李思．基于DEA模型的中国农业效率实证研究［J］．前沿，2010（17）：98-102.

［39］罗萌．延安地区退耕还林（草）的生态经济效益评价［D］．榆林：西北农林科技大学，2010.

［40］岳超慧．农业生态经济效益协调发展的定量评价方法［J］．河北农业科学，2007，11（02）：97-98.

［41］秦小丽，刘益平，王经政，姜丽丽．江苏循环农业生态补偿效益评价［J］．统计与决策，2018（03）：69-72.

［42］戴俊．广西种植业结构效率分析——基于随机前沿分析（SFA）方法［J］．中国农业资源与区划，2016（03）：11-16.

［43］杨春，陈文宽，葛翔等．发展饲用作物推进种植业结构调整的综合效

益评价研究［J］．农业技术经济，2018（08）：119-125.

［44］刘新生．种植业经济效益及其评价指标体系研究——以山东滨州市为例［D］．榆林：西北农林科技大学，2003.

［45］任昊天．黑龙江非转基因大豆成本收益分析［J］．黑龙江粮食，2013（08）：48-50.

［46］汪岑．安徽农垦粮食内部结构调整及未来趋势分析［D］．合肥：安徽农业大学，2016.

［47］乌玮琪．农业种植结构变化及其效果评价研究——基于喀喇沁旗情形［D］．呼和浩特内蒙古农业大学，2012.

［48］陈锡文．关于深入拽进农业供给侧结构性改革的提案［J］．中国科技产业，2017c（04）：27.

［49］赵霞，韩一军．产粮大省推进农业供给侧结构性改革的困境与建议［J］．经济纵横，2017（11）：84-89.

［50］倪洪兴．开放视角下的我国农业供给侧结构性改革［J］．农业经济问题，2019（02）：9-15

［51］陆文聪．对我国主要农产品产需变化趋势的基本判断及其政策启示［J］．中国农村经济，2004（02）：16-24.

［52］陈明文．中国热带地区农户种植结构调整研究——以海南省为例［D］．北京：中国农业大学，2018.

［53］董晓霞．种植业结构调整对农户收入影响的实证分析——以环北京地区为例［J］．农业技术经济，2008（01）：10-17.

［54］陈印军．农业结构调整所面临的形势与对策［J］．中国农业资源与区划，2001（10）：41-42.

［55］张文忠．全球气候变暖与中国传统农业［C］//发展低碳农业应对气候变化——低碳农业研讨会论文集，2010.

［56］王为农，孙永朋．我国种植业结构优化升级的思路及政策建议［J］．经济研究参考，2008（39）：24-33+40.

［57］柴斌锋，陈三萍，郑少锋．玉米生产者经济效益影响因素实证分析——来自三省的农户调查［J］．农业技术经济，2007（06）：34-39.

［58］王翌秋，陈王珠．劳动力外出务工对农户种植结构的影响研究——基于江苏和河南的调查数据［J］．农业经济问题，2016（02）：41-48.

［59］王方舟，孙文生．河北省农业种植结构的优化对策研究［J］．江苏农业科学，2011（01）：482-484.

［60］杨佳柳．农业供给侧结构性改革视角下吉林省镇赉县种植业结构优化调整研究［D］．长春：吉林大学，2018.

［61］Christopher L. Gilbert. How to Understand High Food Prices［J］. Journal of Agricultural Economics，2010（02）：398-425.

［62］Bruce A. Babcock. The Impact of US Biofuel Policies on Agricultural Price Levels and Volatility［J］. China Agricultural Economic Review，2012（02）：407-426.

［63］Tsai-Yu Chang. The Influence of Agricultural Policies on Agriculture Structure Adjustment in Taiwan［J］. China Agricultural Economic Review，2011（01）：67-69.

［64］Wallace E. Huffman，Robert E. Evenson. Structural and Productivity Change in US Agriculture，1950-1982［J］. Elsevierjournal，2001（02）：121-147.

［65］Zhang Xiao-nan，Guo Qiu-ping，Shen Xiao-xue，Yu Sheng-wen，Qiu Guo-yu. Water Quality，Agriculture and Food Safety in China：Current Situation，Trends，Interdependencies，and Management［J］. Journal of Integrative Agriculture，2015，14（11）：2365-2379.

［66］Zhang Xiao-nan. Interdependencies and Management［J］. Journal of Integrative Agriculture，2015，14（11）：2365-2379.

［67］Teresa Serra，Barry K. Goodwin，Allen M. Featherstone. Agricultural Policy Reform and off-farm Labour Decisions［J］. Journal of Agricultural Economics，2005（10）：271-285.

［68］Czyżewski，Andrzej，Staniszewski，Jakub. Changes in the Production Factor's Structures in Agriculture in the Light of Price Adjustments. A Case Study of Selected EU Countries［J］. Management（1429-9321），2015，19（02）：136-151.

［69］西奥多·舒尔茨．经济增长与农业［M］．北京：北京经济学院出版社，1991.

［70］D. 盖尔·约翰逊．经济发展中的农业、农村、农民问题［M］．北京：商务印书馆，2004.

［71］H. Charles J. Godfray，Tara Garnett. Food Security and Sustainable Intensification［J］. Philosophical TranSactions of the Royal Society of London, Series B, Biological Sciences, 2014（10）: 273-282.

［72］Andrew Dorward. Agricultural Labour Productivity, Food Prices and Sustainable Development Impacts and Indicators［J］. Food Policy, 2013（03）: 40-50.

［73］Christian Häberli, Fiona Smith. Food Security and Agri-Foreign Direct Investment in Weak States: Finding the Governance Gap to Avoid "Land Grab"［J］. The Modern Law Review, 2014（10）: 189-222.

［74］Derek Headey. Rethinking the Global Food Crisis: The Role of Trade Shocks［J］. Food Policy, 2010（10）: 136-146.

［75］蒋和平. 粮食主产区亟待解决的五大问题［J］. 中国发展观察, 2014（07）: 33-34.

［76］Hyun S B. China's Supply-side Structural Reforms for Sustainable Growth in the New Normal Era［J］. KIEP Opinions, 2018（02）: 1-4.

［77］王建国, 乔云发, 王守宇, 高崇升, 曲际春. 东北地区种植业结构调整的对策建议［J］. 农业系统科学与综合研究, 2002（04）: 308-311.

［78］胡向东. 关于"粮改饲"种植结构调整的思考［J］. 价格理论与实践, 2017（02）: 19-20.

［79］江帆, 赵伟. 山东省牧草产业供给侧结构性改革经济效益分析——基于"粮改饲"政策背景［J］. 山东农业科学, 2018, 50（03）: 163-166.

［80］王亚静, 王飞, 石祖梁, 高春雨, 王红彦, 毕于运. 基于农业供给侧结构性改革背景的秸秆资源与利用研究［J］. 中国农业资源与区划, 2017, 38（06）: 13-20.

［81］舒坤良, 王洪丽, 刘文明, 吴迪, 张彬, 姚丽影, 杨双, 徐晓红. 吉林省玉米供给侧结构性改革路径与对策研究［J］. 玉米科学, 2016, 24（06）: 165-169.

［82］郭泽林, 赵旭. 山东省粮经作物播种比例演变及结构优化研究——基于1986~2015统计数据［J］. 中国农业资源与区划, 2017, 38（07）: 164-171.

［83］陈宗胜. 与西方供给学派有本质不同 供给侧结构性改革的理论特色［J］. 理论导报, 2016（12）: 61-62.

［84］周铁军. 供给侧结构性改革与现代化经济体系建设［J］. 时代金融,

2018（15）：7+10.

[85] 贾杰杰. 黑龙江省种植业结构调整潜力研究 [D]. 哈尔滨：东北农业大学，2015.

[86] 山衍鹏. 烟台市种植业结构调整现状与发展对策研究 [D]. 泰安：山东农业大学，2018.

[87] 黄祖辉，傅琳琳，李海涛. 我国农业供给侧结构调整：历史回顾、问题实质与改革重点 [J]. 南京农业大学学报（社会科学版）2016，16（06）：1-5.

[88] 赵国富. 种植业结构调整的内涵与外延 [J]. 广西热带农业，2005（01）：44-46.

[89] 李晓晔. "供给侧改革"与出版创新 [J]. 出版发行研究，2015（12）：1.

[90] 车海刚. "供给侧结构性改革"的逻辑 [J]. 中国发展观察，2015（11）：1.

[91] 张首魁. 一二三产业融合发展推动农业供给侧结构性改革路径探讨 [J]. 理论导刊，2016（05）：68-71.

[92] 程国强. 农业供给侧改革的问题与思路 [J]. 中国棉麻产业经济研究，2016（04）：10-13.

[93] 姜长云. 关于解决当前粮食库存问题的思考 [J]. 中国发展观察，2016（14）：33-35+7.

[94] 程国强. 我国实施全球农业战略的政策与保障措施 [J]. 中国农业信息，2013（17）：13-15.

[95] 成颖，杨朝丹. 发挥农业大县优势为保障国家粮食安全做出积极贡献 [J]. 科技展望，2015，25（32）：58.

[96] 舒坤良，吴迪，徐晓红，刘文明，张彬，刘子轩，杨双，王洪丽. 玉米结构调整：实践、困境与政策支持——基于吉林省的分析 [J]. 玉米科学，2017，25（02）：142-147.

[97] 耿迪. 吉林省秸秆还田推广应用情况的调查分析 [D]. 长春：吉林农业大学，2016.

[98] 范少玲，史建民. 中美玉米种植成本与收益比较研究 [J]. 湖北农业科学，2014，53（01）：241-244.

［99］罗雪曼．泰国与越南大米出口竞争力比较研究［D］．南宁：广西大学，2016．

［100］郭庆海．粮食主产区耕地质量问题及其保护政策——以吉林省为例［J］．当代农村财经，2014（10）：8-12．

［101］熊芙蓉．跨国公司对我国玉米种业安全的影响研究［J］．学术论坛，2013，36（03）：142-145．

［102］张淑萍．基于资源配置效率的粮食安全风险及其防控［J］．农村经济，2016（08）：22-29．

［103］凌华．粮食收购市场变化的应对之策及思考［J］．粮食问题研究，2018（06）：43-46．

［104］徐田华．农产品价格形成机制改革的难点与对策［J］．农业经济问题，2018（07）：70-77．

［105］蒋和胜．农产品价格形成机制改革的回顾与思考［J］．经济理论与经济管理，1999（03）：66-68．

［106］姜天龙，郭庆海．玉米目标价格改革：难点及其路径选择［J］．农村经济，2017（06）：19-27．

［107］郭庆海．玉米主产区：困境、改革与支持政策——基于吉林省的分析［J］．农业经济问题，2015，36（04）：4-10+110．

［108］顾莉丽，郭夫海．玉米收储政策改革及其效应分析［J］．农业经济问题，2017，38（07）：72-79．

［109］陈会玲，何敏，黄恩．湖北省地方国有粮食收储企业可持续发展问题研究［J］．产业与科技论坛，2018，17（06）：24-26．

［110］李远行．互构与博弈——当代中国农村组织的研究与建构［J］．开放时代，2004（06）：89-100．

［111］郭庆海．吉林省农业供给侧结构性改革：问题、框架与路径［J］．吉林农业大学学报，2018a，40（04）：517-523．

［112］蒋和平．如何破解现行粮食政策的两大困局［J］．农经，2015（07）：78．

［113］姜天龙．吉林省农户粮作经营行为和效率的实证研究［D］．长春：吉林农业大学，2012．

［114］顾莉丽，郭庆海，胡志豪．玉米临储价格取消的传导效应及应对建

议——来自吉林省的实践分析［J］．价格理论与实践，2016（11）：66-69．

［115］郭庆海．吉林省玉米产业发展面临的问题及对策［J］．玉米科学，2011，19（05）：128-133．

［116］郭庆海．小农户：属性、类型、经营状态及其与现代农业衔接［J］．农业经济问题，2018b（06）：25-37．

［117］张彬．吉林省松辽平原玉米带生态补偿问题研究［D］．长春：吉林农业大学，2016．

［118］倪学志，于晓媛．耕地轮作、农业种植结构与我国持久粮食安全［J］．经济问题探索，2018（07）：78-88．

［119］崔奇峰，蒋和平，吴颖宣．中国粮食"十一连增"的主要因素分析与政策建议［J］．中国农学通报，2016，32（17）：187-193．

［120］王连君，韩玉珠，陈丽，陈丽飞，孙晓刚，张茂君．吉林省园艺产业现状与展望［J］．吉林农业大学学报，2018，40（04）：433-439．

［121］马有祥．加快推进粮改饲，未来畜禽养殖饲料或摆脱进口依赖［J］．北方牧业，2017（09）：9．

［122］郭天宝．中国大豆生产困境与出路研究［D］．长春：吉林农业大学，2017．

［123］张三元，张俊国，金京德．绿色优质水稻生产发展现状与对策［J］．吉林农业科学，2006（03）：13-16．

［124］石志宇，孟庆福．吉林省洮南杂粮杂豆产业发展及金融支持调查［J］．吉林金融研究，2015（01）：61-65．

［125］曹勇宏．吉林省西部盐碱化草地生态草业示范区发展思路与模式探讨［J］．干旱区资源与环境，2011，25（06）：98-104．

［126］赵乃抟．欧美经济学史［M］．马丛光，译．北京：东方出版社，2007．

［127］马克思．资本论（全三册）［M］．北京：人民出版社，2004．

［128］张晓山．农民专业合作社发展需要关注的一些问题［J］．农村经营管理，2011（01）：18-23．

［129］Norton W G，A Iwang，Masters A Williams．Economics of Agricultural Development：Third Edition［M］．New York：Routledge，2015．

［130］杨春．我国西南农区发展饲用作物综合效益评价研究［J］．农村经

济，2014（5）：61-65.

［131］Xiang zheng Deng, Jikun Huang, Scott Rozelle, Jipeng Zhang, Zhihui Li. Impact of Urbanization on Cultivated Land Changes in China ［J］. Land Use Policy, 2015（07）：1-7.

［132］Hansen H O. Food Management：Industry and Management ［M］. New York：Routledge, 2013.

［133］Johnson D G. Does China Have a Grain Problem? ［J］. China Economic Review, 1994, 5（01）：1-14.

［134］Eevironmental Reviews and Case Studies：Is the Returning Farmland to Forest Program a Success? Three Case Studies from Sichuan ［J］. Environmental Practice, 2013（15）：350-366.

［135］徐兆其，顾国强，王晓林. 水稻侧深施肥技术运用及探索 ［J］. 农民致富之友，2019（03）：17.

［136］曹宝明，刘婷，虞松波. 中国粮食流通体制改革：目标、路径与重启 ［J］. 农业经济问题，2018（12）：33-38.

［137］杨文赛. 粮食生产补贴改革对农民种粮积极性影响的研究 ［D］. 泰安：山东农业大学，2018.

［138］吕一. 吉林省农户耕地质量保护行为及影响因素分析 ［D］. 长春：吉林农业大学，2018.

［139］龚新旺. 吉林省城镇化建设中耕地保护政策研究 ［D］. 长春：吉林大学，2016.

［140］唐文帮，张桂莲，熊跃东，明兴权，丁新才，易国良. 转型时期水稻育种的战略思考——发展高档优质杂交水稻 ［J］. 杂交水稻，2016, 31（01）：1-5.

［141］刘鹤. 浅析表外融资的现实意义和规范思路 ［J］. 商场现代化，2015（10）：126.

［142］靳淑平. 我国现代农业发展的演进分析 ［J］. 中国农业资源与区划，2014, 35（05）：95-100.

［143］范少玲. 中国玉米种植成本收益研究 ［D］. 泰安：山东农业大学，2014.

［144］霍灵光. 吉林省粮食作物比较优势及种植结构研究 ［J］. 安徽农业

科学，2013，41（21）：9119-9120+9155.

[145] 郭庆海. 推进生态文明建设必须夯实制度基础［J］. 新长征，2013（01）：36-37.

[146] 赵晓锋，张永辉，霍学喜. 农业结构调整对农户家庭收入影响的实证分析［J］. 中南财经政法大学学报，2012（05）：127-133+144.

[147] 闫爽. 吉林省西部地区农业水资源利用效率研究［D］. 长春：吉林农业大学，2012.

[148] 印银银，刘传华. 新时期安徽省种植业结构调整及优化对策［J］. 安徽农业大学学报（社会科学版），2012，21（02）：51-54.

[149] 楚燕春，李飞武. 粮食主产区农业水资源利用现状探析——以吉林省为例［J］. 农业科技管理，2011，30（06）：17-19.

[150] 王小平. 种植业结构调整与农村居民收入区域差异关系分析——以宜春市为例［J］. 广东农业科学，2011，38（16）：170-172.

[151] 郭庆海. 中国玉米主产区的演变与发展［J］. 玉米科学，2010，18（01）：139-145.

[152] 霍丽娅. 从农民个人收入变化看农业种植业结构调整——四川省成都市龙泉驿区转龙村个案调查研究［J］. 农村经济，2006（06）：39-41.

[153] 郑伟，张永新. 江苏省扬州市种植业结构调整的现状与优化对策［J］. 江苏农业科学，2004（03）：11-13.

[154] 孙聪敏. 种植业结构调整对运城小麦产业发展的影响及对策［J］. 山西农业科学，2004（01）：89-92.

[155] 张利国，徐翔. 粮食购销市场化条件下的江苏种植业结构调整［J］. 农村经济，2002（07）：39-40.

[156] 谢正勤. 农业市场化与农业增长中的结构效应研究［D］. 南京：南京农业大学，2002.

[157] 刘帅，余晓洋，吴迪. 粮食主产区农户耕地质量保护情况调查研究——基于吉林省446户样本的分析［J］. 经济纵横，2019（02）：79-87.

[158] 仇荣山. 乡村振兴战略背景下中国农村经济发展的困境与策略［J］. 南方农机，2019，50（02）：86+90.

[159] 金洁颖，华晶. 浅谈2018中美贸易战对我国经济的影响——以农产品进口为例［J］. 经贸实践，2018（11）：72-73.

［160］黄华俊.常德市推进农业供给侧结构性改革研究［J］.中国市场，2018（15）：60-61.

［161］王凯玺，陈国秋，张海金，祁承宇.农业供给侧结构性改革背景下辽西地区发展杂粮产业战略思考［J］.中国种业，2018（06）：43-45.

［162］余晓洋."价补分离"政策下吉林省农户玉米种植行为响应研究［D］.长春：吉林农业大学，2018.

［163］张璟，张振，徐雪高，殷瑞锋.东北大豆供给侧结构性改革进展、问题与对策——基于黑龙江、吉林、内蒙古三省（区）的调研［J］.新疆农垦经济，2018（01）：10-14.

［164］翁鸣.农业供给侧结构性改革理论与实践探索——深入推进农业供给侧结构性改革研讨会综述［J］.中国农村经济，2017（08）：91-96.

［165］张振，张璟，殷瑞锋，徐雪高.2017年上半年中国大豆市场形势分析和下半年走势预测［J］.农业展望，2017，13（07）：4-9.

［166］李顺进.深度贫困地区扶贫产业培育的探索与思考［J］.南方农业，2018，12（32）：114-115.

［167］包罗田.株洲县水稻生产现状及对策分析［D］.长沙：湖南农业大学，2015.

［168］杨建利，靳文学.粮食主产区利益补偿机制研究［J］.农村经济，2015（05）：9-13.

［169］陈曦，赵晨辉，卢明艳，梁英海，张冰冰，宋洪伟.吉林省浆果资源及加工利用［J］.吉林农业科学，2014，39（04）：71-74+79.

［170］冯海发.对建立我国粮食目标价格制度的思考［J］.农业经济问题，2014，35（08）：4-6.

［171］彭建霞，张蜜.粮食最低收购价格的困境分析——以湖南稻谷价格为例［J］.中国统计，2014（02）：53-55.

［172］马晶晶，姜双双.论农业经济的特点及作用［J］.绿色科技，2013（08）：287-290.

［173］曲红云，刘金文.黑龙江省园艺特色产业的发展现状及建议［J］.中国林副特产，2013（04）：89-91.

［174］杨小萍，刘媛媛.我国农业产业结构调整效果测度指标体系研究［J］.改革与战略，2013，29（07）：80-82.

［175］闫芳．中国农村合作经济组织的演进逻辑研究［D］．上海：上海交通大学，2013．

［176］王文跃．吉林省西部牧草适宜生长区域划分的研究［J］．安徽农业科学，2013，41（01）：166+190．

［177］地方国有粮食企业当在粮食产业发展中发挥主导作用［J］．粮食问题研究，2012（06）：17-21．

［178］赵晓锋．农业结构调整对农民收入的影响研究［D］．榆林：西北农林科技大学，2013．

［179］崔春晓，李建民，邹松岐．美国农业科技推广体系的组织框架、运行机制及对中国的启示［J］．农村经济与科技，2012，23（08）：120-123．

［180］PaulA Samuelson. The Pure Theory of Public Expenditure［J］. The Review of Economics and Statistics，1954，36（04）：387-389．

［181］Barkley A，Barkley PW. Principles of Agricultural Economics［M］. New York：Routledge，2013．

［182］Dorfman J H. Economics and Management of the Food Industry［M］. New York：Routledge，2014．

［183］曹利群．保粮安粮食品种结构亟待优化［N］．粮油市场报，2012-05-26（B03）．

［184］王桂贤．土地经营权合理流转　助推农村经济繁荣发展［J］．河南农业，2012（09）：10．

［185］朱丽莉．提升上海粮食安全的途径与建议［J］．上海农村经济，2011（10）：15-17．

［186］刘晓静，吴梅娟．构建农村社会保险体系问题研究［J］．河北师范大学学报（哲学社会科学版），2011，34（04）：60-64．

［187］董鹏．耕作制度的变革与农业污染的关系探讨［J］．广西大学学报（哲学社会科学版），2011，33（S1）：40-42．

［188］徐婉迪．中美农业补贴政策对比研究［J］．科教导刊（中旬刊），2011（05）：153+191．

［189］张义彬，王鼐，郭中校．吉林省西部杂粮生产和发展研究［J］．现代农业科技，2010（20）：100-101+103．

［190］高瑛．基于粮食安全保障的我国粮食产销利益协调机制研究［D］．

南京：南京农业大学，2006.

[191] 周应恒，邹林刚．我国大豆产业发展战略的另一种选择——基于产品差别化的审视 [J]．农业经济问题，2005（09）：42-46+80.

[192] 郭志利．小杂粮利用价值及产业竞争力分析研究 [D]．北京：中国农业大学，2005.

[193] 张清．建设东北优质大豆产业带　提升中国大豆国际竞争力 [J]．世界农业，2005（02）：18-19.

[194] 郭中校．吉林省杂粮作物生产现状与发展对策 [J]．杂粮作物，2004（06）：368-369.

[195] 李志坚，岳秀泉，周道玮，李萌．吉林省草业现状与发展趋势 [J]．吉林农业大学学报，2003（04）：445-450.

[196] 李志坚，郭继勋，张玉山，吴占元．紫花苜蓿在吉林省种植业结构调整中的作用和地位 [J]．吉林农业科学，2003（04）：40-46.

[197] 张生富．浅谈吉林省西部草地生态建设 [A] //21 世纪中国土地科学与经济社会发展——中国土地学会 2003 年学术年会论文集 [C]．中国土地学会：中国土地学会，2003.

[198] 郭庆海，李军国，刘乃季．吉林省效益农业发展途径研究 [J]．社会科学战线，2001（01）：210-217.

附录 1

调研时间：＿＿＿＿年＿＿＿＿月＿＿＿＿日

问卷编号：＿＿＿＿＿＿＿＿＿＿＿＿

调研问卷

（吉林省种植业供给侧结构性改革及其优化研究）

省：＿＿＿＿＿＿＿＿市：＿＿＿＿＿＿＿＿县（市）：＿＿＿＿＿＿＿＿

乡（镇）：＿＿＿＿＿＿＿＿村：＿＿＿＿＿＿＿＿

被访者姓名：＿＿＿＿＿＿＿＿　　联系方式：＿＿＿＿＿＿＿＿

调查员姓名：＿＿＿＿＿＿＿＿　　联系方式：＿＿＿＿＿＿＿＿

一审：＿＿＿＿＿＿＿＿　　　　二审：＿＿＿＿＿＿＿＿

A. 农户基本特征

A1	A2	A3	A4	A5	A6	A7	A8	A9	A10	A11	A12	A13
户主年龄	性别	受教育年限	务农时间	家庭人口数量	家庭劳动力数量	外出打工数量	年均从事农业生产天数	人均纯收入	家庭经营收入	粮食生产收入	是否受灾	受灾类型
岁	1.男; 0.女	年	年	人	人	人	天	元	元	元	1.是; 2.否	1.旱灾; 2.风沙灾; 3.虫害

B-1. 2016~2018年玉米作物成本收益情况

年份	生产支出（元/公顷）						雇工工资支出（元）	当地人工费用（元/天）	土地租金（元/公顷）	其他支出（元）	播种面积（公顷）	价格（元/公顷）	销售时间	销售时含水量	产量（千克）	2018年较前两年面积变化原因
	种子	化肥	农药	机械作业	水电油费	其他										
2016	B161	B162	B163	B164	B165	B166	B167	B168	B169	B1610	B1611	B1612	B1613	B1614	B1615	B1
2017	B171	B172	B173	B174	B175	B176	B177	B178	B179	B1710	B1711	B1712	B1713	B1714	B1715	
2018	B181	B182	B183	B184	B185	B186	B187	B188	B189	B1810	B1811	B1812	B1813	B1814	B1815	

B-2. 2016~2018年___作物成本收益情况（注：按照农户实际种植作物填写）

| 年份 | 生产支出（元/公顷） | | | | | | 雇工工资支出（元） | 当地人工费用（元/天） | 土地租金（元/公顷） | 其他支出（元） | 播种面积（公顷） | 价格（元/公顷） | 销售时间 | 产量（千克） | 2018年较前两年面积变化原因 |
	种子	化肥	农药	机械作业	水电油费	其他									
2016	B261	B262	B263	B264	B265	B266	B267	B268	B269	B2610	B2611	B2612	B2613	B2614	B2
2017	B271	B272	B273	B274	B275	B276	B277	B278	B279	B2710	B2711	B2712	B2713	B2714	
2018	B281	B282	B283	B284	B285	B286	B287	B288	B289	B2810	B2811	B2812	B2813	B2814	

C. 农户保护性耕作情况

地块	C1 地块面积（公顷）	C2 种植作物 代码1	C3 土壤类型 1.沙土; 2.壤土; 3.黏土	C4 土地肥力 1.好; 2.中; 3.差	C5 是否实施作物轮作 1.是（实施的频率：a.偶尔实行; b.一直实行）; 2.否	C6 是否实行免耕技术 1.是（实施的频率：a.偶尔实行; b.一直实行）; 2.否	C7 是否实行深松技术 1.是（实施的频率：a.偶尔实行; b.一直实行）; 2.否	C8 是否实行宽窄行技术 1.是（实施的频率：a.偶尔实行; b.一直实行）; 2.否	C9 您的秸秆如何处理 1.畜禽饲料; 2.粉碎还田; 3.根茬还田; 4.就地焚烧; 5.出售; 6.薪柴; 7.生产沼气; 8.其他（请注明）
1									
2									
3									
4									

代码1：1水稻; 2玉米; 3大豆; 4土豆; 5其他作物（请注明）。

注：地块情况需要如实统计。

附录 2

关于农业技术推广情况的调研问卷

A. 农业技术推广供给情况

A1	A2	A3	A4	A5
推广人员 学历情况	推广人员 专业情况	推广人员 职称构成	推广人员 参加培训情况	推广的主要技术有哪些 （按照推广内容的主次顺序填写）
1. 研究生； 2. 本科； 3. 大专； 4. 高中及以下	1. 农业院校； 2. 非农业院校	1. 高级职称； 2. 中级职称； 3. 无职称	1. 参加 10 天以内培训； 2. 参加 1 个月以内培训； 3. 参加 1 个月以上培训	代码 1

代码 1：1. 施肥技术；2. 病虫害识别与防治技术；3. 良种技术；4. 栽培技术；5. 农药技术；6. 除草技术。

B. 农业技术推广需求情况

B1	农业技术	接受意愿（愿意或不愿意）	主要原因
B2	良种技术		
B3	病虫害识别与防治技术		
B4	栽培技术		
B5	施肥技术		
B6	除草技术		
B7	农药技术		
B8	农机具使用技术		
B9	农产品加工		
B10	施肥技术		